国家自然科学基金项目（青年科学基金项目）（41601143）
湖南省科技计划项目（省重点研发计划项目）（2016SK2019）

Research on Cultural Landscape Protection Compensation of Traditional Village and Town

# 传统村镇文化景观保护性补偿研究

刘春腊◎著

科学出版社

北　京

## 内 容 简 介

本书在阐述传统村镇文化景观保护性补偿内涵及基本框架的基础上，从补偿主体、受偿客体、补偿标准、补偿方式与渠道等方面，剖析了传统村镇文化景观保护性补偿机理，构建了传统村镇文化景观保护性补偿模型。结合国家级文化生态保护实验区——湘西传统村镇文化景观保护性补偿实践，选择典型传统村镇对其文化景观保护性补偿具体行动进行个案分析，并提炼出典型模式。最后，基于前述理论分析及湘西实证，提出传统村镇文化景观保护性补偿的优化途径。

本书可供人文地理与城乡规划、文化与旅游、资源与环境等相关方面的专业人士、高等院校师生及有关决策管理部门参考。

#### 图书在版编目（CIP）数据

传统村镇文化景观保护性补偿研究 / 刘春腊著. —北京：科学出版社，2020.3

ISBN 978-7-03-064291-2

Ⅰ. ①传⋯ Ⅱ. ①刘⋯ Ⅲ. ①乡镇-人文景观-保护-研究-湘西土家族苗族自治州 Ⅳ. ①K928.706.42

中国版本图书馆 CIP 数据核字（2020）第 018179 号

责任编辑：杨婵娟 李嘉佳 / 责任校对：贾伟娟
责任印制：徐晓晨 / 封面设计：有道文化

科学出版社 出版
北京东黄城根北街 16 号
邮政编码：100717
http://www.sciencep.com

北京九州迅驰传媒文化有限公司 印刷
科学出版社发行 各地新华书店经销

\*

2020 年 3 月第 一 版　开本：B5（720×1000）
2021 年 7 月第二次印刷　印张：15 1/4
字数：248 000

**定价：88.00 元**

（如有印装质量问题，我社负责调换）

# 序

　　加强文化遗产区域性保护，维护和培育文化生态，传承和弘扬中华优秀传统文化，是坚定文化自信、留住乡愁、满足人民日益增长的美好生活需要的必然要求。文化景观是地球表面文化现象的复合体，它包括历史场所、乡土景观等，反映了一个地区的地理特征，是历史时期形成的构成某一地域特征的自然与人文因素的综合体，是某一地理区域、文化特征的代表。传统村镇作为"建设农民幸福生活的美好家园""记得住乡愁"的重要生产、生活基地及农村社区，它在选址、规划等方面，是所在地域、民族及特定历史时期的典型特征的代表，具有科学研究、文化教育、历史传承等方面的综合价值。

　　传统村镇在现代化、城市化、工业化发展的"夹缝"中生存，大部分地区已呈现破坏程度不断加剧的态势，其文化景观保护与补偿问题受到关注。国家出台了《中华人民共和国非物质文化遗产法》《国务院关于加强文化遗产保护的通知》《关于实施中国民族民间文化保护工程的通知》《国家非物质文化遗产保护专项资金管理暂行办法》《关于实施中华优秀传统文化传承发展工程的意见》《文化部关于加强国家级文化生态保护区建设的指导意见》《国家级文化生态保护区管理办法》等法律法规及政策办法，通过中央财政对文化生态保护及相关保护区建设等予以补贴。

　　20世纪末，文化景观保护性补偿的雏形已经受到学者的关注。21世纪，文化资源生态（经济）补偿被正式提出。尔后，关于文化景观保护性补偿的研究与报道相继出现。受启发于生态补偿理论，"传统村镇文化景观保护性补偿"是基于传统村镇文化景观资源价值的外部性，围绕着传统村镇建筑、民俗、环境等文化景观资源的破坏、保护与可持续开发等问题，在区域内部及区域间展开的对受影响的文化景观系统"服务"进行以经济、政策行为等为补偿手段的人类社会经济活动。补偿主体、受偿客体、补偿标准、补偿方式与渠道等是其核心问题。

刘春腊博士从衡阳师范学院本科毕业，到中国科学院做硕士、博士研究生求学，再到湖南师范大学人文与经济地理学教学研究工作岗位，一直从事传统村镇保护、生态经济发展、区域生态补偿等方面的学习与研究工作。

《传统村镇文化景观保护性补偿研究》一书理论与实践相结合，阐述了传统村镇文化景观保护性补偿内涵及基本框架、剖析了补偿机理、构建了补偿模型，在此基础上对典型案例具体行动进行个案分析，并提炼典型模式，进而提出传统村镇文化景观保护性补偿的优化途径，具有一定的理论创新价值及实践参考意义。刘春腊博士从地理学的角度对传统村镇文化景观保护性补偿进行研究，其探索精神是可贵的，有益于加深对中国传统村镇保护的理解。此为序。

陆大道

中国科学院院士

2019 年 9 月 20 日

# 前 言

  2006年9月,《国家"十一五"时期文化发展规划纲要》提出"确定10个国家级民族民间文化生态保护区",对中国传统文化中最具典型意义的文化类型、中华民族不可多得的优秀文化进行保护。

  2013年,中央城镇化工作会议提出,要"让居民望得见山、看得见水、记得住乡愁"。乡愁是人们内心深处一种对家乡、对曾经生活过的地方的记忆、怀念与向往,是内心深处一份最柔软的情感,是一种精神需求,是对传统文化的一种渴望与追求;乡愁是对故乡的一种碎片化回忆,是孩提时牵牛吃草的一脉青山,是夏日中供我们嬉闹的一方绿水,是夕阳里炊烟袅袅的一片屋瓦,是世代相传的共同记忆。"记得住乡愁"是要保护和弘扬传统优秀文化,延续历史文脉。传统村镇是乡愁传承的"活化石",传统村镇文化景观是乡愁文化的重要载体和直观体现。在快速发展的城镇化、工业化、现代化过程中,传统村镇文化景观呈现破坏程度不断加剧的态势。根据《中华人民共和国国民经济和社会发展第十三个五年规划纲要》,文化建设是"五位一体"建设中的关键一环。2017年,《文化部"十三五"时期文化发展改革规划》中也在"非物质文化遗产保护传承""文物保护利用""文化产业发展"等方面对文化保护工作做出了具体要求。

  传统村镇文化景观保护性补偿,是留住乡愁、保护文化的创新视角。科学、合理地推进传统村镇文化景观保护性补偿工作,是构建文化保护机制的基础,也是衡量文化资源有效传承保护与乡村居民生活水平提高的重要标尺，有利于进一步完善文化保护制度，有助于将文化保护与可持续发展有机结合起来，是"留住乡愁"的重要抓手。

从学术理论研究上看，当前国内对文化景观保护性补偿的研究成果比较少见，对传统村镇文化景观保护性补偿的实证研究更少。以往的传统文化景观保护研究，或以文化学为主，或以资源学为主，或以国家大尺度研究为主，或以个别村镇的地方尺度为主。在中国，市（州）域是区域文化保护的重要单元，是介于宏观国家尺度和微观地方尺度的中观研究命题。本书运用区域研究的分析框架，根据文化地理学等相关理论与方法，从文献搜索、实地调研、专家咨询、农户深度访谈等多方面展开行动，从中观到微观都能很好地反映区域文化景观保护性补偿的影响因子、机制机理、途径构建等问题，是对传统区域研究和文化资源学、地理学的拓展和尺度上的再结合，具有重要的理论价值。本书不仅可以深化中国文化景观保护的理论与方法研究，同时也将进一步拓展国际相关研究。与此同时，本书以"文化景观"为切入点，以"保护性补偿"为抓手，探讨湘西传统村镇文化景观保护性补偿问题，而当前将"文化景观"与"保护性补偿"相结合的交叉研究成果不多，本书对丰富文化生态学、景观地理学关于文化景观与文化保护性补偿的理论和方法具有一定价值。

从发展实践上看，本书直接聚焦国家重大任务，可以为其他区域的文化景观保护性补偿途径构建提供科学借鉴。近年来，国家加大了文化保护的实际工作力度。在《国家"十三五"时期文化发展改革规划纲要》《文化部"十三五"时期文化发展改革规划》等文件中，均对文化保护工作有明确要求。科学、合理地开展文化景观保护性补偿工作，是构建文化保护机制的基础，也是衡量文化资源有效传承保护与居民生活水平提高的重要标尺，有利于进一步完善文化保护制度，有助于将文化保护与可持续发展有机结合起来。文化景观保护性补偿是文化保护的创新视角，是促进文化资源可持续开发与创新性保护的内生动力。良好的文化景观保护性补偿机制及途径有利于确保文化保护质量、优化文化保护框架、提高文化保护效率。湘西是一个地域独特、民族性较强、历史文化景观丰富、经济发展相对滞后的多民族聚居山区，同时也是国家文化生态保护区，具有重要的文化价值。本书针对湘西文化保护性补偿的客观需求及存在的现实问题,以文化景观为抓手,立足山区自然、文化、经济资源禀赋,开展深层次的机理分析,与国家促进山区发展、保护民族文化、建设生态文明的要求是一致的。本书的成果预期可以为湘西及其他区域的文化景观保护性补偿机理剖析与途径构建提供科学借鉴。

刘春腊

2019 年 8 月

# 目 录

序 ································································································· i

前言 ······························································································· iii

**第一章 传统村镇文化景观保护性补偿的提出背景** ········································ 1

    第一节 研究背景 ············································································ 2

    第二节 研究综述 ············································································ 6

    第三节 理论基础 ··········································································· 11

**第二章 中国传统村镇保护与发展的理论认知及学术贡献** ···························· 17

    第一节 中国传统村镇研究与保护概况 ·············································· 18

    第二节 中国传统村镇保护及发展的理论解析 ····································· 19

    第三节 中国传统村镇研究的贡献 ···················································· 25

    第四节 结论与讨论 ······································································· 29

**第三章 传统村镇文化景观保护性补偿的内涵及框架** ·································· 31

    第一节 传统村镇文化景观保护性补偿的定义 ····································· 32

    第二节 传统村镇文化景观保护性补偿的逻辑框架 ······························ 34

    第三节 传统村镇文化景观保护性补偿的主客体 ································· 35

    第四节 传统村镇文化景观保护性补偿的标准及方式 ··························· 36

第五节　结论与讨论 …………………………………………… 39

第四章　传统村镇文化景观保护性补偿模型 ………………………… 41
　　第一节　理论基础与模型构建 …………………………………… 42
　　第二节　数据来源与研究方法 …………………………………… 44
　　第三节　湘西的实证分析 ………………………………………… 47
　　第四节　结论与讨论 ……………………………………………… 56

第五章　传统村镇文化景观保护性补偿物及其测评体系 …………… 59
　　第一节　补偿物的提出 …………………………………………… 60
　　第二节　补偿物测评指标选取及测评方法 ……………………… 61
　　第三节　补偿物评价与分析 ……………………………………… 67
　　第四节　结论与讨论 ……………………………………………… 71

第六章　传统村镇文化景观保护性补偿标准与资产负债表编制 …… 73
　　第一节　资产负债表要素概念 …………………………………… 74
　　第二节　资源资产负债表编制的关键问题 ……………………… 76
　　第三节　传统村镇文化景观资源资产负债表的基本表式设计 … 80
　　第四节　结论与讨论 ……………………………………………… 83

第七章　传统村镇文化景观保护性补偿的典型调查及对比 ………… 85
　　第一节　调查方法 ………………………………………………… 86
　　第二节　调查区的选取 …………………………………………… 88
　　第三节　调查结果与分析 ………………………………………… 90
　　第四节　结论与讨论 ……………………………………………… 110

第八章　知名旅游地型传统村镇文化景观保护性补偿的游客感知 … 113
　　第一节　研究区概况 ……………………………………………… 114
　　第二节　研究方法 ………………………………………………… 115
　　第三节　结果分析 ………………………………………………… 117
　　第四节　结论与讨论 ……………………………………………… 123

第九章　传统村镇文化景观保护性补偿与文化生态保护区建设 …… 125
　　第一节　文化生态保护区的建设背景 …………………………… 126

第二节　全国文化生态保护区建设概况 ……………………… 128
　　第三节　文化生态保护区建设的典型案例 …………………… 131
　　第四节　结论与讨论 …………………………………………… 168
第十章　传统村镇文化景观保护性补偿的湘西实践 ……………… 171
　　第一节　整体型保护性补偿试点村寨 ………………………… 172
　　第二节　非遗集中成片型保护性补偿村寨 …………………… 187
　　第三节　传统村镇文化景观保护性补偿的湘西模式剖析 …… 198
　　第四节　结论与讨论 …………………………………………… 206
第十一章　进一步推进传统村镇文化景观保护性补偿的思路与对策 ……… 207
　　第一节　基本思路 ……………………………………………… 208
　　第二节　对策建议 ……………………………………………… 209
　　第三节　结论与讨论 …………………………………………… 213
参考文献 …………………………………………………………………… 215
后记 ………………………………………………………………………… 229

# 第一章
# 传统村镇文化景观保护性补偿的提出背景

  本章在阐述传统村镇文化景观保护性补偿研究背景的基础上，重点从文化景观研究、传统村镇文化保护研究、文化景观保护性补偿研究等方面对已有相关成果进行了综述，并剖析了传统村镇文化景观保护性补偿研究的理论基础。

## 第一节 研 究 背 景

文化景观是地球表面文化现象的复合体,它反映了一个地区的地理特征,是历史时期形成的构成某一地域特征的自然与人文因素的综合体,是某一地理区域、文化特征的代表,具有杰出的普遍价值,包括历史场所、历史景观、乡土景观和文化人类学景观等(李旭旦,1985;Kelly et al.,2000;William and Kent,2009)。传统村镇,指形成时间较早,文化与自然资源、历史信息和文化景观丰富,具有一定历史文化、科学艺术、经济社会保护价值的村镇,是农耕文明的宝贵遗产。传统村镇文化景观是历史时期形成的具有传统村镇地域特色的自然与人文因素的复合体,综合反映了传统村镇地区的地理环境特征,是传统村镇文化现象的综合体,包括物质景观和非物质景观。非物质层面主要指那些在长期的历史过程中形成的,依托于有形体而存在的景观类型,反映了一个地域的风土民情、习俗、节庆等文化特征;物质层面可分解为以聚居为核心的生活空间、以农业为主体的生产空间,以及与自然环境相联系的生态空间(王云才等,2009)。在快速发展的城镇化、工业化、现代化过程中,传统村镇文化景观呈现破坏程度不断加剧的态势。

文化景观保护涉及的学科很多,不同学科的研究重点和研究目的有所不同,但它们的理论、方法和技术都可以为文化景观保护所借鉴。从现代文化地理学角度而言,文化景观保护是其当前的重大科学命题。"文化景观保护性补偿"是文化景观保护的创新视角,其关键和难点在于补偿机理分析及途径构建(邓辉,2003;孙艺惠等,2008;佟玉权等,2010;白凯等,2014;杨枫,2014;李倩菁和蔡晓梅,2017)。"文化景观保护性补偿"不仅要考虑保护本地文化景观的目标,更要考虑全局性、长远性保护措施,补偿方式的设计和可持续发展目标的实现,还要兼顾不同地区文化景观的实际差异及地域特色。从内涵上看,保护性补偿重点回答"谁来保护、保护什么、怎么保护、补给谁、谁来补、补多少、怎么补"等核心问题，即保护性补偿的主客体、标准、方式、尺度等，目的是调节地理空间上文化保护和经济利益的不平衡。协调区域内部及不同区域之间在文化保护与经济发展等方面的关系，是文化景观保护性补偿的焦点。

传统村镇作为中国"建设农民幸福生活的美好家园"和"记得住乡愁"的重要生产和生活基地，是社会构成中的基层单位。它在选址、规划、文化、建筑等方面，代表了所在地域、民族及特定历史时期的典型特征，具有一定的科学、文化、历史及考古价值，并与周边自然环境相协调，承载了一定的非物质文化遗产，主宰着国家优秀传统技艺及历史文化发展的命脉。

国家层面，"十一五"规划、"十二五"规划、"十三五"规划均要求高度重视传统村镇的保护工作，党的十七大报告、十八大报告、十九大报告也多次强调保护中国传统村镇。与此同时，有关部门出台了《传统村落保护发展规划编制基本要求（试行）》《住房城乡建设部　文化部　财政部关于加强传统村落保护发展工作的指导意见》《住房城乡建设部　文化部　国家文物局　财政部关于开展传统村落调查的通知》《传统村落评价认定指标体系（试行）》等相关文件，组织实施了"中国传统村落保护和发展工程"等方案，在技术、方法、政策、资金、人才等方面加大支持力度，确保中国传统村镇保护工作的有序开展，促进中国美丽乡村建设。《国家新型城镇化规划（2014—2020年）》中也明确表述"保持乡村风貌、民族文化和地域文化特色，保护有历史、艺术、科学价值的传统村落、少数民族特色村寨和民居"。

由于快速发展的城镇化、工业化、现代化，传统村镇原住居民大量外出（务工、子女求学等多种因素作用），诸多传统建筑常年处于无人看管的闲置状态，传统村镇生产、生活、生态等文化景观呈现破坏程度不断加剧的态势。但仍有少量居民（以老、弱、病、残群体为主）居住于此、生活于此、坚守于此。传统村镇文化景观处于濒危状态，传统村镇文化景观保护刻不容缓。

基于此，结合国内外已有相关成果，本书认为"传统村镇文化景观保护性补偿"是指基于传统村镇文化景观资源价值的外部性，围绕着传统村镇建筑、民俗、环境等文化景观资源的破坏、保护与可持续开发等问题，在区域内部及区域间展开的对受影响的文化景观系统"服务"进行以经济、政策行为等为补偿手段的人类社会经济活动（图 1-1）。

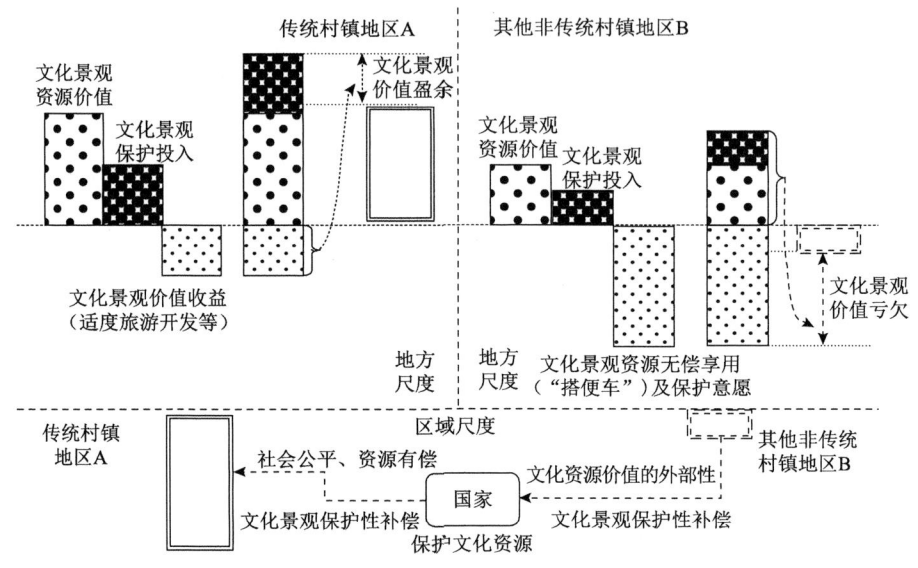

图 1-1 传统村镇文化景观保护性补偿的理论框架

图 1-1 中，对于传统村镇地区 A，其文化景观资源价值+文化景观保护投入−文化景观价值收益（适度旅游开发等）>0，表示其文化景观价值存在盈余；对于其他非传统村镇地区 B，其文化景观资源价值+文化景观保护投入−文化景观资源无偿享用（"搭便车"）及保护意愿<0，表示其文化景观价值处于亏欠状态，占用了其他地方的文化景观价值；在国家层面，考虑到文化资源价值的外部性特征，根据"社会公平、资源有偿"原则，需要运用国家手段，保护文化资源，在传统村镇地区 A 与其他非传统村镇地区 B 之间开展文化景观保护性补偿工作。为有效保护传统文化空间和与之相关的文化遗产（不可移动文物、可移动文物、历史文化街区和村镇等），我国实施了国家级文化生态保护区建设工作，既注重非遗项目的生产性保护和活态传承，"见人见物见生活"地实施保护，也保护其得以孕育、滋养的环境。2010 年 5 月，武陵山区（湘西）土家族苗族文化生态保护实验区获批成立。依托文化生态保护实验区的建设，湘西

土家族苗族自治州（简称湘西）积极开展文化保护与传承，通过非遗传习基地城乡统筹建设、民族传统节庆振兴发展、整体性保护试点实验等具体措施，把非遗保护与物质文化遗产保护有机结合、与传统村落保护有机结合、与文化旅游产业发展有机结合、与群众受益有机结合，逐步探索具有湘西特色的文化生态整体性保护之路，在传统村镇文化景观保护性补偿方面成效初显，实现了多元民族文化的汇聚交融（孙沁和李云，2014；李民等，2017；胡邦建和张玲，2017）。

湘西地处武陵山区，是土家族、苗族等多民族聚居区，是国家级文化生态保护实验区[2010年被批准为武陵山区（湘西）土家族苗族文化生态保护实验区]，历史特色鲜明、文化重要性突出。从20世纪40年代开始，湘西一直是地质学、农学、经济学、人文地理学等多学科学者们关注的重点，也得到了政府部门的高度重视。20世纪80年代，时任中共中央政治局常委、中央书记处书记在湘西考察谈话中，就提出了"发展民族经济文化、促进民族繁荣进步"的要求[①]。在学术界，郑英杰（2001）、曹华等（2005）、张正兴（2006）、郑桂章（2007）、黄峥嵘和肖冰（2008）、徐克勤（2008）、司马慧（2008）、田茂军和吴晓玲（2009）、何小东（2010）、石群勇（2011）、向轼（2013）、邹珺（2013）、龙丽萍（2013）、舒达（2014）、陈珏等（2014）、孙沁和李云（2014）、田特平（2015）、罗婉红（2015）、刘春腊等（2016）、罗明金（2016）、刘瑛（2017）、李民等（2017）、唐云和龙军（2018）、陈玉涛（2018）、向依依和郑军（2019）、胡随（2019）等也以"湘西传统文化保护"为切入点进行了相关研究。笔者参与、主持了"湘西多民族聚居区古城镇的历史地理学研究""湘西多民族聚居区山区经济转型与民族文化保护的协调机制研究"项目。总体而言，从文化景观保护及补偿的综合视角开展的研究较少。

---

① 发展民族经济文化 促进民族繁荣进步——中共中央政治局常委、书记处书记胡启立同志在湘西州考察谈话纪要[J]. 中国民族，1989（2）：4-6.

## 第二节 研 究 综 述

### 一、关于文化景观的研究

景观的概念是现代人文地理学的核心术语。国外关于"景观"的研究开展得较早。美国地理学家卡尔·索尔（C.Sauer）在《景观的形态》（*The Morphology of Landscape*）中提出"景观是附加在自然之上的人类活动形态"，并主张通过景观来研究区域地理，用实际观察地面景色来研究地理特征（Sauer，1925）。德温特·惠特尔西（D.Whittlesey）对景观的解释引入了"相继占用"（sequent occupance）的概念，他认为景观是人类活动相继叠加的结果，表现出一定的阶段序列（Whittlesey，1929）。英国戈特曼（J.Gottmann）教授1962年在《欧洲地理》（*A Geography of Europe*）一书中进一步指出，一个区域要与它周围区别开来，除了具体的景象之外，还应该包含某种气氛的、信仰的、文化的东西在内（Gottmann，1962）。"文化景观"主要表现在聚落形式、土地利用类型和建筑等方面（汤茂林等，2000；刘之浩和金其铭，1999）。国外对文化景观的研究，起初主要集中在聚落和建筑文化景观；尔后拓展到文化景观变迁感知及其解释。20世纪70年代，景观生态研究受到重视，形成了文化景观规划和文化景观生态研究。对聚落和建筑文化景观研究、文化景观变迁及其解释研究、文化景观感知及其解释研究主要侧重于基础理论分析（Simpson et al.，2003；Johansen，2010）。对文化景观规划和文化景观生态的研究，则以实际应用研究为主（Lausch and Herzog，2002；Schmitz et al.，2007）。总体而言，国外对文化景观研究的视角趋于多样化，文化地理学、景观生态学、建筑学等相关理论应用广泛；研究对象丰富，涉及乡村、草原、聚落等不同尺度的不同文化景观类型研究，但以微观中小尺度为主；研究方法也趋于多样化，涉及文献分析、问卷调查、实地调研、访谈、GIS（地理信息系统）、遥感影像、图像分析等多种定性、定量方法。

国内关于景观的研究，除了景观生态学角度的关注之外，主要是地理学角度的关注。王恩涌先生较早在《文化地理学》中引入"景观"研究的理论与方法，相继出版了多部著作和教材（王恩涌，1989，1995a，1995b，2000）。金其铭、董新、张小林、汤茂林等对景观特别是乡村景观开展了较多的研究，在乡村景观与土地利用、乡村景观类型划分、文化景观的内涵及研究内容等方面取得了明显的成果（金其铭，1982；董新，1990；张小林等，1996；张小林，1998；汤茂林等，2000；汤茂林，2000）。与此同时，司徒尚纪、赵荣等开展了具体区域的景观研究（司徒尚纪，1990；赵荣，1995）。关于文化景观的研究，开始于20世纪50年代末。20世纪90年代以来，研究成果大量涌现。研究领域主要涉及文化景观的保护、文化景观与地域文化、文化景观与景观设计、文化景观与旅游开发、历史文化景观的传承与可持续发展等方面（汤茂林，2000；周年兴等，2006；朱强和李伟，2007；孙艺惠等，2008）。"基因"是景观"遗传"的基本单位，是一个景观区别于其他景观所特有的、对某种景观的形成具有决定性作用的景观元素，同时也是识别这种景观的决定因子。采用"景观基因法"研究传统聚落景观的内在特质、外在表达及其传承特点，是对文化地理学关于"文化景观"理论的发展。关于"景观基因"的研究，刘沛林等（2009，2010，2011）开展的比较多。其他还有申秀英等（2006）、邓运员等（2011）、胡最等（2013）、杨立国等（2015）、翟文燕等（2010）、张鸽娟等（2014）从"景观基因"的视角对文化景观的区系、文化特质及保护价值、空间特征、地方认同、空间认知结构、景观表达等问题开展了研究。

## 二、关于传统村镇文化保护的研究

历史时期人类活动附加在地表的最直接的、最醒目的景观是传统村镇（Yalan，1972；刘沛林，1995）。传统村镇地区文化景观保护问题，是国外关注的重点（Rescia et al.，2010；Cullotta and Barbera，2011）。传统村镇是历史文化遗产的重要组成部分，反映了不同时期、不同地域、不同经济社会发展阶段形成和演变的历史过程，真实记录了传统建筑风貌、优秀建筑艺术、传统民俗民风和原始空间形态,具有很高的研究和利用价值,是全人类共同的财富。传统村镇是民族文化的源头和根基,是荷载各种历史信息的真实遗存,也是一段看得见、摸得着的老百姓自己的历史(Jacobsen,1973;Hoffman,2000;Kim et al.,2010;Sidik,2010;Oyama,2017)。

学界对中国传统村镇的关注是20世纪80年代才开始的,传统村镇真正受到重视,则是90年代的事(刘沛林,1998),特别是大批古村镇遭到破坏,引起了国家和学术界广泛的关注。短短十几年间,涌现了一批优秀成果。但是,整体而言,传统村镇的研究还处于探索阶段,很多研究侧重于传统村镇的旅游开发,而基于传统村镇保护条件下的文化景观补偿研究很少,尚未形成有效的传统村镇景观保护性补偿的理论。

关于中国传统村镇文化景观的研究,总体成果不多。20世纪80年代后期,开始有一些学者关注乡村聚落文化景观问题。金其铭(1982)、谢凝高(1985)、武弘麟(1989)等的工作较早。90年代起研究者渐多,相关研究包括地理学、建筑学、历史学等多个方面(王守春,1995;赵朝洪和武弘麟,1995;陆林和焦华富,1995;李孝聪,1997;彭一刚,1997;于希贤,1998;黄成林,2000;角媛梅等,2002;吴必虎等,2004),因篇幅所限,不逐一列出。

文化保护一直是理论研究与实践中的热点议题。文化生态保护区,是开展文化保护的一项重要工程和有效手段,是指为有效保护和传承传统村镇地区特殊物质文化遗产(不可移动文物、可移动文物、历史文化街区和村镇等)及所承载的非物质文化遗产(社会风俗、礼仪、节庆等),在一定地域所划定的特殊保护区域。文化生态保护区是一个与人们生活、生产密切相关,并与自然、经济、社会和谐共处的生态文化环境。理论研究上,2000年以来学者们就开始呼吁、关注"文化生态保护区"。研究重点包括文化生态保护区建设(盛学峰,2009)、文化生态保护区的问题(卞利,2010)、文化生态保护区的对策(田茂军和吴晓玲,2009)以及相关问题的综合研究(石群勇和龙晓飞,2009)等方面。实践中,国家先后设立了一批国家级民族民间文化生态保护区。2010年,武陵山区(湘西)土家族苗族文化生态保护实验区被列入国家级文化生态保护区名录。

文化生态补偿已经成为生态补偿理论研究及文化保护实践中的重要命题,也是文化保护性补偿的直接手段,有利于传统村镇景观的活化与振兴(表1-1)。

表1-1 传统村镇文化景观保护及其研究范式比较

| 流派 | 主导范式 | 研究主体 | 研究依据 | 研究条件 |
| --- | --- | --- | --- | --- |
| 传统流派 | 规范分析、实证主义 | 传统村镇及其文化景观本身 | 文化景观资源的保护效益最大化 | 理想化、严格化 |
| 活化流派 | 行为主义、结构主义、人文主义 | 传统村镇与区域发展,文化景观及其影响因素 | 文化景观资源保护、传统村镇振兴发展的整体效益 | 综合化、抽象化 |

## 三、关于文化景观保护性补偿的相关研究

国际上,与文化景观保护性补偿直接相关的成熟理论为生态补偿。生态补偿,源于生态学理论,早期专指生态负荷的还原等自然生态补偿范畴;20世纪90年代,生态补偿被引入社会经济领域,被认为是一种保护资源环境的经济手段,即为生态服务付费(payment for ecosystem service,PES)或为生态系统价值付费(payment for ecosystem benefit,PEB);进入20世纪90年代中后期,人们开始注重生态效益补偿,特别是对生态环境保护、建设者的财政转移补偿以及生态破坏者的惩罚(毛显强等,2002;Wunder,2005;Engel et al.,2008;李文华和刘某承,2010)。自然生态补偿,是国外早期生态补偿的研究重点,且普遍关注食草性动物的影响及其生态补偿(Juenger and Bergelson,1997;Strauss and Agrawal,1999)。人文与经济生态补偿(包括生态补偿制度、对贫困地区的生态补偿、生态补偿的公平性、生态补偿的市场机制及其他方面)是国外近期的关注重点(Pagiola and Platais,2007;Kosoy and Corbera,2010;Börner et al.,2010;McAfee and Shapiro,2010)。在国内,生态补偿机制、生态补偿与生态建设及环境保护、生态补偿对策与模式、生态补偿的法律制度、生态补偿与可持续发展、流域生态补偿、生态补偿标准、森林生态补偿、生态系统服务价值与生态补偿等是研究的重点(中国生态补偿机制与政策研究课题组,2007;杨光梅等,2007;俞海和任勇,2008;张建肖和安树伟,2009;丁四保和王昱,2010)。建立、完善、创新

生态补偿机制,是促进生态环境保护、建设生态文明的重要制度保障。

与保护性补偿直接相关的成果十分少见。文化景观保护性补偿是文化景观保护的重要手段,是一种协调文化生态保护相关者的利益关系的公共制度安排,以文化生态系统为对象、以政府和市场为主要手段、以促进其保护和可持续利用为目的,涉及文化生态系统服务价值、文化生态保护成本、发展机会成本等方面(杨枫,2014),"为什么要补(补偿缘由)、补给谁(受偿客体)、谁来补(补偿主体)、补多少(补偿标准)、怎么补(补偿方式)、补多久(补偿时间)"等是其需要回答的核心问题。对传统村镇文化景观保护性补偿的研究,在学术界引起了关注。"文化景观保护性补偿"是文化景观保护的创新视角,不仅要考虑保护本地文化景观的目标,更要考虑全局性、长远性保护措施、补偿方式的设计和可持续发展目标的实现,还要兼顾不同地区文化景观的实际差异及地域特色。目的是弥补地理空间上文化保护和经济利益的不平衡、协调区域内部及不同区域之间在文化保护与经济发展等方面的关系(杨枫,2014)。20 世纪末,关于文化生态补偿的雏形得到学者的关注(陈立旭,1994)。21 世纪初,文化资源生态(经济)补偿被正式提出(李东红和杨利美,2004;刘建等,2007)。尔后,关于文化生态补偿的研究与报道相继出现。学术界对文化生态补偿的研究领域主要集中在生态文化旅游圈生态补偿(马勇和胡孝平,2010;胡孝平等,2011)、文化旅游资源价值补偿(郑四渭和贝勇斌,2007)、文化贸易补偿(杨凤祥,2013)、民族文化补偿(赵瑞,2009)、非物质文化遗产开发补偿(周真刚,2013)、文化生态补偿特区(杨林,2008)、文化补偿法律机制(曹务坤和卢丽娟,2012)等方面;研究地域主要有生态文化旅游区(陈明光等,2013)、连片特困地区(杨枫,2014)、少数民族地区(周真刚,2013)、自然文化遗产地(余洁等,2007)。政府层面,文化和旅游部先后设立了一批国家级"文化生态实验保护区",以探索建设文化生态补偿机制。文化生态补偿已经成为生态补偿理论研究及文化保护实践中的重要命题,也是文化保护性补偿的直接手段。

纵观国内外已有相关研究,大多是从文化景观、文化保护等单要素角度切入,是对文化保护、文化景观的单方面研究或局部案例探讨,往往只涉及了文化景观保护的单方面，很少对传统村镇文化景观保护性补偿的机制与途径进行基础理论分析，对传统村镇文化景观保护的宏观战略层面的指导意义较弱。

现代人文地理学已从传统注重景观本身研究转向对景观深层次结构及保护机制等的深入研究，更多地借助社会学、生态学、经济学等理论来解释和研究景观。实际上，从深层次的角度解构传统村镇文化景观保护性补偿问题，探索其机制与途径问题，是现代人文地理学的又一种视角，对新文化地理学的理论建设，意义深远。

## 第三节 理 论 基 础

### 一、公平理论

公平理论（equity theory）由美国心理学家约翰·斯塔希·亚当斯（J. S. Adams）于1965年提出，又称社会比较理论。公平理论认为：人能否受到激励，因"他们得到了什么"，以及"他们所得与别人所得相比是否公平"而定。当人们感到不公平待遇时，在心里会产生苦恼、紧张不安，导致行为动机不纯、工作效率下降等，甚至出现逆反行为。为消除不安，一般出现下面行为（或采取以下措施）：通过自我解释实现自我安慰，以消除不安；更换对比对象，以获得主观的公平；采取一定措施，改变自己或他人的得失状况；发泄怨气，制造矛盾；暂时忍耐或逃避。公平与否的判定受个人知识、修养等的影响（即使是外界氛围，也要通过个人世界观、价值观等的改变才能产生作用）。通过"横向比较、纵向比较[①]"，当个体发现不公正时，会有"改变自己的投入、改变自己的所得、扭

---

① 所谓横向比较，即一个人要将自己获得的"报酬"（包括金钱、工作安排及赏识等）与自己的"投入"（包括教育程度，所作努力，用于工作的时间、精力和其他无形损耗等）的比值与组织内其他人作社会比较，只有相等时他才认为公平。所谓纵向比较，即把自己目前投入的努力与目前所获得报酬的比值，同自己过去投入的努力与过去所获报酬的比值进行比较，只有相等时他才认为公平。

曲对自己的认知、扭曲对他人的认知、改变参考对象、改变目前的工作"等反应以及具体行为的出现。

## 二、公共物品理论

公共物品理论是一种研究公共事务的现代经济理论。按照微观经济学理论及萨缪尔森等的定义，社会产品可划分为公共产品与私人产品两种类型。其中，公共产品具有非竞争性和非排他性，且每个人对其进行消费并不会导致他人对该产品消费的减少，因此，公共产品在使用中就很容易产生"公地悲剧"（如果一种资源的所有权没有排他功能，那么就会导致公共资源的过度使用，最终使全体成员的利益受损）和"搭便车"（在一个经济社会中，若存在公共物品，免费搭车者就会出现；如果所有社会成员都成为免费搭车者，其最终结果将是谁也享受不到公共产品）等问题，即消费中的非竞争性往往导致"公地悲剧"，过度使用公共产品，并且消费中的非排他性往往导致"搭便车"心理，导致资源供给不足。

## 三、外部性理论

即外部效益理论、环境成本内部化理论。外部性是引起资源不合理开发利用以及环境污染破坏的一个重要原因。马歇尔最早将外部性作为一个正式的概念提出。庇古指出："外部性的本质是，A 在对 B 提供某项支付代价的劳动过程中，也会对其他人提供劳务或损害（并非同样的劳务或损害），但并不能从受益方获得报酬、亦不能对受害方施以补偿"；并认为："由于市场失灵，产生外部性，此时需由政府干预来解决。对于正的外部性，政府应予以补贴；对于负的外部性，则应处以罚款，以使外部性生产者的私人成本等于社会成本，从而提高整个社会的福利水平"（庇古，1963，1971；毛显强等，2002）。科斯等认为："外部性问题的本质在于双方产权界定不清，导致行为权力和利益边界不确定现象的出现，从而产生了外部性问题。要解决外部性问题，必须明确产权、确定人们是否有利用自己的财产采取某种行动并造成相应后果的权利"(科斯等,1994;毛显强等,2002)。

### 四、可持续发展理论

可持续发展的核心是在保护环境、资源永续利用的前提下,实现经济社会的全面发展。要解决的核心问题是 PRED 问题,即人口(population)、资源(resources)、环境(environment)和发展(development)。可持续发展涉及经济可持续、社会可持续和生态可持续等方面,它包含以下几个方面的内涵:①高效发展,在经济、社会、资源、环境、人口等协调下实现高效率发展;②多维发展,从资源生态环境等的实际情况出发,走多样性、多模式发展道路;③协同发展,既包括一个地区经济与人口、资源、环境、社会及内部各个阶层的协同发展,也包括经济、社会、环境三大系统的协同发展,还包括世界、国家和地区不同尺度的地域协同发展;④公平发展,包括时间维度上的公平(当代人的发展不能损害后代人)和空间维度上的公平(当地的发展不能损害其他地区)两个层面。

### 五、经济地理学思维

经济地理学思维方式,包括了对空间格局的刻画方法(如区位、空间结构、空间分异),也包括了对形成空间格局的驱动力的认识方式(如区域间相互作用、尺度关联、地区综合),还体现出时间过程。在这种思维框架下,世界地理空间中,上下左右均充满着各种各样的"鸟巢"式空间联系(图1-2)(刘卫东等,2013)。当今,我们面临的许多问题都是复杂系统,一方面,各地区之间相互依赖程度越来越深,"蝴蝶效应"日趋明显;另一方面,社会经济复合系统也越来越复杂,人、自然、经济、社会等因素在这个复合系统中的耦合度也越来越大。

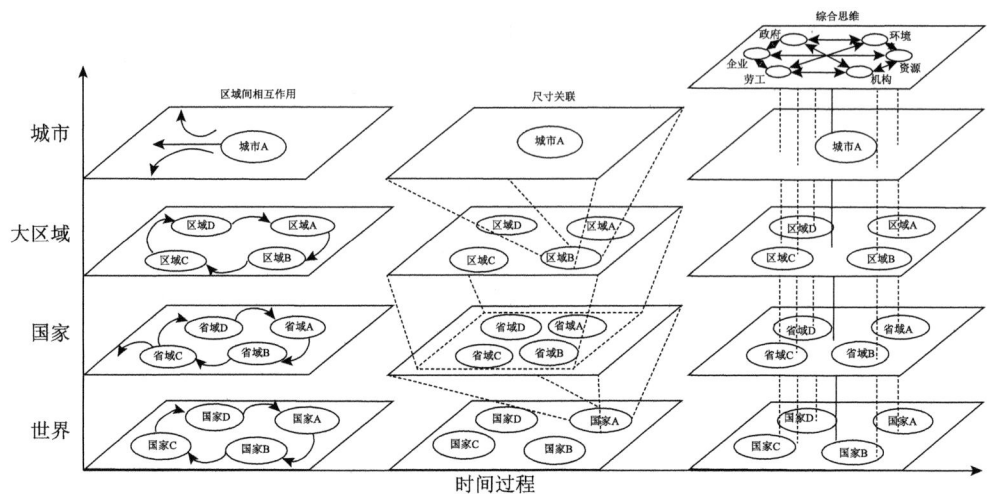

图 1-2 经济地理学思维框架
资料来源：根据刘卫东等（2013）修改

## 六、相关理论与本研究的关系

1. 公平理论与本研究的关系

对传统村镇文化景观保护而言，当地居民等个体或组织也会通过"横向比较、纵向比较"，衡量其保护传统村镇文化景观的得与失，从而做出正向（有利于传统村镇可持续发展）或负向（不利于传统村镇可持续发展）的反应与行为。通过传统村镇文化景观保护性补偿，有利于激励正向行为，促进传统村镇可持续发展。

2. 公共物品理论与本研究的关系

文化生态资源是一种公共产品，通过文化景观保护性补偿支付补偿金等方式，利用制度设计来调节公共产品的提供与消费，从而尽量避免"公地悲剧"，尽可能避免文化生态产品这一特殊公共产品消费的"搭便车"现象的发生。

3. 外部性理论与本研究的关系

在文化资源保护的现实生活中，亚当·斯密"看不见的手"定理的诸多假定往往是不能够成立的，进而导致市场机制失灵，这就需要借助外部力量（政府干预等）解决。一方面，由政府对造成负外部性的主体进行征税，对其行为产生限制作用；另一方面，对产生正外部性的主体予以补贴，对其行为进行鼓励。在利润最大化原则作用下，文化生态资源生产者、消费者等不同主体从各自利益出发，通过政府税收与补贴等经济干预手段，外部性实现"内部化"，实现私人与社会需求的一致。文化景观保护性补偿，就是通过一定的政策手段（制度设计、制度创新），让文化生态投资者得到合理回报，让文化生态"受益者"支付相应费用，实现文化生态保护外部性的内部化，促进文化生态资本的增值。

4. 可持续发展理论与本研究的关系

不同区域的文化景观保护性补偿不能仅仅满足区域发展的当前要求，更应满足长远发展的需求。同时，区域文化景观保护性补偿途径的分析，不仅涉及文化生态资源问题，更涉及区域经济、社会发展等诸多方面的内容，需要以可持续发展理论为指导，将区域文化景观保护性补偿问题与区域发展统筹起来，推动生态、经济、社会的协同发展。

5. 经济地理学思维与本研究的关系

对于文化景观保护性补偿而言，无论是在对文化景观保护性补偿内涵的分析上，还是在对实施文化景观保护性补偿实践及其驱动力的认知上，均需要这种基于"补偿"政策与实践背景的"面向真实世界的'立体'思维能力"，而且还需要体现出不同尺度、不同区域间的时、空过程，以开展时、空二维上的"立体"化思维。

# 第二章
# 中国传统村镇保护与发展的理论认知及学术贡献

本章在简述中国传统村镇研究与保护概况的基础上,重点从理论研究层面对中国传统村镇保护及发展状况的阶段性进行了归纳,并从学术理论、技术方法、决策支持、规划实践等方面对中国传统村镇研究的贡献进行了梳理与总结。

## 第一节　中国传统村镇研究与保护概况

传统村镇是指那些历史文化悠久、文化景观典型且遗存积淀厚重的村镇（冯骥才，2014；胡春艳，2017）。在中国，现存保存较完好的传统村镇以明清时期为早。在漫长的历史变迁与城镇化、现代化等冲击下，这些村镇正处于消失过程中。结合传统村镇景观资源特色，开展传统村镇保护，是对国家及全人类的贡献。

传统村镇是蕴含着民族基因与凝聚力的"美丽家园"，是人类发展的"活化石"，也是国家文化软实力的重要体现，得到了世界各国的高度重视。法国为了保护传统村镇独特的物质文化遗产与非物质文化遗产，开展了"法兰西最美丽村镇"建设等诸多卓有成效的努力。在意大利，传统村镇是其文化遗产的重要组成部分，意大利政府在对其保护方面也不遗余力，探索出了"村镇生态博物馆"等行之有效的实际经验。法国政府通过一套政令畅通的政策体系来保护传统村镇，促进村镇发展。加拿大在传统村镇的保护、建设与复兴方面，非常重视传统村镇从传统到现代的转型过程中政府对现代化人居环境改造与传统家庭农场保留的完美结合。德国在保护村镇中稀有的乡土建筑、传统物质文化遗产时，也有其"村镇更新"等独到政策。日本在传统村镇文化遗产保护方面也走在世界前列，并提出"非物质文化遗产"等概念。韩国传统村镇保护中，注重"活态传承"和商品化。中国也正在开展"中国传统村落[①]"调查、评审与建设工作，并以中央财政支持。

从全球传统村镇研究态势分析，采用文献计量法，选取近50年来国内外传统村镇主题的研究文献约14 100篇，通过检索分析发现：中国学者占92%以上，中国传统村镇研究案例占95%以上。欧美等发达国家已进入成熟发展阶段，其传统村镇面临的PRED压力相对小，存在的保护与发展间的矛盾相应较少，目前

---

① 村落主要指大的聚落或多个聚落形成的群体，常用作现代意义上的人口集中分布的区域（包括自然村落、自然村、村庄区域）；村镇是指乡村集镇。中华人民共和国住房和城乡建设部设置了村镇建设司，统筹镇、乡、村庄建设工作。本书所指的传统村镇包含了传统村落。

研究主要侧重于人文社会科学领域。中国等发展中国家正处于快速工业化、城市化、现代化过程中，城乡发展间的资源环境问题比较突出，传统村镇保护中的 PRED 压力大、存在的发展问题相应较多，目前研究仍侧重于经济社会与资源环境协调问题等方面。从此种角度来讲，全球传统村镇的研究已经进入"中国时代"，中国是 21 世纪全球传统村镇研究与保护的主阵地。

中国传统村镇研究与保护中，也涌现了一批较好的经验与模式。例如，云南"元阳县哈尼梯田核心区 15 个传统村落改造"的试点工程，贵州少数民族地区传统村镇保护的"生态博物馆"活态传承的保护案例，湖南省以"旅游风情小镇"促进传统村镇的个性化发展，以及政府大力推广的传统村镇保护 PPP[①]模式等。当前，中国传统村镇研究与保护中的一些经验及模式也正在影响欧美等西方发达国家传统村镇的保护思路与方向。

## 第二节  中国传统村镇保护及发展的理论解析

传统村镇保护及空间演变是传统村镇保护及发展理论探讨的关键问题。传统村镇保护及空间演变是指传统村镇的形成、发展及其在外界环境影响下对空间结构、空间组织、空间形态等的演变，它受自身生产生活生态、非物质文化特征及外部环境等的综合影响。可从理论上将传统村镇保护及发展状况进行归纳，分为以下五个方面：传统村镇形成发育的阶段性、传统村镇的价值体系、传统村镇的空间结构特征、传统村镇的区位布局模型、传统村镇可持续发展的抱团式梯度爬升。当然，随着人们对传统村镇认知水平与研究水平的逐步提高，将会从更深层次揭示传统村镇保护与发展的基本特征。

---

① PPP（public-private-partnership）模式，是指政府与私人组织之间，为了提供某种公共物品和服务，以特许权协议为基础，彼此之间形成一种伙伴式的合作关系，并通过签署合同来明确双方的权利和义务，以确保合作的顺利完成，最终使合作各方达到比预期单独行动更为有利的结果。

## 一、传统村镇形成发育的阶段性

基于景观信息链（刘沛林，2008）及景观基因"胞-链-形"（刘沛林等，2011）理论，参考已有相关研究成果（刘自强等，2012；邹沁园，2016；毛毛，2016），可将传统村镇形成发育的过程归纳为 5 个阶段（图 2-1）：①原始阶段。传统村镇以传统农业为主，只具备居住、生产和防御等基本功能。②发展阶段。伴随着定居、社会分工及私有制的出现，聚落的防御功能、手工业生产以及产品交换功能逐渐显现。③飞跃阶段。对于不同类型的传统村镇，其因地制宜地发展了手工业、商业等，与此同时，寺庙、平民住宅、手工业、商业及相关设施相对发育，村镇功能趋于多样化。④衰退阶段。在快速城镇化、工业化冲击中，伴随着人口外出，加之自然环境因素等的影响，传统村镇出现"空心化"。⑤振兴阶段。通过产业发展、基础设施完善、特色文化挖掘等方式，传统村镇逐渐"活化"，走向振兴。

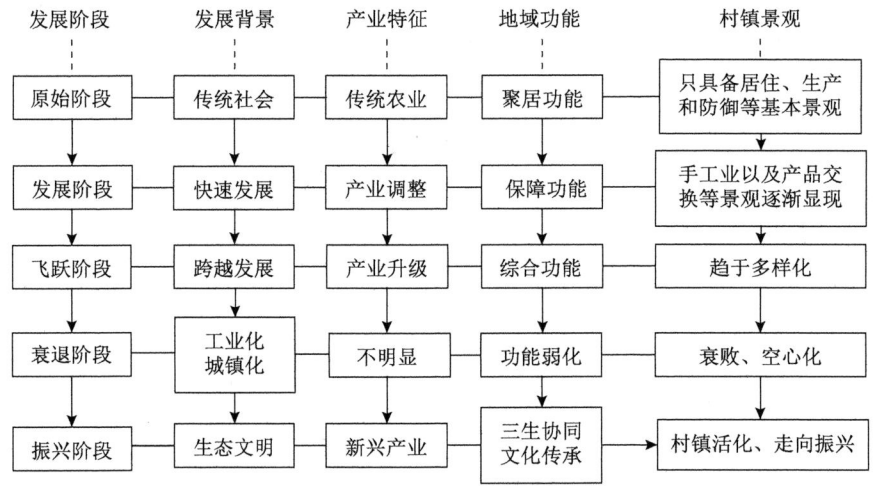

图 2-1 传统村镇形成发育阶段及形成机制示意①

---

① "三生"指的是生产、生活与生态（樊杰，2015；刘继来等，2017），传统村镇景观也包括生产景观、生活景观与生态景观。手工业生产及产品交换等活动表现的是一种特殊的人类生产-生活景观。

## 二、传统村镇的价值体系

传统村镇是生活、生产的基地，兼有物质与非物质价值特征，是社会构成的基层单位，是农村社区。一般而言，传统村镇的价值体系可分物质层面和非物质层面。物质层面主要包括生产价值、生活价值和生态价值；非物质层面主要是指历史文化价值（图2-2）。①生产价值，传统村镇以土地为劳作对象或载体进行社会生产而产出各种产品和服务，具体可包括生存与健康物质供给生产、原材料生产、能源矿产生产及间接生产等内容。生存与健康物质供给生产是维持生存和发展的基础性生产，包括食物和水的供给（功能性供给物品），以及药物（维持健康的必要保证）和基因资源（扩展食物供给的重要途径）供给等。原材料生产为二次生产提供基本原料。能源矿产生产是维持社会发展的核心。间接生产其实并不是真正的生产，其本质功能来源于其对地上附着物的承载，只是由于其承载的地上活动是间接生产而将其归于生产。②生活价值，主要是指传统村镇居民在生存和发展过程中所获得的各种日常物质和精神保障。具体可进一步细分为空间承载与避难、物质生活保障和精神生活保障等。其中，居住、交通和公共服务承载是区域生活的基底，基本物质生活保障是日常生活的基础，自然和人文景观等是休闲、文化、艺术、美学及精神和历史的源泉。③生态价值，是指传统村镇生态系统与生态过程所形成的、维持人能生存的自然条件。土壤、水文、植被和生物要素等是基本组件。具体包括重点调节生态功能、一般调节生态功能和生态容纳功能。重点调节生态功能，指生态红线范围内的重点功能区（城市国土空间开发建设不可逾越的地区）的生态功能，包括水源涵养、土壤保持、防风固沙、洪水调蓄、河岸防护及生物多样性保护等。一般调节生态功能，指除重点调节生态空间之外的林地、草地与水域所提供的生态功能。生态容纳功能，包括盐碱地、沼泽地、沙地与裸地等所持有的生态功能。④历史文化价值，是指传统村镇居民长期创造形成的产物，同时又是一种历史现象，是社会历史的积淀物，它凝结在物质之中又游离于物质之外，是传统村镇居民之间进行交流的一种能够传承的意识形态，也是传统村镇被外界认可的地域文化。涉及村镇历史、风土人情、传统习俗、生活方式、文学艺术、行为规范、思维方式、价值观念等方面（图2-2）。

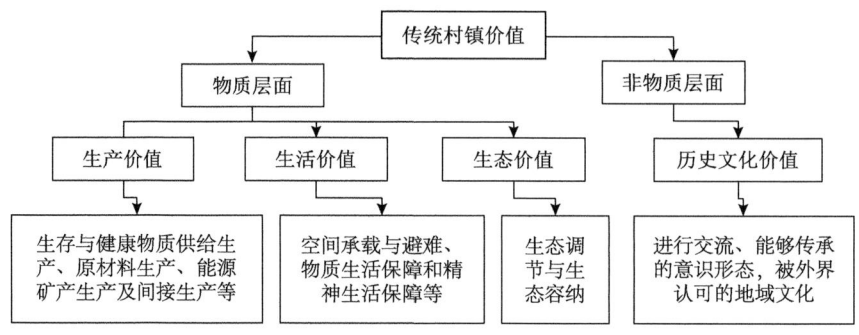

图 2-2 传统村镇价值体系

### 三、传统村镇的空间结构特征

传统村镇的空间结构可从总体形态（宏观层面）、内部通道（中观层面）、基本元素（微观层面）三个层面进行分析（表 2-1）。①宏观层面的总体形态，传统村镇或是按照一定的规划意图建设起来的、具有规整的几何形态，或是自然发展起来的，也可能兼而有之。对任何一个传统村镇而言，必然会在空间上呈现出一定的几何形态，或遵守着《周礼·考工记·匠人营国》中的规制，或与《管子》中的"因天才，就地利"相吻合，或是二者的集成（既有规制等级的思想，又有追求真理的求是精神）（贺业钜，1985）。②中观层面的内部通道，即常说的交通线路、水系等，中国传统村镇交通线路的布局既有"道路不必中准绳"的因地制宜式随意，也有"九经九纬、经涂九轨"的等级式规则。加之中国传统村镇对水的崇尚，大多或引水入村，或围水造村。特别是在一些南方地区，其传统村镇

表 2-1 传统村镇空间结构分析

| 尺度 | 空间结构 | 举例 |
|---|---|---|
| 宏观层面 | 总体形态 | 长方形▭；正方形▢；椭圆形⬭；圆形○；不规则形 |
| 中观层面 | 内部通道 | 规整式 ；因地制宜式 |
| 微观层面 | 基本元素 | 纪念类（牌坊）；居住类（民居）；信仰类（庙宇） |

内部水系发达,既可用于居民的日常用水,亦可用于日常交通、生产等其他用途。③微观层面的传统村镇基本元素,按其性质、功能与作用的不同,可分为居住类、宗教类、教育类、纪念类等类型。它们在不断发展变化过程中,保持了相对稳定性,保留了传统村镇的特色。

### 四、传统村镇的区位布局模型

中国的传统村镇区位布局总体呈现出"负阴抱阳、背山面水"等特征,基本遵循着"风水观"的理念,把"背山、面水、向阳"看作最好的布局区位(图2-3)(刘沛林,2012,2014;刘大均等,2014)。从生态学角度讲究科学的规划布局是中国传统村镇的基本特点之一,从高地聚落选址的驱旱特点,到水乡聚落选址的避湿技巧,都深刻反映出中国传统村镇布局表现出的明显的生态设计理念,其中最重要的一点就是借自然山水营造良好的生态景观和人居环境。同时,对于中国传统村镇而言,均与所在的自然环境密切相关。南方湿润地区降水量大、水网发育,因此,水网密布的水乡村镇常见,村镇布局形态多呈树枝状或辐射状;相反,北方大部分地区因常年气候偏旱少雨,河流发育较弱,村镇布局形态相对规则。在一些地域,空间分布的集聚性、交通条件的可达性、与中心城市的接近性、与主要景区的空间融合性、与经济发展水平的相关性等也是重要的区位特征(郭文炯和吕敏娟,2016)。

(a)最佳村址选择　　　(b)安徽省黟县的西递村　　　(c)湖南省岳阳县的张谷英村

图2-3　传统村镇的区位布局模型及案例

### 五、传统村镇可持续发展的抱团式梯度爬升

传统村镇可持续发展的自然过程表现为多个传统村镇为了自身可持续发展

而联合周边传统村镇相互依靠、相互提升可持续性的过程（图2-4）。当一个传统村镇 $A_1$ 依靠自身能力无法提升其可持续发展能力时，自然就会联合传统村镇 $A_2$ 开展合作，通过联合在新的层次上继续维持该传统村镇的可持续发展能力；当联合传统村镇 $A_2$ 无法继续维持其可持续发展能力时，自然就会联合传统村镇 $A_3$ 开展合作，通过联合传统村镇 $A_3$ 在更高层次上继续维持该传统村镇的可持续发展能力；依此类推，通过联合传统村镇 $A_n$ 在更高层次上继续维持该传统村镇的可持续发展能力。通过传统村镇不断联合，促进传统村镇抱团形成可持续发展的命运共同体。随着联合传统村镇数量的不断增多，传统村镇的可持续发展能力随着时间的推移呈现出抱团式阶梯爬升趋势。实践中，中国历史文化名镇名村、中国传统村落等的分批认证即是这一规律的真实反映。以湘西境内的中国传统村落为例，湘西历史文化底蕴深厚、传统村落资源丰富，但由于地处山区，加之人口分布稀散、社会经济发展水平相对滞后，传统村落曾遭受极大破坏。在现代化、城镇化进程中，单个传统村落无法长期立足、无法实现单个传统村落的可持续发展。在国家高度重视、地方政府积极努力以及广大公众的积极参与下，2012 年有 17 个村落入选第一批"中国传统村落名录"、2013 年有 8 个村落入选第二批"中国传统村落名录"、2014 年有 4 个村落入选第三批"中国传统村落名录"、2016 年有 53 个村落入选第四批"中国传统村落名录"、2018 年有 90 个村落入选第五批"中国传统村落名录"，湘西传统村落已经实现了抱团式发展。2019 年湘西出台了《湘西土家族苗族自治州传统村落保护条例》。在全国层面也已经形成了中国传统村落的湘西集群区，进一步打响了湘西品牌，促进了湘西文化与

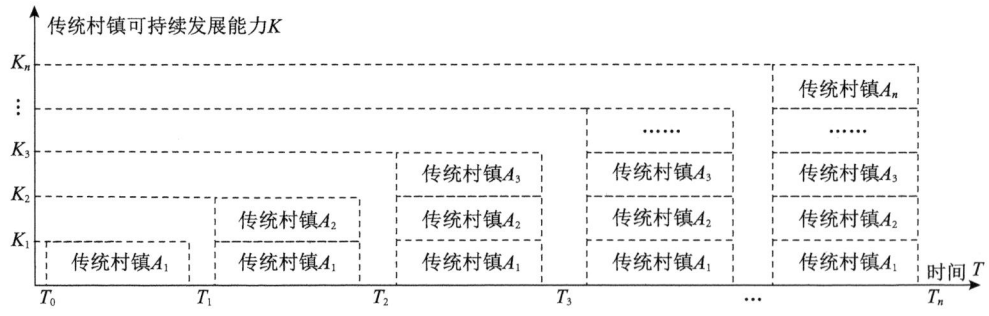

图 2-4　传统村镇可持续发展的抱团式阶梯爬升效应示意

旅游业的融合发展、高质量发展，用文化遗产留住了美丽乡愁[1]。

## 第三节  中国传统村镇研究的贡献

### 一、学术理论贡献

在学术理论方面，本章立足中国国情，提出了中国传统村镇保护与发展的理论。我国在传统村镇意向（刘沛林，1994）、传统村镇群（龚恺，2004）、传统村镇更新（杨过，2004）、传统村镇社区（吴羽和余莉，2007）、传统村镇公共空间（梁林，2007）、传统村镇文化变迁（徐海燕，2008）、传统村镇景观基因（刘沛林，2003）等方面均开展了研究工作。其他重要成果还有冯骥才的《20个古村落的家底——中国传统村落档案优选》、刘沛林的《家园的景观与基因：传统聚落景观基因图谱的深层解读》、王思明和刘馨秋的《中国传统村落：记忆、传承与发展研究》、罗德胤的《传统村落：从观念到实践》、薛林平等的《美丽乡愁——中国传统村落》、周建明的《中国传统村落——保护与发展》，与此同时，还有一批青年学者的探索。

1）提出并科学界定了传统村镇"文化景观基因"理论。在21世纪初，中国学者提出了"文化景观基因"理论，认为可以传统村镇文化景观基因为抓手，保护好传统村镇的"根本"，彰显不同传统村镇特色及个性，全面促进传统村镇保护与可持续发展（刘沛林，2003）。尔后，进一步从"景观基因图谱"（申秀英等，2006）、"景观基因完整性理念"（刘沛林等，2009）、"景观基因'胞-链-形'理论"（刘沛林等，2011）等方面，对"文化景观基因"理论体系进行了发展。学术界也围绕"文化景观基因"理论研究，产生了诸多成果（刘

---

[1] 用文化遗产留住美丽乡愁——湘西州传统村落保护工作纪实[DB/OL]. http://www.sohu.com/a/318046439_785861[2019-06-01].

沛林等，2010；翟文燕等，2010；邓运员等，2011；胡最等，2013；杨立国等，2015；罗一墩等，2016；谭波和钟洋，2016；祁剑青等，2017；翟洲燕等，2017）。

2）提出并探讨了传统村镇"文化景观保护性补偿"理念。受启发于生态补偿理论，结合中国传统村镇发展实际情况，我国学者提出并探讨了传统村镇"文化景观保护性补偿"理念，认为传统村镇"文化景观保护性补偿"是指基于传统村镇文化景观资源价值的外部性，围绕着传统村镇建筑、民俗、环境等文化景观资源的破坏、保护与可持续开发等问题，在区域内部及区域间展开的对受影响的文化景观系统"服务"进行以经济、政策行为等为补偿手段的人类社会经济活动。利益主体、补偿标准、补偿方式与渠道等是其核心问题。研究思路获得了同行专家的认可，得到了国家自然科学基金的资助。

3）提出并分析了传统村镇"意象"。中国的传统村镇，有着独特的空间特征及鲜明的感觉形象，即丰富的"意象"。就传统村镇意象的构成而言，是指村镇中那些有着确定含义且目标突出的具体地物，如大树、广场、水塘、祠堂、阁塔、小桥等。对传统村镇意象进行系统研究，不仅有助于我们"复原"传统村镇的空间形象，而且能为村镇地理研究、村镇文化研究、现代村镇规划及设计，提供新的视角和思路（刘沛林，1994）。关于中国传统村镇"意象"的研究，涉及传统村镇选址的意象（刘沛林，1995）、基于意象的传统村镇保护与更新（赵小龙和林冬庞，2017）、传统村镇环境意象（Zhang，2011）等方面。

4）提出并论证了中国传统村镇群理念。村镇是生长着的，在漫长的村镇历史上，人们会不断追逐好的地方，引起村镇的迁移、分裂、组合的变化。一个村镇群文化习俗的接近，带来建筑等的趋同，而不同的村镇群，会有明显的差异。村镇群的建设使得村镇的某些公共设施可以合用，如排水口、渡口、路亭、天灯、桥梁等。研究村镇群，可从生活圈这个更大的范围来思考村镇问题，体现村镇的不同功能组合和完整风貌（龚恺，2004）。其相关研究涉及传统村镇群价值特色（陈鹏，2016）、传统村镇群经济发展与新型城镇化（王雁等，2018）、传统村镇群体系（陈鹏，2016；章墨，2018）等方面。

## 二、技术方法贡献

本章立足中国传统村镇保护现状与可持续发展实际需求,从村镇调查技术、基础档案建设技术、保护方法技术等方面,开展了诸多卓有成效的工作,探索了传统村镇保护的关键技术系统,得到了国家住房和城乡建设部、国家自然科学基金委员会等的支持。

1)提出了记录传统村镇各方面原生态信息的技术方法。针对过去我们一段时期大部分村镇没有村镇志的情况,天津大学冯骥才文学艺术研究院组织专家编制了《中国传统村落立档调查田野手册》,从立档调查体例、工作程序、图片范例等方面,以图文结合的方式介绍了记录村镇各方面原生态信息的技术方法,为国家这一重大的历史文化资源与财富立档,这应是历史上的首次(冯骥才,2014)。

2)编制了传统村落基础档案建设规范。为了给每一个传统村落留下家底、建立档案数据库,中国传统村落保护与发展研究中心组织专家力量开展了传统村落基础档案建设规范编制工作,从立档调查(文字)归档表、(图片)登记表、图片(村落全貌、村落与自然关系、主要街巷、重要公共空间、历史见证、公共遗产、民居建筑、非物质文化遗产)等方面,提出了传统村落基础档案建设规范。

3)探索了传统村镇特色挖掘的理论与方法。特色挖掘与彰显是实现传统村镇可持续发展的关键。到底如何挖掘特色?我国学者在此方面进行了大量卓有成效的探索。例如,基于"景观基因"的传统村镇特色挖掘理论与方法是该方面的成功案例。基于传统村镇景观与价值、市场与效益、规划与建设、环境与保护、服务与管理等板块,从必备条件、否决条件、评价标准、评价分值等方面,制定了"遴选标准""创建工作方案"等。

## 三、决策支持贡献

我国学者充分运用地理学、文化学、建筑学等多学科的综合优势,共同关注传统村镇的可持续发展,通过提交系列重要咨询报告等多种形式,为传统村镇保护与发展建言献策。通过多年共同努力,为有效保护建设传统村镇提出了科学良方,担当了国家传统村镇保护的高端智库,推动传统村镇成为国家文化保护的主体,为传统村镇可持续发展做出了重要的决策支持贡献。

1)提出传统村镇文化与旅游结合,得到了政府部门高度认可。如何深度挖掘区域文化的独特元素,打造具有浓郁地域文化特色的旅游村镇。例如,2014年4月,我国学者通过"金点子"征集活动,提交了《以湖湘特色"旅游小镇"建设为引领,助推湖南新型城镇化》的对策建议,刊登在《为改革攻坚献策 金点子 征集专辑》第4期,2014年5月4日得到湖南省相关领导的批示,该点子当即得到湖南省旅游和文化等部门的采纳落实,迅速出台了《湖南省旅游局 湖南省文化产业改革发展办公室关于印发〈"湖湘风情文化旅游小镇"创建工作方案〉的通知》(湘旅联字〔2015〕1号)。开展工作以来已遴选和建设了一批"湖湘风情文化旅游小镇",该点子获得湖南省"优秀金点子奖"。

2)多方呼吁保护传统村镇,在国内外引起广泛关注。我国学者多次接受中国新闻社等媒体的采访,提出:传统村落是中华民族的精神家园,也是海外华侨华人"乡愁"的载体。希望海外华侨华人支持"中国传统村落立档调查",让全球中华儿女更好地记住"乡愁"。并在《人民日报》、《大众日报》、新华网等各大新闻媒体先后发表了多篇关于传统村镇保护的文章,在社会上引起了广泛关注。与此同时,还开设有"中国传统村落网(http://www.chuantongcunluo.com/)"(中、英文版)等具有国际一流水平的专业网站,为海内外开启有关于传统村镇保护的"窗口",力求成为国内外官方、民众及各类志愿者机构感知传统村镇文化、享受便捷服务的权威平台。

3)成立专家委员会及工作组,服务于中国传统村镇保护与发展工作的技术指导与决策咨询。为做好传统村镇保护和发展工作的技术指导和决策咨询,国家部委组建了由多学科专家组成的传统村镇保护和发展专家委员会及工作组,开展具体的技术辅助工作、制定分级分类标准、筛选提出国家级传统村镇候选名单、研究提出传统村镇保护规划编制方法及保护和发展技术指南等。

## 四、规划实践贡献

面向国家对传统村镇保护与发展的战略需求,我国学者将传统村镇研究的理论成果和技术方法广泛地应用于传统村镇保护规划实践中,指导传统村镇保护与发展工作,为国家传统村镇保护与发展做出了重要贡献。

1. 开展传统村落保护发展规划编制工作,促进城乡协调发展

在中华人民共和国住房和城乡建设部等的组织下,由多学科专家共同参与,制定了《传统村落保护发展规划编制基本要求(试行)》,从明确保护对象、划定保护区、明确保护措施、确定保护项目、提出规划实施建议等方面开展了保护发展规划编制工作,提出传统资源保护及人居环境改善的措施,坚持保护为主、兼顾发展,尊重传统、活态传承,符合实际、农民主体的原则,提高规划的实用性和质量,促进城乡协调发展。

2. 开展了传统村落立档调查工作,为科学保护与发展提供了科学支撑

自2014年中国传统村落立档调查启动以来,中国民间文艺家协会、中国摄影家协会、中国文学艺术基金会、中国传统村落保护与发展研究中心共同组织实施,旨在为我国两万多个传统村镇建立可供备查与传承的档案记录。该项工作以国家确定的中国传统村镇为重点,在山西省晋中市榆次区后沟村、天津市蓟县西井峪村等地开展了传统村镇基础档案建设示范工作,全国有200余个传统村镇已建立档案(任越,2018)。

## 第四节 结论与讨论

理论上,可将中国传统村镇保护及发展状况归纳为五个方面,即传统村镇形成发育的阶段性、传统村镇的空间结构特征、传统村镇的价值体系、传统村镇的区位布局模型,以及传统村镇可持续发展的抱团式梯度爬升。学者们为中国传统村镇的保护与发展研究做出了巨大贡献,主要包括界定了传统村镇的"文化景观基因"理论、探讨了传统村镇的"文化景观保护性补偿"理念、分析了传统村镇的

"意象"、论证了中国传统村镇群理念、提出了记录传统村镇原生态信息的技术方法、编制了传统村镇基础档案建设规范、探索了传统村镇特色挖掘的理论与方法。未来，中国传统村镇保护与发展中，多学科协同创新的空间越来越大，理论研究责任重大，应采用定性与定量相结合的方法，更好地为传统村镇保护与发展献计献策。

# 第三章
# 传统村镇文化景观保护性补偿的内涵及框架

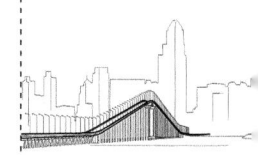

　　本章重点分析了文化景观保护性补偿的 5 个核心问题：①文化景观保护性补偿的理论内涵及逻辑框架（什么是文化景观保护性补偿）；②文化景观保护性补偿的主客体（补给谁、谁来补）；③文化景观保护性补偿的标准核算（补多少）；④文化景观保护性补偿的补偿方式（怎么补）；⑤文化景观保护性补偿的时空尺度（补多久、补哪里）。

## 第一节 传统村镇文化景观保护性补偿的定义

20世纪末,关于文化景观保护性补偿的雏形已经得到学者的关注(陈立旭,1994)。21世纪,文化资源生态(经济)补偿被正式提出(李东红和杨利美,2004;刘建等,2007)。尔后,关于文化景观保护性补偿的研究与报道相继出现。学术界对文化景观保护性补偿的研究领域主要集中在文化旅游资源价值补偿(胡孝平等,2011;马勇和胡孝平,2010;郑四渭和贝勇斌,2007)、文化贸易补偿(杨凤祥,2013)、民族文化补偿(赵瑞,2009)、非物质文化遗产开发的补偿(周真刚,2013)、文化景观保护性补偿特区(杨林,2008)、文化补偿法律机制(曹务坤和卢丽娟,2012)等方面;研究地域主要有生态文化旅游区(陈明光等,2013)、连片特困地区(杨枫,2014)、少数民族地区(周真刚,2013)、自然文化遗产地(余洁等,2007)。政府层面,文化和旅游部门先后设立了一批国家级"文化生态实验保护区",以探索建设文化景观保护性补偿机制(卞利,2011;王蕾和苏杨,2012)。文化景观保护性补偿已成为生态补偿理论研究及文化保护实践中的重要命题,但相关基础理论成果仍较缺乏。本研究以此为切入点,对文化景观保护性补偿的理论内涵及基本框架进行探索性研究,希冀为我国文化景观保护性补偿制度的建设提供参考。

美国学者 J. H. Steward 于 20 世纪在 *Theory of Culture Change: The Methodology of Multilinear Evolution* 一书中提出"cultural ecology"(文化生态学)的理论,指出其宗旨在于"解释一些特别的具有地域性差异的文化特征及文化模式的来源"(Steward,1990;哈迪斯蒂,2002)。文化景观保护性补偿是人类影响下的文化生态环境变化格局、机理及影响系统的重要研究对象(刘敏等,2013;刘春腊等,2014),通过调整相关主体的环境利益及其经济利益的分配关系,平衡文化生态利益相关者的获益与受损,有助于解决文化生态资源保护与社会经济发展之间的矛盾,已成为政策和现实的迫切需求(Murray and Abt,2001;

Alix-Garcia et al., 2008; Engel et al., 2008)。

文化景观是地球表面文化现象的复合体，它反映了一个地区的地理特征，是历史时期形成的构成某一地域特征的自然与人文因素的综合体，是某一地理区域、文化特征的代表，具有杰出的普遍价值，包括历史场所、历史景观、乡土景观和文化人类学景观等类型（李旭旦，1985；Kelly et al.，2000；汤茂林，2000；William and Kent，2009）。

文化景观保护涉及的学科很多，基于不同学科的研究重点和研究目的有所不同，但它们的理论、方法和技术都可以为文化景观保护所借鉴。从现代文化地理学角度而言，文化景观保护是其当前的重大科学命题。"文化景观保护性补偿"是文化景观保护的创新视角。"文化景观保护性补偿"不仅只考虑保护本地文化景观的目标，更考虑全局性、长远性保护措施、补偿方式的设计和可持续发展目标的实现，还要兼顾不同地区文化景观的实际差异及地域特色。从内涵上看，保护性补偿重点回答"谁来保护、保护什么、怎么保护、补给谁、谁来补、补多少、怎么补"等核心问题，即保护性补偿的主客体、标准、方式、尺度等，目的是弥补地理空间上文化保护和经济利益的不平衡。协调区域内部及不同区域之间在文化保护与经济发展等方面的关系，是文化景观保护性补偿的焦点。

基于此，本书认为，传统村镇文化景观保护性补偿，是基于传统村镇文化景观资源价值的外部性，围绕着传统村镇建筑、民俗、环境等文化景观资源的破坏、保护与可持续开发等问题，在区域内部及区域间展开的对受影响的文化景观系统"服务"进行以经济、政策行为等为补偿手段的人类社会经济活动。利益主体、补偿标准、补偿方式与渠道等是其核心问题。

文化景观保护性补偿是一种协调文化生态保护相关者利益关系的制度安排，其以文化生态系统为对象，以促进其保护和可持续利用为目的，以政府和市场为主要手段，涉及文化生态系统服务价值、文化生态保护成本、发展机会成本等方面（杨枫，2014）。与生态补偿的核心问题一样，"补给谁（受偿客体）、谁来补（补偿主体）、补多少（补偿标准）、怎么补（补偿方式）、补多久（补偿时间）、补哪里（补偿尺度）"等是文化景观保护性补偿需要回答的核心问题（图3-1）。

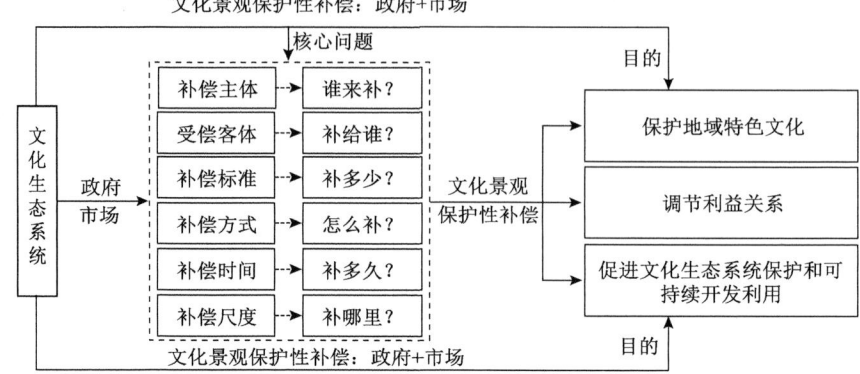

图 3-1　文化景观保护性补偿的核心问题

# 第二节　传统村镇文化景观保护性补偿的逻辑框架

自然生态资源与文化生态资源，是生态资源的两个方面。密切关注并努力使两者达到平衡，才是生态文明的目的。实践中，应用政府和市场手段实施文化景观保护性补偿时，需要全面平衡自然生态与文化生态的关系。文化生态资源具有商品价值。一旦将文化生态资源视为可无限利用的无价值的"公共资源"，文化生态资源必然面临"公地悲剧"（王金南，2011）。

受启发于 Pagiola 和 Platais（2007）、Pagiola 等（2005）提出的生态补偿的逻辑框架，本章将文化景观保护性补偿的逻辑框架表示如图 3-2 所示。

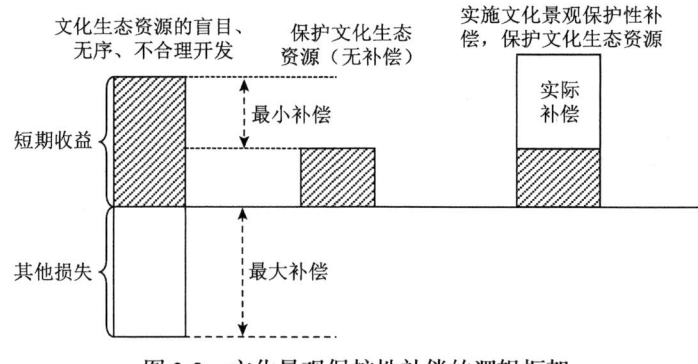

图 3-2　文化景观保护性补偿的逻辑框架

## 第三节 传统村镇文化景观保护性补偿的主客体

文化生态资源经济效益的利益相关者,主要有 3 类:①文化生态资源的保护体,包括文化生态资源保护者、当地居民及文化生态资源依存的环境,一般为被补偿者,应该得到补偿;②文化生态资源的受益体,包括文化生态资源的经营者、使用者,一般为补偿付出者,应该承担文化景观保护性补偿的责任;③文化生态资源保护的协调体,扮演管理者身份,作为第三方协调保护体与受益体的利害关系。

### 一、受偿客体的界定

受偿客体指的是"补给谁"。一般而言,受偿客体大多为利益受损者。因保护传统村镇文化景观资源的利益受损者大多为当地居民、传统村镇文化景观资源管理者等,他们应该成为受偿客体;与此同时,传统村镇文化景观资源的承载体(环境)也应该成为受偿对象(赵瑞,2009;杨军辉等,2015;杨林,2008;杨枫,2014)。总体而言,传统村镇文化景观保护性补偿的受偿对象可以分为两类:其一,对人的补偿。包括为保护文化生态资源而付出代价甚至利益受到损害的当地居民、文化生态资源的保护者与管理者,他们为文化生态资源的保护和传承贡献了力量,理应得到一定补偿。其二,对环境的补偿。这里的环境是一个大环境的概念,既可以是文化生态资源赖以存在的环境背景,也可以是具有科研、文化、休闲、旅游等价值的具体文化资源,对其补偿是增强文化生态系统的服务价值,维持文化生态资源持续利用的重要方面。需要指出的是,对环境的补偿最终还是体现在对人的补偿上。

### 二、补偿主体的界定

补偿主体指的是"谁来补"。一般而言,当获益主体明确时,利益获得者、资源破坏者应该承担补偿的责任；当获益主体难以确定时，政府应当成为补偿主体。因为文化景观资源是一项典型的公共资源，其获益主体一般难以确定，政府应该成为其第一补偿主体（杨林，2008；赵瑞，2009；杨枫，2014；杨军辉等，2015）。总体而言，传统村镇文化景观保护性补偿的主体有3类：其一，政府，包括中央政府、地方政府和各级管理部门。在不同的行政区划管辖范围内，各级政府和管理部门在对文化资源地域管理与权益分配等方面发挥着不同的作用，他们是文化景观保护性补偿的行政管理者，是重要主体。需要指出的是，对于不同级别的文化生态保护区应有不同的补偿主体层次：①具有世界意义的，应积极争取国际社会及相关国际组织的支持；②具有国家意义的，可由国家来购买文化生态保护区的文化生态服务，并组织和实施补偿工作；③具有地方意义的，由受益区的政府部门及相关群体给予补偿。其二，市场，包括文化生态环境的破坏者、相关企业经营者、相关获益的个人和企业。其三，其他，包括各类文化组织和非政府组织（non-governmental organizations，NGO）及相关基金会。

对于与之密切相关的生态补偿而言，在补偿主体、受偿客体的界定上，也具有一定的相似性，均是遵循"获益者补偿、受害者受偿"等原则而确定的（杨光梅等，2007；洪尚群等，2001a；刘春腊等，2014）。

## 第四节　传统村镇文化景观保护性补偿的标准及方式

### 一、文化景观保护性补偿的标准

对于补偿标准的确定，一般常使用成本法（机会成本、保护成本等）、资源价值法、区域比较法、虚拟市场价值法等（李晓光等，2009；赵翠薇和王世杰，2010；李国平等，2013）。确定文化景观保护性补偿标准（即补多少），是落实文化景观保护性补偿的前提。一般而言，这一补偿标准的确定，需要着重考虑保护成本、机会成本、利用成本以及非市场价值等方面（表 3-1）。

表 3-1 文化景观保护性补偿标准的重点影响因素

| 因素 | 核算方法 |
| --- | --- |
| 保护成本 | 由两部分构成：①文化生态保护项目费用（研究、开发、实施、维护等）；②政府文化机构的建设、管理、运作费用及文化资源保护基金等 |
| 机会成本 | 包括：①由于保护文化生态资源，从事文化生态资源开发的企业或个人所遭受的经济损失；②由于保护文化生态资源，当地居民因放弃从事某些经济活动所遭受的损失；③由于保护而放弃开发所造成的损失 |
| 利用成本 | 包括：①为构建文化生态资源保护与可持续利用的产业经济链，所发生的耗费；②以文化生态资源开发为依托，所形成的产业经济价值；③开发文化生态资源，打造书籍、影视等系列产品，而发生的耗费 |
| 非市场价值 | 是指不能通过市场交易补偿的价值，如外部性价值等。可采用改进的条件价值评估法（contingent valuation method，CVM）等进行测算 |

## 二、文化景观保护性补偿的方式

补偿方式（补偿途径）指的是"怎么补"的问题，补偿途径和方式应该实现多样化，这是补偿的重要基础和根本保障。补偿方式纷繁多样，但大致可归纳为政策补偿、实物补偿、资金补偿、智力补偿等具体方式与途径（江秀娟，2010；洪尚群等，2001b）。确定文化景观保护性补偿的方式，是文化景观保护性补偿需要解决的又一重点问题。概括来说，文化景观保护性补偿可采取受益者补偿、社会补偿、自我补偿、政府补偿等多种方式。

其一，受益者补偿。即以文化生态资源经营者、使用者为主体，实施的文化景观保护性补偿。受益者补偿既可部分解决保护资金的问题，也可提高受益者对文化生态资源的保护意识。

其二，社会补偿。形式上可以设立社会补偿基金。文化生态资源开发（如发展文化旅游），不仅给资源所在地带来了客源，也推动了当地经济社会的发展，但其在一定程度上损耗了文化生态资源这一公共产品，这是社会补偿的依据所在。当前，应加强宣传和引导，使社会公众认识到社会补偿的伦理依据及现实意义。

其三，自我补偿。即文化生态资源经营者、管理者，利用其对文化生态资源的所有权、经营权或管理权，通过适度开发文化生态资源而获得经济收益，实现文化景观保护性补偿。在现阶段文化景观保护性补偿体系尚未完善的前提下，自我补偿是一种有效的补偿办法。

其四，政府补偿。文化生态资源是典型的公共资源，对其保护需要大量的资金。政府作为公共资源管理者，有责任也有义务组织和实施文化生态资源补偿。政府补偿，除财政补偿外，还可通过出台相关政策法规为文化景观保护性补偿提供保障。政府补偿是文化景观保护性补偿的核心，能够有效带动其他补偿方式与途径的顺利实施，并提供综合保障。

### 三、文化景观保护性补偿的尺度

补偿尺度，一般包括时间尺度、空间尺度两个层面（何承耕，2007；金艳，2009；刘春腊等，2014）。在不同时、空尺度下，补偿标准、补偿方式等具体问题也存在较大的差异性。

在时间尺度上，文化景观保护性补偿分为一次性补偿、分期补偿、年度补偿等。在不同时间条件下，补偿的标准、补偿的主客体均可能发生变化。例如，随着社会经济水平的提升，价格的普遍上涨，加之文化生态资源的稀缺性，其补偿标准也可能随之变化。同时，随着补偿时间的变化，文化景观保护性补偿的领域可能随着社会发展而不断拓展，从文化生态资源本身逐步拓展到文化生态资源潜在价值等诸多方面。

在不同的空间尺度上，文化景观保护性补偿的对象可能发生变化。在国家尺度，文化景观保护性补偿主要关注具有国家代表性的文化生态资源地，如闽南文化生态保护实验区、徽州文化生态保护实验区等国家级"文化生态实验保护区"。在省域尺度，文化景观保护性补偿的关注点应聚焦在省域层面具有代表性的历史文化遗产地等。在地方尺度，文化景观保护性补偿将进一步关注具体的历史名镇、名村，乃至具有文化纪念意义的单体建筑等文化生态资源载体。

## 第五节　结论与讨论

　　立足于生态补偿理论及文化保护实践的需要，对文化景观保护性补偿的理论内涵及逻辑框架、补偿的主客体（补给谁、谁来补）、补偿标准（补多少）、补偿方式（怎么补）、补偿时间（补多久）、补偿尺度（补哪里）等问题进行了初步探讨。总体来看，目前有关文化景观保护性补偿的理论内涵已经较为成熟，对补给谁、谁来补、补多少、怎么补、补多久、补哪里等问题仍可进一步深入探讨。

　　就我国而言，少数民族地区、历史文化区域（古城古镇古村）是我国文化生态资源的富集地区，但也是我国文化生态资源破坏、萎缩乃至消失的重要区域，在文化景观保护性补偿过程中，应对这些地区给以重点关注。这些地区的社区居民等弱势群体及地方政府，应成为文化景观保护性补偿的利益主体。

　　现阶段，我国文化景观保护性补偿主要是以国家批准的文化生态保护实验区建设为载体和抓手，先行先试，做好文化景观保护性补偿的实验示范工作，为其他地区的文化景观保护性补偿工作的顺利开展提供借鉴。

# 第四章
# 传统村镇文化景观保护性补偿模型

本章提出了传统村镇文化景观保护性补偿的理论框架,基于理论框架构建了传统村镇文化景观保护性补偿模型。以湖南湘西为例,在刻画湘西传统村镇空间格局、识别湘西传统村镇文化景观特质、分析湘西传统村镇文化景观保护性补偿概况与特征的基础上,归纳与识别了湘西传统村镇文化景观保护性补偿的驱动因素,并对湘西传统村镇文化景观保护性补偿的驱动因素进行了结构性解析,佐证了补偿模型。

## 第一节 理论基础与模型构建

快速发展的城镇化、现代化背景下,全球许多国家和地区都意识到传统村镇文化景观保护的重要性和急迫性。然而,传统村镇文化景观的活化、振兴发展仍未被充分认知,导致传统村镇在促进自身振兴发展及政府部门在制定相关政策时仍面临许多障碍。当然,一些传统村镇因为其自身文化景观的独特性,或开展了文化景观保护实践工作,文化景观保护性补偿及其相关研究引起了学者的关注。文化是一种付费资源,文化消费涉及"应该怎么支付?付给谁?"等问题(李东红和杨利美,2004),可以用价值规律从补偿的强度、主体和途径等方面分析补偿的运行机制(郑四渭和贝勇斌,2007),可以从物质、行为和精神形态等层面入手开展补偿工作(杨林,2008),传统资源权(traditional resource right)理论(由"生物文化多样性全球联盟"提出)、公私利益平衡理论等是其关键的理论原则(李游,2016)。为保护传统文化负担额外义务,做出特别牺牲的所有权人应当得到补偿。在因公益保障而对私有主体正当权利进行限制时给予其一定的补偿,是调和公益与私益之冲突、平衡公私利益的有效方式(王云霞和胡姗辰,2015)。传统村镇文化景观保护分析不能仅从传统村镇及其文化景观本身入手,还要借助行为主义、结构主义、人文主义,关注传统村镇与区域发展、文化景观及其影响因素,重视文化景观资源保护,以及传统村镇振兴发展的整体效益。

基于此,构建如图4-1所示的传统村镇文化景观保护性补偿模型,采用四个相互关联的要素进行阐释。①景观特性,主要指传统村镇文化景观的文化、生态、游憩等特性,表现为景观的文化价值、生态价值等;②政府管理,主要指政府为保护传统村镇文化景观制定的相关政策、发展战略,以及采取的保护措施等;③外部市场,主要指传统村镇文化景观价值的市场认可度及其需求状态,也体现了文化景观的外部性;④自我损失,主要指传统村镇本土居民为保护传统村镇文化景观而自身投入的人力、物力、财力资源，以及所放弃的发展机会。需要指出的是，除了经济属性外，地理层级（地理尺度、地理位置）在上述四个因素中扮演了重要角色。地理尺度包括全球、国家、区域及地方等不同尺度。地理位置指不同等级的传统村镇（包括发达地区、发展中地区）。因此，传统村镇文化景观保护性补偿模型旨在辨识由该四要素所决定的传统村镇保护性补偿框架，也可用于解析其空间分异及区域关联。在四个要素中，景观特性、外部市场、自我损失可以为补偿标准的确定提供参考，一般而言，景观特性越独特、外部市场认可度越高、自我损失越大的传统村镇文化景观保护性补偿标准越高；政府管理、外部市场决定了传统村镇文化景观保护性补偿的方式与主体（政府主导型，或者市场主导型）；景观特性、自我损失综合决定了传统村镇文化景观保护性补偿的客体（文化本身，文化景观所依赖的生态资源，或者对其实施保护的当地居民开展补偿等）。

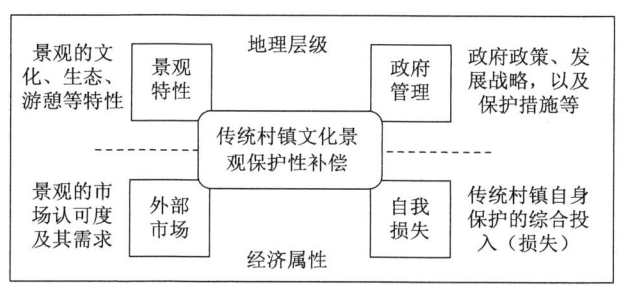

图 4-1　传统村镇文化景观保护性补偿模型

图 4-1 所示的传统村镇文化景观保护性补偿模型，是一个关于传统村镇文化景观保护性补偿核心问题（图 3-1）的概念模型。图 3-1 从"资源价值、尺度转换、社会公平"的角度，说明了"为什么要开展传统村镇文化景观保护性补偿"这一理论问题。在图 3-1 的基础上，图 4-1 从传统村镇文化景观价值大小、政府管理的战略和措施、外部市场认可程度、自我损失大小的角度，说明了"如何开展文化景观保护性补偿"这一理论问题。

## 第二节 数据来源与研究方法

### 一、指标体系构建

基于传统村镇文化景观保护性补偿模型,综合考虑传统村镇文化景观保护性补偿影响因素的已有研究成果(刘文涛,2014;杨军辉等,2015;李游,2016;薛滨夏,2016;杨军辉,2017;王维艳,2017)、数据的典型性和可获性,选取文化、自然、政策、市场、成本、机会6类因素14个指标构建用于实证解析湘西传统村镇文化景观保护性补偿驱动因素的指标体系(表4-1)。数据来源主要有问卷调查、实地访谈、专家咨询等质性研究渠道[①],并查阅了2017年吉首市、龙山县、永顺县、保靖县、花垣县、凤凰县、泸溪县、古丈县等各县(市)政府工作报告、统计年鉴。

表 4-1 湘西传统村镇文化景观保护性补偿驱动因素指标

| 补偿模型要素 | 影响因素 | 指标选取 |
| --- | --- | --- |
| 景观特性 $A$ | 文化因素 $A_1$ | 景观悠久性 $A_{11}$ |
| | | 景观完整性 $A_{12}$ |
| | | 景观乡土性 $A_{13}$ |
| | | 景观典型性 $A_{14}$ |
| | 自然因素 $A_2$ | 生态重要性 $A_{21}$ |
| | | 生态丰富度 $A_{22}$ |
| | | 生态协调性 $A_{23}$ |

---

[①] 问卷调查的群体以当地居民为主,占80%,其余为熟悉当地情况的公众;调查问卷的具体内容见表4-1。专家咨询主要是就湘西传统村镇文化景观保护性补偿驱动因素指标的选取进行咨询,同时也就相关指标的定量评价咨询了专家,具体涉及民族、管理、地理、旅游、文化等方面的专家17人。

续表

| 补偿模型要素 | 影响因素 | 指标选取 |
|---|---|---|
| 政府管理 $B$ | 政策因素 $B_1$ | 经费投入 $B_{11}$ |
|  |  | 专项政策 $B_{12}$ |
| 外部市场 $C$ | 市场因素 $C_1$ | 城镇居民人均可支配收入 $C_{11}$ |
|  |  | 城市化率 $C_{12}$ |
|  |  | 交通便捷度 $C_{13}$ |
| 自我损失 $D$ | 成本因素 $D_1$ | 投入的成本 $D_{11}$ |
|  | 机会因素 $D_2$ | 丧失的机会 $D_{21}$ |

注：表格中的指标均为正指标，即指标数值越大，对文化景观保护性补偿驱动作用越大。

## 二、数据来源

为尽可能真实地反映湘西 7 县 1 市传统村镇文化景观保护性补偿的地域性、差异性，分析传统村镇及其文化景观格局，根据"中国传统村落名录"（第一至第四批），提取湘西中国传统村落名单（82 个）及其基础地理数据，作为研究的数据源；同时，为分析传统村镇文化景观保护性补偿格局及机制，结合问卷调查、典型访谈、田野考察等，提取 82 个传统村落的保护性补偿数据作为因变量数据源，获取的景观特性及价值、外部市场认可度、自我损失、政府管理数据作为自变量数据源（表 4-2）。

表 4-2 数据来源及获取方法

| 指标 | 数据来源 | 获取方法 |
|---|---|---|
| 景观悠久性 | 利克特量表数据 | 基于问卷调查、典型访谈、田野考察等 |
| 景观完整性 | 利克特量表数据 | 基于问卷调查、典型访谈、田野考察等 |
| 景观乡土性 | 利克特量表数据 | 基于问卷调查、典型访谈、田野考察等 |
| 景观典型性 | 利克特量表数据 | 基于问卷调查、典型访谈、田野考察等 |
| 生态重要性 | 利克特量表数据 | 基于问卷调查、典型访谈、田野考察等 |
| 生态丰富度 | 利克特量表数据 | 基于问卷调查、典型访谈、田野考察等 |
| 生态协调性 | 利克特量表数据 | 基于问卷调查、典型访谈、田野考察等 |

续表

| 指标 | 数据来源 | 获取方法 |
|---|---|---|
| 经费投入 | 利克特量表数据 | 基于典型访谈、资料分析等 |
| 专项政策 | 利克特量表数据 | 基于典型访谈、资料分析等 |
| 城镇居民人均可支配收入 | 统计数据 | 查阅统计年鉴、政府工作报告 |
| 城市化率 | 统计数据 | 查阅统计年鉴、政府工作报告 |
| 交通便捷度* | 自行计算 | 基于百度地图等 |
| 投入的成本 | 利克特量表数据 | 基于典型访谈、资料分析等 |
| 丧失的机会 | 利克特量表数据 | 基于问卷调查、典型访谈、资料分析等 |

\* 该指标用到所在县城的时间距离表示

## 三、研究方法

### 1. 数据的标准化

鉴于部分研究指标数据的单位不统一，不便于进行比较研究，故需进行标准化、无量纲化处理，采用式（2-1）：

$$X_i^* = (X_i - X_a)/\varepsilon \quad (2\text{-}1)$$

式中，$X_i^*$ 为各要素标准化值；$X_i$ 为各要素的初始数据；$X_a$ 为平均数；$\varepsilon$ 为方差。

### 2. 主成分分析

解析湘西传统村镇文化景观保护性补偿格局及机制的影响因素过程，首先，采用主成分分析法对指标体系进行降维，采用式（2-2）：

$$F_n = A_{1i}^* X_1^* + A_{2i}^* X_2^* + \cdots + A_{ni}^* X_i^* \quad (2\text{-}2)$$

式中，$F_n$ 为第 $n$ 个主成分；$A_{mi}$ 为 $X_i$ 的协方差阵特征值所对应的特征向量；$X_i^*$ 为原始变量经过标准化处理的值。

### 3. 多元线性回归分析

将提取的若干主成分（$F_n$）作为自变量，并以湘西 7 县 1 市 82 个中国传统村落保护性补偿程度（$W_i$）作为因变量，进行最小二乘法多元线性回归分析。

重点村镇文化景观保护性补偿的多元线性回归方程如式（2-3）所示：

$$W_i = \lambda_0 + \lambda_1 F_1 + \cdots + \lambda_n F_n + \mu \qquad (2\text{-}3)$$

式中，$W_i$ 为因变量；$i$ 为湘西 82 个中国传统村落；$F_n$ 为自变量；$\lambda_n$ 为常量用作衡量自变量对因变量的边际影响程度；$\mu$ 为残差项。

## 第三节 湘西的实证分析

### 一、湘西传统村镇空间格局刻画

湘西传统村镇资源众多，仅第一至第四批"中国传统村落名录"就已有 82 个（表4-3），占湖南省的 31.91%。这些传统村镇位于湖南省深度贫困县，大多地处我国武陵山连片特困地区中心地带。

表 4-3　第一至第四批"中国传统村落名录"湘西入选名录

| 行政区 | "中国传统村落名录"湘西入选名录 |
|---|---|
| 吉首市 | 矮寨镇德夯村、矮寨镇坪年村、矮寨镇中黄村、峒河街道小溪村、排绸乡河坪村、社塘坡乡齐心村、寨阳乡补点村、寨阳乡坪朗村 |
| 龙山县 | 靛房镇万龙村、贾市乡街上村、里耶镇长春村、苗儿滩镇捞车村、苗儿滩镇六合村、苗儿滩镇惹巴拉村、苗儿滩镇树比村、洗车镇老洞村、里耶镇巴沙村 |
| 永顺县 | 大坝乡大井村、大坝乡双凤村、列夕乡列夕村、列夕乡芷州村、灵溪镇博射坪村、灵溪镇老司城村、灵溪镇爬出科村、万民乡伍伦村、小溪乡小溪村、泽家镇砂土村、泽家镇西那村 |
| 保靖县 | 夯沙乡夯吉村、夯沙乡夯沙村、夯沙乡吕洞村、夯沙乡梯子村、葫芦镇傍海村、葫芦镇黄金村、葫芦镇木芽村、葫芦镇新民村、清水坪镇魏家寨村、水田河镇金落河村、碗米坡镇首八峒村 |
| 花垣县 | 边城镇磨老村、排碧乡板栗村、排碧乡十八洞村、排碧乡张刀村、排料乡金龙村、排料乡芷耳村、雅桥乡油麻村、雅西镇高务村、雅西镇五斗村 |

续表

| 行政区 | "中国传统村落名录"湘西入选名录 |
|---|---|
| 凤凰县 | 阿拉营镇舒家塘村、茶田镇塘坳村、都里乡拉亳村、都里乡塘头村芭蕉冲、吉信镇大塘村、吉信镇火炉坪村、麻冲乡老洞村、麻冲乡扭光村、麻冲乡竹山村、米良乡米良村、木里乡关田山村、木里乡黄沙坪村、千工坪乡香炉山村、三拱桥乡泡水村、山江镇东就村、山江镇黄毛坪村、山江镇老家寨村、山江镇凉灯村、山江镇早岗村 |
| 泸溪县 | 八什坪乡欧溪村、达岚镇岩门村、梁家潭乡芭蕉坪村、梁家潭乡椰木溪村 |
| 古丈县 | 高峰乡岩排溪村、红石林镇老司岩村、红石林镇列溪村、默戎镇九龙村、默戎镇李家村、默戎镇龙鼻村、默戎镇毛坪村、默戎镇翁草村、默戎镇中寨村、双溪乡宋家村、岩头寨镇洞溪村 |

注：资料来源于公布的第一至第四批"中国传统村落名录"。由于乡镇区划调整（湘民行发〔2015〕110号），部分乡镇及村落的现名有变化。

## 二、湘西传统村镇文化景观特质识别

位于湘西境内的中国传统村镇大多保存有较多的明清建筑，且土家族、苗族等少数民族特色浓郁，拥有较丰富的传统村镇文化景观资源（或物质主导型，或非物质主导型，或综合型），具有较高的历史、文化、科学、艺术、社会及经济价值等（表4-4）。其文化景观特质至少可从三个方面予以识别。①传统建筑风貌完整。例如，万民乡伍伦村，明清传统民居保存完好、集中分布；里耶镇巴沙村，土家山寨的建筑上实现了"土"与"洋"的完美融合；贾市乡街上村，明清古街保存有完好的湖湘建筑与土家风味相结合的建筑群落。②村镇选址和格局保持传统特色。例如，列夕乡列夕村，被称为河岸上的村子，是较典型的高地平台型土家族空间聚落形态；灵溪镇爬出科村，村寨建筑顺溪依山就势而建，保存完好。③村镇非物质文化遗产得到活态传承。例如，苗儿滩镇惹巴拉村，是苗市商周文化大遗址的一部分，被称为"土家族原生态文化的天然博物馆"；苗儿滩镇捞车村，被称为"原生态民族民间文化遗产博物馆、土家原生态民居博物馆"；万民乡伍伦村，传统农耕文化气息浓厚。但与此同时，这些村镇的生产生活方式仍相对传统、经济社会发展程度仍相对落后，且大多位于我国武陵山连片特困地区中心地带、地处湖南省深度贫困地区，例如，古丈县默戎镇李家村、泸溪县梁家潭乡芭蕉坪村等是湖南省深度贫困村。综上所述，湘西传统村镇文化景观具有极大的综合价值，但与此同时也处于相对落后阶段，符合文化景观保护性补偿的条件。

表 4-4　湘西部分传统村镇文化景观代表性特质

| 村镇名 | 主导性文化景观 | 文化景观代表性特质 |
| --- | --- | --- |
| 六合村 | 综合型 | 中国土家族的传统居住地、土家族民俗博物馆 |
| 惹巴拉村 | 非物质主导型 | 土家族原生态文化的天然博物馆、苗市商周文化大遗址的一部分 |
| 万龙村 | 综合型 | 古朴厚重的土家原生态文化、明清时的传统民居、民族特色建筑 |
| 捞车村 | 非物质主导型 | 原生态民族民间文化遗产博物馆、土家原生态民居博物馆 |
| 树比村 | 综合型 | 原生态土家习俗博物馆、土家建筑博物馆、中国土家织锦之乡、明清木质建筑群 |
| 街上村 | 物质主导型 | 明清古街、湖湘建筑与土家风味相结合的建筑群落 |
| 巴沙村 | 物质主导型 | 土家山寨的建筑上实行了"土"与"洋"的完美融合 |
| 老司城村 | 综合型 | 老司城遗址 |
| 爬出科村 | 物质主导型 | 村寨建筑顺溪依山就势而建，传统木质结构建筑分布集中成片，保存完好 |
| 砂土村 | 物质主导型 | 吊脚楼群，土家传统民居 |
| 列夕村 | 物质主导型 | 河岸上的村子，较典型的高地平台型土家族空间聚落形态 |
| 伍伦村 | 综合型 | 明清传统民居保存完好、集中分布，传统农耕文化气息浓厚 |
| 西那村 | 非物质主导型 | 土家族传统民俗、古民居 |
| 十八洞村 | 非物质主导型 | 纯苗聚居区，苗族风情浓郁，苗族原生态文化保存完好 |

## 三、湘西传统村镇文化景观保护性补偿概述

湘西土家族苗族自治州地处湖南省西北部，为土家族、苗族等多民族聚居区，拥有鲜明的民族文化、民族建筑、街巷格局，以及民俗风情等，在长期的历史发展中，涌现出了里耶镇、芙蓉镇、老司城村、双凤村等一大批极具特色的传统村镇。文化景观作为世界遗产类型之一，既强调传统村镇物质要素保护，也注重作为传统村镇灵魂内涵的非物质要素的传承与发展；包含了建筑布局、民风民俗、宗教信仰、歌舞戏曲等多方面内容。湘西传统村镇文化景观特色鲜明，神话、传说、歌谣、鼓舞、织锦、刺绣、印染等民族传统文化代代相传，吊脚楼、摆手堂、

土家祠堂、接龙桥、转角楼群等民族建筑独具特色，苗族赶秋、土家族摆手歌、苗族鼓舞、酉水船工号子、土家族哭嫁歌等民间风俗韵味十足，土家织锦技艺、凤凰纸扎等民间工艺精巧细致，综合价值较高。

湘西传统村镇保护工作始于20世纪80年代，但将传统村镇作为专门对象进行保护，则始于2003年中国历史文化名镇名村的评选工作。至2018年底，湘西共4个村落（龙山县里耶镇、永顺县芙蓉镇、泸溪县浦市镇、花垣县边城镇）进入中国历史文化名镇名录，3个村落（永顺县灵溪镇老司城村、龙山县苗儿滩镇捞车村、永顺县灵溪镇双凤村）进入中国历史文化名村名录。2004年，湘西土家族苗族自治州被整体列为"国家民族民间文化保护工程"试点地区。2006年，湘西土家族苗族自治州人大常委会审议通过了《湘西土家族苗族自治州民族民间文化遗产保护条例》，这是全国首个地市级的地方性保护法规。在此基础上，湘西土家族苗族自治州人民政府出台了《湘西自治州民族民间文化遗产传承人保护管理暂行办法》。2012年，《住房城乡建设部 文化部 财政部关于加强传统村落保护发展工作的指导意见》公布了第一批"中国传统村落名录"，中国传统村落保护工作上升至国家文化战略层面，至2018年底，湘西共有119个传统村落进入"中国传统村落名录"。此外，湘西陆续确立了多批省级、市级、县级传统村落，形成了由国家、省、市、区县组成的四级保护体系。2014年9月，国家民族事务委员会组织开展了少数民族特色村寨命名挂牌工作，下发了《国家民委关于印发开展中国少数民族特色村寨命名挂牌工作意见的通知》（民委发〔2013〕240号），确立了首批340个中国少数民族特色村寨。湘西共10个村镇被命名为首批"中国少数民族特色村寨"（德夯村、坪朗村、隘门村、金龙村、亨章村、龙鼻村、芙蓉镇、双凤村、老司城村、捞车村）。尤其在文化遗产保护方面，到2019年初，全州拥有世界文化遗产保护名录1个（老司城遗址），国家级非物质文化遗产保护名录28个（苗族赶秋、土家族民歌、苗族鼓舞、土家织锦技艺、凤凰纸扎、酉水船工号子和土家族哭嫁歌等），省级非物质文化遗产保护名录84个（苗族赶秋、土家族摆手歌等），形成了国家、省、州、县四级名录保护体系。

湘西传统村镇整体性保护工作逐步开展。2010年6月12日，湖南省文化厅对外宣布，湖南申报的武陵山区（湘西）土家族苗族文化生态保护实验区获得文化部批准，这是自2007年以来，我国设立的第6个国家级文化生态保护实验区，也是湖南首个获批设立的国家级文化生态保护实验区。保护区涉及范围包括湘西地区47个乡镇，其中，351处各级文物保护单位、国家历史文化名城凤凰古城、国家级历史文化名镇里耶古镇，1056项非物质文化遗产，10位国家级非物质文化遗产传承人，以及46个各级各类保护区（总面积达434.92万亩[①②]）等都是重点保护对象。以生态文化保护实验区为载体，湘西在全州8个市县分别确立了1个文化资源丰富的村寨作为整体性保护试点村寨，包括吉首市坪朗村、泸溪县红土溪村与屈望社区、凤凰县黄毛坪村、古丈县龙鼻村、花垣县大洞冲村、保靖县吕洞村、永顺县双凤村、龙山县捞车村。在试点村寨，重点开展传习所、生产性保护基地等阵地建设和民族传统节庆活动，初步探索出了传统村镇文化景观保护性补偿的路径。

## 四、湘西传统村镇文化景观保护性补偿的特征分析

根据传统村镇文化景观保护性补偿模型及其实践概况，从四个方面对湘西传统村镇文化景观保护性补偿的特征进行分析。①景观特性及价值。湘西传统村镇历史悠久，景观保存较完整，在土家族、苗族等少数民族特色景观方面具有较好的乡土性、典型性；且在村镇选址、布局、空间组织等方面，体现了与山水环境的有机结合，具有较好的生态协调性，生态重要性突出。例如，灵溪镇老司城村、土家村寨依河而建、山环水抱、散落聚居的村寨房屋均为土家木质转角楼（孟春绒和罗寿冈，2016），具有极其重要的生态、文化等综合价值。②外部市场认可度。湘西传统村镇文化景观资源具有较高的外部市场认可度，除了老司城村老司城遗址等名扬中外的资源外，其他文化景观资源也颇具市场影响力和认可度。例如，古丈县默戎苗寨参加了上海世界博览会、花垣县麻粟场镇老寨村曾赴京会演、

---

① 湖南日报多媒体数字版. http://hnrb.voc.com.cn/hnrb_epaper/html/2010-06/13/content_220387.htm[2019-06-10].

② 1亩≈666.67平方米。

保靖县吕洞山片区的苗寨每年联合举办"吕洞圣山苗族祭祖"活动吸引了省内外苗族群众自发参与等，形成很大的文化市场影响力和认可度。吉首市德夯村、中黄村、坪郎村，保靖县夯沙村等入选"湖南省特色旅游名村"等。③自我损失。为实现湘西传统村镇的有效保护，保持其原生态特征，湘西及传统村镇内部均有大量投入，也丧失了诸多发展机遇，承受了损失。例如，凤凰县由财政出资5000万元，对境内舒家塘、老家寨、老洞、竹山等村镇的典型特色民居实行整体收购；保靖县夯沙乡的重点苗寨、凤凰县的老洞苗寨、花垣县的磨老村等分别制定了保护传统民居的村规民约（梁先荣，2015）。④政府管理。国家层面，制定了《住房城乡建设部 文化部 财政部关于加强传统村落保护发展工作的指导意见》等文件，要求完善村镇信息档案，各级传统村镇必须编制保护发展规划，确定保护对象及其保护措施；与此同时，给予每村300万元保护扶持资金（付丹，2016）。州级层面，也出台了《湘西自治州人民政府办公室关于加强古城古镇古村保护与利用工作的实施意见》《湘西自治州人民政府关于推进传统村落保护利用的通知》等文件，并通过编制规划、投入资金等着力开展了特色民居保护与整治等基础性工作。

## 五、湘西传统村镇文化景观保护性补偿的驱动因素归纳与识别

为进一步识别出湘西传统村镇文化景观保护性补偿的主导驱动因素，在参考相关专家意见的基础上，基于标准化后的14个指标数据，进行主成分分析，得到可反映原始14个变量变化情况的前3个主成分，并经旋转得到主成分旋转载荷矩阵。$F_1$与原始14个变量载荷较大的有7个变量：经费投入、专项政策、城镇居民人均可支配收入、城市化率、交通便捷度、投入的成本、丧失的机会，这些因素可综合反映出传统村镇所在地的投入力度、政府管理等社会经济发展情况，故将$F_1$解释为"社会经济因素"。$F_2$与原始14个变量载荷较大的有4个变量：景观悠久性、景观完整性、景观乡土性、景观典型性，将$F_2$解释为"历史文化因素"。$F_3$与原始14个变量载荷较大的有3个变量：生态重要性、生态丰富度、生态协调性，可将其解释为"自然环境因素"。

基于湘西 82 个中国传统村落的文化景观保护性补偿驱动因素指标数据，运用聚类分析方法，并运用吴良镛院士提出的融贯的综合研究方法，分别辨识 $F1$、$F2$、$F3$ 对 82 个重点村落保护性补偿的影响程度。例如，对龙山县苗儿滩镇六合村而言，地处酉水河支流的捞车河畔，是中国土家族的传统居住地、土家族特色古民居集中地，是典型的土家族民俗博物馆，有土家织锦、摆手舞、毛古斯舞、打溜子等国家级非物质文化遗产，保存着众多村道古巷、特色民居，被列入第一批中国传统村镇，总体而言，历史文化因素对其保护性补偿的影响显著；再如，古丈县默戎镇翁草村、凤凰县吉信镇火炉坪村等中国传统村镇，既具有丰富的文化景观资源，同时其经济社会发展仍相对滞后，目前仍然是湖南省深度贫困村，社会经济因素对其保护性补偿的影响显著。以此类推，可以辨识 $F1$、$F2$、$F3$ 对其他村镇保护性补偿的影响程度（表 4-5）。总体而言，湘西 82 个中国传统村落文化景观保护性补偿特征符合模型中的景观特性、政府管理、外部市场、自我损失综合驱动型。

表 4-5　湘西传统村镇文化景观保护性补偿主导因素的类型识别

| 行政区 | 社会经济因素主导型 | 历史文化因素主导型 | 自然环境因素主导型 |
| --- | --- | --- | --- |
| 吉首市 | 坪年村、坪朗村、补点村 | 德夯村、中黄村 | 小溪村、齐心村、河坪村 |
| 凤凰县 | 黄毛坪村、早岗村、竹山村、塘坳村、大塘村、火炉坪村、东就村、塘头村、芭蕉冲、泡水村、扭光村、香炉山村、关田山村、黄沙坪村、米良村 | 舒家塘村、拉毫村、老洞村 | 老家寨村、凉灯村 |
| 龙山县 | 树比村、街上村、巴沙村 | 六合村、惹巴拉村、万龙村、长春村、捞车村 | 老洞村 |
| 永顺县 | 博射坪村、大井村、芷州村 | 双凤村、老司城村、小溪村 | 爬出科村、砂土村、列夕村、伍伦村、西那村 |
| 保靖县 | 金落河村、新民村、木芽村、傍海村、黄金村、魏家寨村、夯吉村、梯子村 | 夯沙村、首八峒村 | 吕洞村 |
| 古丈县 | 李家村、中寨村、九龙村、毛坪村、翁草村、列溪村、洞溪村、宋家村 | 岩排溪村、老司岩村、龙鼻村 | |
| 花垣县 | 高务村、五斗村、张刀村、芷耳村、金龙村、油麻村 | 板栗村 | 磨老村、十八洞村 |
| 泸溪县 | 椰木溪村、欧溪村 | | 岩门村、芭蕉坪村 |

## 六、湘西传统村镇文化景观保护性补偿的驱动因素结构性解析

基于表 4-5 的结论，至少可以将湘西传统村镇文化景观保护性补偿划分为三大类，即社会经济补偿型、历史文化补偿型和自然环境补偿型（表 4-6）。

表 4-6　湘西传统村镇文化景观保护性补偿基本类型划分

| 基本类型 | 保护性补偿特征 |
| --- | --- |
| 社会经济补偿型 | 此类传统村镇尚未得到大规模开发，且社会经济发展水平相对滞后，补偿重点在于促进其社会经济发展，以支撑传统村镇居民生存，促进其发展 |
| 历史文化补偿型 | 此类传统村镇已得到一定程度的开发利用，补偿重点在于对其历史文化景观资源修故如旧，进一步彰显文化景观的个性特征，记住更多的历史文化韵味 |
| 自然环境补偿型 | 此类传统村镇的周边自然环境已受城镇化等因素的影响较大，与传统村镇主体景观不相协调，补偿重点在于修复自然生态环境，使其与传统村镇文化景观相得益彰 |

三种基本类型的湘西传统村镇文化景观保护性补偿具有各自的特征。①社会经济补偿型。此种类型在湘西传统村镇文化景观保护性补偿中占主导（占 57.3%），且空间分布相对集中。大多数传统村镇地处国家级贫困地区，仍然为深度贫困村，传统村镇尚未得到大规模开发、社会经济发展水平相对滞后。李家村（湖南省深度贫困村、典型的传统农业苗族聚居村）、翁草村（湖南省深度贫困村、典型的传统农业苗族聚居村）、竹山村（湖南省深度贫困村、以传统种植业为主、外出务工为主要经济来源）、东就村（全国乡村旅游扶贫重点村、全省深度贫困村）等即是其中的典型。②历史文化补偿型。此种类型在湘西传统村镇文化景观保护性补偿中的比例为 23.2%，空间分布上多集中于酉水、洗车河、花垣河、沱江。这些区域具有丰厚的历史文化积淀，且已经得到了一定程度的开发利用。例如，在 2014 年，由湖南省旅游局牵头，酉水流域五县就共同签署了《共同打造大酉水——中国南方水上丝绸之路黄金旅游线路战略框架协议》，致力于打造"南方水上丝绸之路"、开发"酉水画廊"，六合村（酉水河支流的捞车河畔、土家族特色古民居集中地、土家族民俗博物馆）、首八峒村（"酉水百里画廊"中心位置、土家族发祥地）、老司岩村（酉水河畔、明清四合院）等就是其中的典型代表。③自然环境补偿型。此种类型在湘西传统村镇文化景观保护性补

偿中的比例较少（19.5%），空间分布相对分散，大多位于县城、乡镇等人口密集地区周边。齐心村（吉首市社塘坡乡西南部）、老家寨村（凤凰县山江镇北部3.5km、乡村游集散中心）、凉灯村（距镇政府7km）、十八洞村（距县城34km、高速公路出口5km）等即是其中的典型。

为进一步佐证传统村镇文化景观保护性补偿模型的科学性、解决经验证据的抽象性，参考利克特量表法（Likert，1932），假定补偿模型中每个要素分为三个等级并赋予对应得分值[①]（1、3、5）。于是，分析湘西不同保护性补偿类型传统村镇四个要素的发展现状，可以得到相应分值（图4-2）。①景观特性层面。社会经济补偿型，传统村镇文化景观未得到大规模开发利用，景观的完整性、乡土性、典型性均保持较好，赋值为5；历史文化补偿型，景观资源遭受一定程度的破坏，景观完整性、乡土性、典型性均急需修复提升，赋值为3；自然环境补偿型，村镇文化景观与周边环境的协调性、整体性有待优化，但传统文化景观自身的景观完整性、乡土性、典型性尚好，赋值为1。②政府管理层面。社会经济补偿型，传统村镇尚未得到大规模开发、社会经济发展水平相对滞后，政府重视程度有待提升、管理力度有待加强，赋值为1；历史文化补偿型，传统村镇已得到一定程度开发利用，政府重视程度较好、开发投入力度较大，赋值为5；自然环境补偿型，政府重视传统村镇核心区的保护，但对周边环境的管制相对较差，赋值为3。③外部市场层面。社会经济补偿型，传统村镇的宣传力度不大，外界知晓度不高，外部市场亟待开发，赋值为1；历史文化补偿型，村镇知名度较高，外部市场认可度高，赋值为5；自然环境补偿型，村镇知名度尚可，外部市场有一定认可度，但对其周边环境的认可度有待提升，赋值为3。④自我损失层面。社会经济补偿型，传统村镇居民的生产生活水平相对落后，其落后的原因或为自我保护的牺牲，或为开发力度不够造成的损失，或为其他社会经济及地理环境原因，赋值为5；历史文化补偿型，传统村镇在开发中，获得了一定的经济社会收益，自我损失相对较小，赋值为1；自然环境补偿型，传统村镇已受到城镇化等

---

[①] 基于利克特量表法原理，在专家咨询意见的基础上，为合理体现补偿模型中每个要素的等级差异性，同时又考虑到样本的地域邻近性（82个样本均位于湘西，相关要素的等级差异性不大）等，故假定补偿模型中每个要素分为三个等级，并按等级从低到高分别赋予对应得分值1、3、5。

的影响,也在此过程中获得了一定的收益,赋值为3。

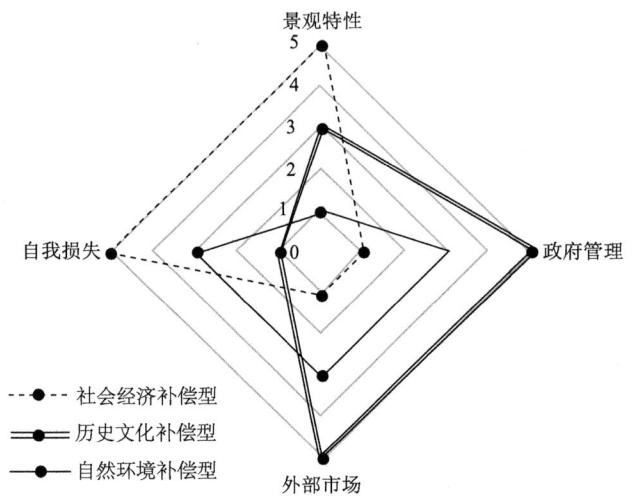

图 4-2　湘西传统村镇文化景观保护性补偿的驱动因素结构性解析

# 第四节　结论与讨论

本章在对传统村镇文化景观保护性补偿内涵进行梳理分析的基础上,尝试构建了驱动要素视角的传统村镇文化景观保护性补偿模型,并以地处湘西的 82 个中国传统村落为例,佐证分析了其文化景观保护性补偿驱动因素及机理。①从传统建筑风貌、村镇选址和格局、村镇非物质文化遗产活态传承及其村镇社会经济发展水平看,湘西传统村镇符合实施文化景观保护性补偿的条件。②从景观特性及价值、外部市场认可度、自我损失、政府管理等层面而言,湘西传统村镇文化景观保护性补偿符合所提出的补偿模型。③从驱动因素看,湘西 7 县 1 市 82 个中国传统村落文化景观保护性补偿特征符合模型中的景观特性、政府管理、外部市场、自我损失综合驱动型。④湘西传统村镇文化景观保护性补偿可划分为社会经济补偿型、历史文化补偿型和自然环境补偿型三大类,各类型的社会经济因素、历史文化因素、自然环境因素均影响补偿模型的结构。

本章是基于地理学视角的传统村镇文化景观保护性补偿的理论思考。基于地理学视角的传统村镇文化景观保护性补偿研究，涉及人文与经济地理学等诸多学科，如何从文化、经济、乡村等多学科融合交叉视角构建理论框架，以及如何强化定量分析成为未来研究的方向。此外，成熟的传统村镇文化景观保护性补偿模型还需要从数据来源、方法体系、研究尺度、重点内容等方面深化研究，同时也面临着相应的挑战。

1）虽借助景观调查、专家咨询、政府统计数据等刻画了湘西传统村镇文化景观保护性补偿的特征，并分析了其驱动因素，且与已有研究成果（王云霞和胡姗辰，2015；杨军辉等，2015；薛滨夏，2016；杨军辉，2017；王维艳，2017）具有一定的可比性。但是，传统村镇文化景观保护是一个范畴宽泛且不断更新的领域，数据的准确性对其保护性补偿及驱动因素分析带来了较大挑战。

2）定量分析仅粗略提取出传统村镇文化景观保护性补偿模型自我损失中投入的成本、丧失的机会，未能对投入的成本、丧失的机会进行系统全面深入的刻画。然而，投入的成本、丧失的机会等自我损失是传统村镇文化景观保护性补偿研究的关键。因此，传统村镇文化景观保护中自我损失的深入分析，适宜选用定量还是定性，抑或两者结合方法拓展"隐性要素"研究成为亟待解决的问题。

3）由于地方经济社会发展、历史文化特性、自然环境因素等传统村镇文化景观保护性补偿驱动要素均具有空间尺度性和异质性，传统村镇文化景观保护性补偿研究需要考虑驱动要素的空间尺度效应，将宏观、中观、微观尺度研究相结合。不同尺度传统村镇文化景观保护性补偿模型中各要素所起作用是否相同？这是秉持空间视角探讨文化景观保护性补偿模型异构性的核心议题之一。

4）大数据时代的到来为人文与经济地理学的定量研究，尤其是系统性、综合性较强的保护性补偿定量分析带来了福音，进而有助于转向地理过程、地理效应、机制机理研究。当然，网络大数据的可靠性和有效性也并非尽如人意，需要人工甄别和检验。关于不同类型数据的结合使用能否增加文化景观保护性补偿模型的科学性、有效性、针对性的问题还需要深入探讨。

# 第五章
# 传统村镇文化景观保护性补偿物及其测评体系

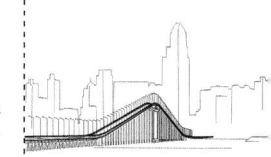

  传统村镇文化景观保护性补偿物的提出,是回答传统村镇文化景观保护性补偿中"补给谁"这一核心问题的创新视角。本章在已有相关成果的基础上,立足湘西82个中国传统村落,探索性地构建了传统村镇文化景观保护性补偿测评指标体系,其中包括地域文化、生产空间、生活空间、生态空间4个一级指标及11个二级指标。结合信息熵法、利克特量表法,对湘西82个中国传统村落文化景观保护性补偿物进行了测评,并对结果进行了分析。

## 第一节 补偿物的提出

一般而言，传统村镇文化景观可分为物质景观和非物质景观两种类型。非物质方面的传统村镇文化景观主要指那些在长期的历史过程中形成的，依托于有形体而存在的景观类型，反映了一个地域的风土民情、习俗、节庆等文化特征；物质层面可分解为以聚居为核心的生活空间、以农业为主体的生产空间，以及与自然环境相联系的生态空间（李旭旦，1985；William and Kent，2009；王云才等，2009；冯骥才，2013；胡燕等，2014；周乾松，2015）。传统村镇文化景观保护性补偿是解决传统村镇文化景观保护外部性问题的有效途径，"补给谁"是其需要回答的核心问题之一。为回答传统村镇文化景观保护性补偿中"补给谁"这一核心问题，可从生产、生活、生态空间等物质层面及地域文化等非物质层面，构建传统村镇文化景观保护性补偿物测评体系（刘建等，2007；赵瑞，2009；刘文涛，2014；杨军辉等，2015；王云霞和胡姗辰，2015；李游，2016；王维艳，2017）。

湘西是土家族、苗族等多民族聚居区，是国家级文化生态保护实验区[2010年被批准为武陵山区（湘西）土家族苗族文化生态保护实验区]，传统村镇资源众多、历史特色鲜明、文化重要性突出，仅第一至第四批"中国传统村落名录"入选目录就有82个（占湖南省的31.91%）。同时，这些传统村镇位于湖南省深度贫困县、大多地处我国武陵山连片特困地区中心地带。2013年11月3日，习近平总书记考察十八洞村，首次提出"精准扶贫"，作出了"实事求是、因地制宜、分类指导、精准扶贫"的重要指示。总体而言，湘西传统村镇文化景观具有极大的综合价值，但与此同时也处于相对落后阶段，符合文化景观保护性补偿的条件。本章以湘西为案例，在构建传统村镇文化景观保护性补偿物测评理论体系的基础上，开展实证研究，具有一定的代表性。同时，也可丰富现代人文地理学关于传统村镇文化景观保护的理论探讨。

补偿物，类似于相等物、交换物。传统村镇文化景观保护性补偿物是指传统村镇文化景观保护性补偿的对象（即"补给谁"），涉及文化景观保护的主体——文化景观本身及其密切关联的经济、社会、自然环境等诸多方面。

国内外关于补偿对象的类型研究及已有的补偿体系（阮仪三和林林，2003；Arriaza et al.，2004；Palang et al.，2005；王云才等，2006；赵勇等，2006；刘继来等，2017）为传统村镇文化景观保护性补偿物指标体系构建提供了基本理论参考。在此基础上，本章从物质补偿物、非物质补偿物两个层面，提出传统村镇文化景观保护性补偿物的4个方面内容，即地域文化补偿物、生活空间补偿物、生产空间补偿物及生态空间补偿物。其中，地域文化补偿物属于非物质补偿物范畴；生活空间补偿物、生产空间补偿物及生态空间补偿物属于物质补偿物范畴。

## 第二节 补偿物测评指标选取及测评方法

### 一、补偿物测评指标选取

从地域文化补偿物、生活空间补偿物、生产空间补偿物及生态空间补偿物4个方面选取测评指标。

1. 地域文化补偿物

传统村镇地域文化是传统村镇地区居民长期创造形成的产物，同时又是一种历史现象，是社会历史的积淀物，它凝结在物质之中又游离于物质之外，是传统村镇居民之间进行交流的一种能够传承的意识形态，也是传统村镇被外界认可的地域文化，涉及村镇历史、风土人情、传统习俗、生活方式、文学艺术、行为规范、思维方式、价值观念等方面。

2. 生活空间补偿物

生活功能是指人类在生存和发展过程中所获得的各种日常物质和精神保障的空间承载。具体可进一步细分为空间承载与避难空间、物质生活保障空间和精神生活保障空间等。其中居住、交通和公共服务承载是区域生活空间的基底，基本物质生活保障是日常生活空间的基础，自然和人文景观等是休闲、文化、艺术、美学及精神和历史的源泉。从传统村镇文化景观生活空间的物质载体（土地利用）看，包括村民住宅用地、村庄公共服务用地、生活性的村庄道路用地、村庄交通设施用地、部分村庄商业服务业设施用地和村庄其他建设用地。在传统村镇文化景观保护中，这些生活空间形式、组织结构等势必受到影响，可以将其划入传统村镇文化景观生活空间补偿物范畴。

3. 生产空间补偿物

生产空间是指传统村镇以土地为劳作对象或载体进行社会生产而产出各种产品和服务的空间，可进一步细分为生产与健康物质供给生产空间、原材料生产空间、能源矿产生产空间及间接生产空间等类型。生存与健康物质供给生产空间是维持生存和发展的基础性空间，包括食物和水的供给（功能性供给物品），以及药物（维持健康的必要保证）和基因资源（扩展食物供给的重要途径）供给等。原材料生产空间为二次生产提供基本原料。能源和矿产生产空间是维持社会发展的核心。间接生产空间其实并不是真正的生产，其本质功能来源于其对地上附着物的承载，只是由于其承载的地上活动是间接生产而将其归于生产。结合传统村镇空间实际，其生产空间包括：水田、旱地、果园、茶园、其他园地、设施农用地与田坎，或可分为：村庄生产仓储用地、村庄基础设施用地、对外交通设施用地、国有建设用地、水域（人工水库、坑塘沟渠）、用于农业生产的农林用地、村庄其他建设用地等。在传统村镇文化景观保护中，水田、旱地、果园、茶园、其他园地、设施农用地与田坎等仍维持传统的生产方式，也是重要的农业文化遗产，可划入传统村镇文化景观保护的生产空间补偿物。

4. 生态空间补偿物

生态空间是指生态系统与生态过程所形成的、维持人的生存的自然条件。土壤、水文、植被和生物要素等是基本组件。具体包括重点调节生态空间、一般调节生态空间和生态容纳空间。重点调节生态空间，指生态红线范围内的重点功能区，是城市国土空间开发建设不可逾越的地区，包括水源涵养、土壤保持、防风固沙、洪水调蓄、河岸防护及生物多样性保护用地，土地类型有林地、灌木林地、其他林地、其他草地、坑塘水面、沿海滩涂、内陆滩涂、沟渠与冰川及永久积雪等。一般调节生态空间，指土地利用分类中除重点调节生态空间之外的林地、草地与水域，此类空间在国土空间建设开发的过程中仅需考虑开发难度与开发建设的可行性，较少考虑生态保护相关政策的制约。生态容纳空间，开发难度较小，加之受到生态保护相关限制较小，其建设的可行性较大，包括盐碱地、沼泽地、沙地与裸地等。在传统村镇文化景观保护中，一些生态空间需要得到补偿。例如，水源涵养、土壤保持、防风固沙、洪水调蓄、河岸防护及生物多样性保护等生态空间可划为传统村镇文化景观保护的生态空间补偿物。

## 二、样本选择与测评体系构建

在确定传统村镇文化景观保护性补偿物指标的基础上，本章对中国传统村镇进行文化景观保护性补偿物测评的实证研究。研究方法依据全面性、主导性、层次性、可操作性等原则，采用客观与主观数据相结合的方法。选取村镇标准则主要参照第一至第四批"中国传统村落名录"，同时考虑数据的可得性，选取了湖南湘西7县1市境内的82个中国传统村落。基于上述分析，参考已有相关研究（李东红和杨利美，2004；王云才等，2009；周乾松，2015；李伯华等，2015；杨立国和刘沛林，2017），构建传统村镇文化景观保护性补偿物测评体系（表5-1）。原始数据主要来自调研数据、相关网站等。

表 5-1 传统村镇文化景观保护性补偿物测评体系

| 类别 | 一级指标 | 二级指标 | 指标内涵 |
| --- | --- | --- | --- |
| 非物质补偿物 | 地域文化 | 传统村镇地域文化 | 村镇历史、风土人情、传统习俗、文学艺术、行为规范、思维方式、价值观念等方面 |
| 物质补偿物 | 生活空间 | 空间承载与避难空间 | 居住、交通和公共服务承载 |
| | | 物质生活保障空间 | 由土地系统提供的基本物质生活保障，维持人的基本生活需要 |
| | | 精神生活保障空间 | 休闲、文化、艺术、美学及精神和历史等自然和人文景观 |

续表

| 类别 | 一级指标 | 二级指标 | 指标内涵 |
|---|---|---|---|
| 物质补偿物 | 生产空间 | 生产与健康物质供给生产空间 | 食物和水、药物和基因资源供给等 |
| | | 原材料生产空间 | 原材料生产为二次生产提供基本原料 |
| | | 能源矿产生产空间 | 能源和矿产资源生产，是维持发展的核心 |
| | | 间接生产空间 | 对地上附着物的承载，其承载的地上活动是间接生产，区别于生活空间 |
| | 生态空间 | 重点调节生态空间 | 水源涵养、土壤保持、防风固沙、洪水调蓄、河岸防护及生物多样性保护用地等空间 |
| | | 一般调节生态空间 | 重点调节生态用地之外的有林地、灌木林地、其他林地、其他草地、坑塘水面、沿海滩涂、内陆滩涂、沟渠与冰川及永久积雪等空间 |
| | | 生态容纳空间 | 盐碱地、沼泽、沙地与裸地等 |

## 三、测评方法

本章首先运用熵值法对湘西第一至第四批 82 个中国传统村落保护性补偿测评指标变量进行赋权。一般来说，某个指标的信息熵越小，表明指标值的变异程度越大，提供的信息量越多，在综合评价中所能起到的作用也越大，其权重也就越大，反之，包括标准化处理、信息熵计算、权重计算及评价结果分析等具体步骤。

1）标准化处理。假设给定了 $k$ 个指标 $X_1, X_2, \cdots, X_k$，其中 $X_i = \{X_1, X_2, \cdots, X_n\}$。

对于正指标：

$$X_{ij+} = (X_{ij} - \min[X_j]) / (\max[X_j] - \min[X_j]) \quad (5\text{-}1)$$

对于负指标：

$$X_{ij-} = (\max[X_j] - X_{ij}) / (\max[X_j] - \min[X_j]) \quad (5\text{-}2)$$

式中，$X_{ij}$ 为第 $i$ 个传统村镇第 $j$ 项指标的数值；$\max[X_j]$ 为该指标序列的最大值；

$\min[X_j]$ 为该指标序列的最小值；$X_{ij+}$、$X_{ij-}$ 为标准化结果。

2）信息熵计算。根据信息论中信息熵的定义，其计算公式如下：

$$E_j = -\ln[n]^{-1} \Sigma[P_{ij}\ln P_{ij}] \qquad (5-3)$$

式中，$P_{ij} = X_{ij+}/\Sigma X_{ij+}$（或 $= X_{ij-}/\Sigma X_{ij-}$），如果 $P_{ij} = 0$，则定义 $E_j = 0$。$n$ 为传统村镇个数。

3）权重计算。利用式（5-3），计算出各个指标的信息熵，然后运用式（5-4）计算各指标的权重。

$$W_j = (1 - E_j) / (k - \Sigma E_j) \qquad (5-4)$$

式中，定义 $G_j = 1 - E_j$。$G_j$ 反映了指标数据值的差异性大小。数据差异性越大，则 $G_j$ 越大，该指标的权重就越大。当某项指标下的数据完全相等时，差异性系数为最小值 0。

4）综合评价结果。根据式（5-4）提到的权重方法，运用式（5-5）得到本指标体系的评价结果。

$$S_j = W_j^* X_{ij+} \text{（或} = W_j^* X_{ij-}\text{）} \qquad (5-5)$$

基于利克特量表法，用 5、4、3、2、1 分别表示各项指标 $X_{ij}$ 的保护性补偿程度。若得分为 5，表示该项补偿物测评指标的保护性补偿程度最大；若得分为 1，则最小；其他以此类推。具体测评依据见表 5-2。

表 5-2 传统村镇文化景观保护性补偿物测评依据

| 测评指标 | 测评依据 |
| --- | --- |
| 传统村镇地域文化 | 村镇历史悠久、风土人情浓郁、传统习俗保存完好、文学艺术价值独特、行为规范系统、思维方式及价值观念淳朴，总体而言具有极高的价值，满分赋值 5。其他依此类推 |
| 空间承载与避难空间 | 为维持传统村镇区域景观系统运行，居住、交通和公共服务承载等保持传统特色、彰显乡土价值，满分赋值 5。其他依此类推 |
| 物质生活保障空间 | 土地利用方式仍以传统特色农业等传统村镇原有特色生产活动属性为主，且可维持传统村镇居民的基本生活需要、可提供优质的基本物质生活保障，满分赋值 5。其他依此类推 |

续表

| 测评指标 | 测评依据 |
|---|---|
| 精神生活保障空间 | 传统村镇可提供人们休闲、文化、艺术、美学及精神和历史等自然和人文景观，且其相关场所的原生性保持完好，满分赋值5。其他依此类推 |
| 生产与健康物质供给生产空间 | 传统村镇可提供人们充足、健康的食物和水，具有一定的特色药物和基因资源供给等，为维持传统村镇人的生存和发展提供优质的基础性空间，满分赋值5。其他依此类推 |
| 原材料生产空间 | 具有一定的原材料生产功能，可以为二次生产提供基本原料，满分赋值5。其他依此类推 |
| 能源矿产生产空间 | 在一定时间范围内，传统村镇已有的能源和矿产用地属性大体不变，可以为维持发展提供一定的能源和矿产资源生产，满分赋值5。其他依此类推 |
| 间接生产空间 | 能很好地承载传统村镇地上附着物，其承载的地上间接生产活动功能完备、安全性高、具有特色，满分赋值5。其他依此类推 |
| 重点调节生态空间 | 传统村镇有充足的林地、草地、水面等重点生态空间，在水源涵养、土壤保持、防风固沙、洪水调蓄、河岸防护及生物多样性保护等方面高效合理，满分赋值5。其他依此类推 |
| 一般调节生态空间 | 传统村镇保护有一定的后备生态调节空间，如林地、草地与水域等（需考虑开发难度与开发建设的可行性），满分赋值5。其他依此类推 |
| 生态容纳空间 | 传统村镇保存有一定的生态容纳空间，如盐碱地、沼泽、沙地与裸地等，可以为传统村镇后续发展提供空间，满分赋值5。其他依此类推 |

## 四、等级划分

基于信息熵法及利克特量表法的基本原理、参考已有相关研究成果（王云才等，2006；赵勇等，2006；杨立国和刘沛林，2017；李东红和杨利美，2004），结合相关专家意见，对中国传统村镇保护性补偿物的等级进行划分，结果如表5-3所示。

表5-3 传统村镇文化景观保护性补偿物等级划分

| 测评指标 | 补偿等级划分 |
|---|---|
| 传统村镇地域文化补偿物 | 5（高），4（较高），3（一般），2（较低），1（低） |
| 空间承载与避难空间补偿物 | 5（高），4（较高），3（一般），2（较低），1（低） |
| 物质生活保障空间补偿物 | 5（高），4（较高），3（一般），2（较低），1（低） |
| 精神生活保障空间补偿物 | 5（高），4（较高），3（一般），2（较低），1（低） |

续表

| 测评指标 | 补偿等级划分 |
| --- | --- |
| 生产与健康物质供给生产空间补偿物 | 5（高），4（较高），3（一般），2（较低），1（低） |
| 原材料生产空间补偿物 | 5（高），4（较高），3（一般），2（较低），1（低） |
| 能源矿产生产空间补偿物 | 5（高），4（较高），3（一般），2（较低），1（低） |
| 间接生产空间补偿物 | 5（高），4（较高），3（一般），2（较低），1（低） |
| 重点调节生态空间补偿物 | 5（高），4（较高），3（一般），2（较低），1（低） |
| 一般调节生态空间补偿物 | 5（高），4（较高），3（一般），2（较低），1（低） |
| 生态容纳空间补偿物 | 5（高），4（较高），3（一般），2（较低），1（低） |
| 补偿物总体评价 | 高（0.8, 1]，较高（0.6, 0.8]，一般（0.4, 0.6]，较低（0.2, 0.4]，低（0, 0.2] |

## 第三节　补偿物评价与分析

### 一、补偿物总体评价

总体而言，湘西第一至第四批82个中国传统村落保护性补偿物的总体水平属于"较高"等级状态（得分为0.63），具体各项指标的得分情况总体如图5-1所示。历史文化方面，湘西是武陵山区（湘西）土家族苗族文化生态保护实验区，历史文化底蕴深厚、自然风光奇秀，集人文景观和自然景观之大统，拥有24个国家级非物质文化遗产保护名录，土家族、苗族等地域特色文化资源丰富、价值较高，具有丰富的传统村镇地域文化补偿物。生产生活方面，湘西物产资源丰富，属微生物发酵带、富硒土壤带、植物群落里的亚麻酸带，盛产各类富硒水果、蔬菜、茶叶、茶油、中药材，以及猪、牛、羊等畜禽产品和蔬菜、水果等农副产品，被誉为"野生动植物资源天然宝库"和"华中动植物基因库"（湘西土家族苗族自治州人民政府，2018）。同时，湘西也是国家武陵山区生物多样性与水土保持生态功能区，在重点生态调节方面具有重要的作用。

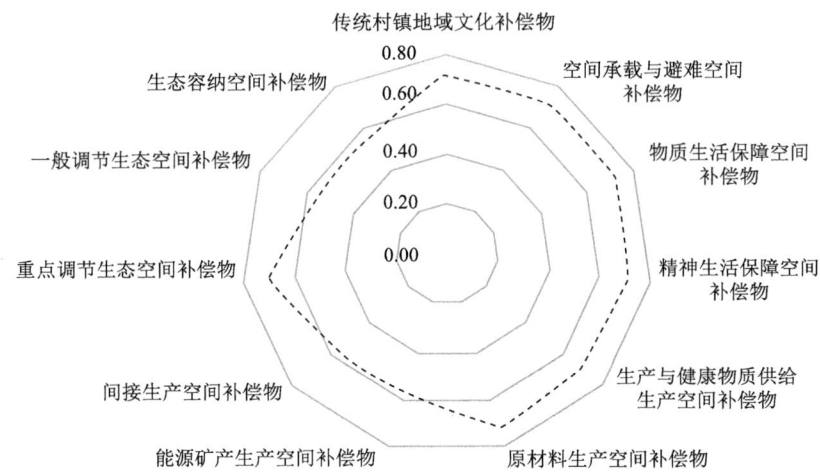

图 5-1 湘西传统村镇文化景观保护性补偿物总体得分

## 二、地域文化补偿物

湘西 82 个中国传统村落的地域文化补偿物总体得分为 0.71，属于"较高"补偿等级。总体而言，位于湘西境内的中国传统村镇大多保存有较多的明清建筑，且土家族、苗族等少数民族特色浓郁，拥有较丰富的传统村镇文化景观资源，具有较高的历史、文化、科学、艺术、社会及经济价值等，传统建筑风貌较为完整、村镇选址和格局保持较好的传统特色、村镇非物质文化遗产得到了较好的活态传承。例如，龙山县苗儿滩镇六合村，是中国土家族的传统居住地、土家族特色古民居集中地，是典型的土家族民俗博物馆，有土家织锦、摆手舞、毛古斯舞、打溜子等国家级非物质文化遗产，保存着众多村道古巷、特色民居，被列入第一批"中国传统村落名录"；再如，苗儿滩镇惹巴拉村，是苗市商周文化大遗址的一部分，被称为"土家族原生态文化的天然博物馆"；苗儿滩镇捞车村，被称为"原生态民族民间文化遗产博物馆、土家原生态民居博物馆"；等等。总体而言，湘西传统村镇文化景观的地域文化补偿物具有极大的综合价值。

## 三、生活空间补偿物

生活空间补偿物主要包括空间承载与避难空间、物质生活保障空间、精神生活保障空间3个方面。湘西82个中国传统村落的生活空间补偿物得分如表5-4所示。湘西是土家族、苗族等多民族的世居地,也是多民族聚居的精神家园,其传统聚落文化景观更是具有重要的生活空间价值。与此同时,为实现湘西传统村镇的有效保护,保持其原生态特征,湘西及传统村镇内部均有大量投入。国家层面,制定了《住房城乡建设部 文化部 财政部关于加强传统村落保护发展工作的指导意见》等文件,要求完善村落信息档案、编制保护发展规划,确定保护对象及其保护措施;与此同时,给予每村300万元保护扶持资金(付丹,2016)。州级层面,也出台了《关于加强传统村落保护与利用工作的实施意见》(州政办发〔2015〕5号)《关于推进传统村落保护利用的通知》(州政办发〔2016〕12号)等文件,并编制规划、投入资金等着力开展了特色民居保护与整治等基础性工作。各县也开展了大量工作,例如,2014年,凤凰县由财政出资5000万元,对境内舒家塘、老家寨、老洞、竹山等村镇的典型特色民居实行整体收购;保靖县夯沙乡的重点苗寨、凤凰县的老洞,花垣县的磨老村等分别制定了保护传统民居的村规民约(梁先荣,2015)。

表5-4 湘西传统村镇生活空间补偿物得分

| 生活空间补偿物 | 空间承载与避难空间补偿物 | 物质生活保障空间补偿物 | 精神生活保障空间补偿物 | 总体 |
| --- | --- | --- | --- | --- |
| 得分 | 0.71 | 0.72 | 0.71 | 0.72 |
| 补偿等级 | 较高 | 较高 | 较高 | 较高 |

## 四、生产空间补偿物

生产空间补偿物主要包括生产与健康物质供给生产空间、原材料生产空间、能源矿产生产空间及间接生产空间4个方面。湘西82个中国传统村落的生活空间补偿物得分如表5-5所示。被誉为"野生动植物资源天然宝库"和"华中动植物基因库"的湘西，具有丰富的物产资源，盛产各类水果、蔬菜、茶叶、茶油、中药材，及畜禽产品、农副产品等（湘西土家族苗族自治州人民政府，2018）。但由于地处云贵高原东侧的武陵山区，武陵山脉由北东向南西斜贯全境，系湘鄂渝黔四省市交界之地，是以土家族、苗族等为主的少数民族聚居山区，且是我国重要的文化生态功能保护区，这些村镇的生产生活方式仍相对传统、经济社会发展程度仍相对落后，大多位于我国武陵山连片特困地区中心地带、地处湖南省深度贫困地区（如古丈县默戎镇李家村、泸溪县梁家潭乡芭蕉坪村等是湖南省深度贫困村）。因此，其生产与健康物质供给生产空间补偿物、原材料生产空间补偿物的补偿等级为"较高"，但其是国家武陵山区生物多样性与水土保持生态功能区，能源矿产生产空间补偿物和间接生产空间补偿物的补偿等级为"一般"。

表 5-5 湘西传统村落生产空间补偿物得分

| 生产空间补偿物 | 生产与健康物质供给生产空间补偿物 | 原材料生产空间补偿物 | 能源矿产生产空间补偿物 | 间接生产空间补偿物 | 总体 |
| --- | --- | --- | --- | --- | --- |
| 得分 | 0.69 | 0.72 | 0.57 | 0.57 | 0.62 |
| 补偿等级 | 较高 | 较高 | 一般 | 一般 | 较高 |

## 五、生态空间补偿物

生态空间补偿物主要包括重点调节生态空间、一般调节生态空间和生态容纳空间3个方面。湘西82个中国传统村落的生态空间补偿物得分如表5-6所示。湘西作为国家武陵山区生物多样性与水土保持生态功能区，在山地生物多样性保护、水源涵养、水土保持等重点生态调节方面具有重要的作用，其传统村镇的重点调节生态空间补偿物补偿等级为"较高"。但是，在盐碱地、沼泽地、沙地与裸地等生态容纳空间及一般调节生态空间方面的补偿等级为"一般"，这与传统村镇选址时对适宜生态环境的考虑密切相关。传统村镇自然环境的选择一般都讲究"依山傍水、山清水秀"，且注重在"采光系统、水体系统、绿地系统"等方面营造景观(刘沛林和董双双,1998;王云才等,2009;胡燕等,2014)。

表 5-6　湘西传统村镇生态空间补偿物得分

| 生态空间补偿物 | 重点调节生态空间补偿物 | 一般调节生态空间补偿物 | 生态容纳空间补偿物 | 总体 |
| --- | --- | --- | --- | --- |
| 得分 | 0.70 | 0.55 | 0.55 | 0.58 |
| 补偿等级 | 较高 | 一般 | 一般 | 一般 |

## 第四节　结论与讨论

传统村镇文化景观资源丰富、价值突出,但其由于传统文化景观资源的保护,大多仍处于较为传统的生产生活状态,部分村镇仍是社会经济发展的(深度)贫困地区。对传统村镇文化景观保护开展补偿,具有必要性。传统村镇文化景观保护性补偿物的提出,是回答传统村镇文化景观保护性补偿中"补给谁"这一核心问题的创新视角。

本章在传统村镇文化景观保护、生态补偿等已有相关研究成果的基础上,对传统村镇文化景观保护性补偿的概念、内涵进行解读的基础上,构建了符合本土研究的传统村镇文化景观保护性补偿物测评指标体系,并选择湖南省湘西第一至第四批 82 个中国传统村落为案例开展了实证研究。研究发现:湘西第一至第四批 82 个中国传统村落文化景观保护性补偿物的总体水平属于"较高"等级,地域文化补偿物、生活空间补偿物、生产空间补偿物均属于"较高"补偿等级,生态空间补偿物属于"一般"补偿等级,这与其历史文化资源禀赋、生产生活方式特征、自然生态环境因素等密切相关。传统村镇文化景观保护性补偿物测评指标体系的构建,紧扣了补偿物概念和内涵,具有操作性和延伸性。其价值体现在:①丰富了关于传统村镇文化景观保护的理论研究,定性与定量相结合地探索了传统村镇文化景观保护性补偿物的理论框架;②一定程度上拓宽了国内关于传统村镇文化景观保护研究的理论视角和实证范畴。

本章构建的传统村镇文化景观保护性补偿物测评指标体系,紧扣补偿物的概念和内涵，依此来评价传统村镇不同补偿物类型的发展水平，具有较好的普适性和可操作性。但仍有一些方面急需后续研究关注和完善。例如，①由于数据获取的困难、分析视角的局限性等，在建立的补偿物测评指标体系中或许有错漏的二级指标，今后的研究可以随着研究资料等的逐步完善进一步补充；②本章构建的指标以主观指标为主，与传统村镇生产生活方式等相关的补偿物，无法从权威统计数据中获得，一些客观指标未被充分纳入，随着相关统计数据的逐步完善，未来研究可以进一步探索，在后续的研究中可以通过其他方法补充这一部分数据，对主客观指标结果进行对比分析；③本章针对湘西 82 个中国传统村落进行了中观层面的实证分析，后续研究可以缩小村镇范围，采用个案解剖的方法聚焦研究不同类型传统村镇不同补偿物发展与经济社会文化发展的关系，也可以在补偿物指标测评的基础上，将补偿水平与经济、社会等变量联系起来，实证分析其相关关系及作用机理。

# 第六章
# 传统村镇文化景观保护性补偿标准与资产负债表编制

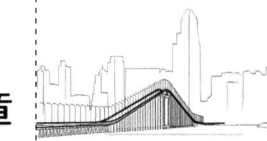

  开展文化景观资源资产负债表编制研究工作,可以为掌握文化景观资源资产的基本概况、发展变化、负债情况,以及分析其资产所有者、管理者权益(责任)等提供参考。本章在借鉴已有相关成果的基础之上,对文化景观资源资产、负债和所有者权益进行了界定,探讨了文化景观资源资产负债表的形式、编制思路及负债值的确认框架,并从编制主体、责任主体、钩稽关系等方面提出了文化景观资源资产负债表的设计思路。

## 第一节　资产负债表要素概念

资源资产负债表的编制，已经得到了国内外学者们的关注。已有成果的研究焦点大多集中在自然资源资产负债表的编制方面，取得了诸多重要成果（Goldsmith，1966；封志明等，2014，2015；胡文龙和史丹，2015）对于文化景观资源资产负债表的关注相对较少。已有相关研究，大多聚焦在文化景观资产资源负债表的定义、重要性分析、要素核算的理论基础、区域特征及其相关的文化保护制度等方面（陈劲松，2006；张雪娇，2017；方文彬和芮文燕，2017）。这些研究，阐明了文化景观资源资产负债表编制的必要性、可行性及其基本框架等问题。总体而言，文化景观资源资产负债表，是借助资产负债表工具，将一国或地区的文化景观资源资产分类加总而形成。它显示某一时点文化景观资源资产的"家底"，展示出某国家或地区在某时点上对文化景观资源的权利义务状态（某特定时点地方主体对所拥有的文化价值和所承担的文化责任），反映了特定时空范围的文化景观资源利用情况及其效应。应满足"文化资产=文化负债+文化权益"这一原则（张雪娇，2017）。文化景观资源资产负债表，主要是通过核算文化景观资源，进而测评文化景观资源价值（Mohammed Abdullah Eben Saleh 和鲁春霞，2000；李晓黎和韩锋，2015；毕雪婷和韩锋，2017）。与其密切相关的为文化景观资源价值评估和资产负债表编制（封志明等，2017a，2017b）。文化景观资源价值评估方面，文化价值论、文化资源价值评估、文化资源核算、资源环境与文化核算综合体系等，为编制文化景观资源资产负债表提供了依据（Mohammed Abdullah Eben Saleh 和鲁春霞，2000；李晓黎和韩锋，2015；毕雪婷和韩锋，2017；陈宇飞，2011）；文化景观资源资产负债表编制方面，财务报表分析、资产负债表编制、国家资产负债表和国民经济核算体系等，在框架体系、表式设计上，可参考马骏等（2012）、林忠华（2014）、Goldsmith（1966）和 Medelete（2016）的研究。借鉴自然资源资产负债表编制的思路，可编制地方文化景观资源资产负债表，以强化我国对文化的重视和保护，也有助于定位地方特色文化产业的发展方向，加强对政府官员的离任审计和文化督管，大力发展文化经济，促进文化传承和文化强国建设（张雪娇，2017）。

文化景观资源是历史时期形成的构成某一地域特征的自然与人文因素的综合体。它作为一种特殊的资源形态，与其他资源相比，具有一定的独特性。既包括反映一个地域风土民情、习俗、节庆等文化特征的非物质景观资源，也包括以生产、生活和生态空间为主体的物质景观资源。因此，它反映了一个地区的综合地理特征，是某一地理区域、文化特征的代表。

文化景观资源资产、文化景观资源负债及文化景观资源所有者权益（净资产），是文化景观资源资产负债表的三个基本构成要素。

## 一、文化景观资源资产

文化景观资源资产，是产权明晰、利益可计量，且成本是可靠计算的文化景观资源。政府、企业、集体、个人等特定权利主体，对其拥有所有权（使用权）。文化景观资源的确权是由国家和政府部门法定授予（或让渡）而形成的。文化景观资源资产是能在预期内给核算主体带来直接（或间接）收益的文化景观资源，包括已产生经济利益，以及未来可能产生经济利益的物质类及非物质类文化景观资源。

## 二、文化景观资源负债

负债项是文化景观资源资产负债表编制的关键，也是编制中备受争论的焦点。文化景观资源负债，是指文化景观资源开发利用中所产生的资源过耗、环境损害和破坏等不合理损耗。一般而言，对文化景观资源负债的确认，至少应满足两个方面的条件：①强调人类社会经济活动对文化景观资源产生的负外部性（不合理损耗）；②负债的大小一般能可靠计量。

### 三、文化景观资源所有者权益

在文化景观资源资产负债表编制中,文化景观资源资产是核算的对象,国家和集体对其拥有所有权。一般而言,文化景观资源所有者权益是国家(政府)拥有(或控制)文化景观资源权益的情况及其程度,是文化景观资源财富(资产)的综合。在文化景观资源资产负债表中,文化景观资源所有者权益(资产)一般通过"期末数量(或余额)",即"期末量=期初量+本期增加−本期减少"进行具体展现。文化景观资源所有者权益的确认,一般需满足三个方面的条件:①产权明晰,属于国家或集体;②范围明确,边界不重叠、利益不冲突;③价值可计量,可根据所有权、经营权和使用权等的权益价值进行核算。

## 第二节　资源资产负债表编制的关键问题

编制文化景观资源资产负债表,与编制其他资源资产负债表一样,有助于摸清资源家底、反映资源变化情况,但也有其自身的特殊性(张雪娇,2017;方文彬和芮文燕,2017;陈劲松,2006)。一是地域性强,文化景观资源与其他资源相比,强烈的地域性是其主要特征,编制文化景观资源更应该立足地域文化特征、理清各地文化资源特征及其发展脉络。二是综合性强,编制文化景观资源资产负债表,需要全面了解当地文化景观资源,深入挖掘地方特色文化,与此同时还要了解当地文化景观资源资产管理体系和文化产品经营机制等与其资源资产、负债及所有者权益相关的方方面面。三是差异性强,文化景观资源是一个地方的"软实力"资源,也是一种稀缺资源,对于不同主体而言,对文化景观资源资产、负债、所有者权益乃至资源范畴、价值判断等均具有极大的差异性。文化景观资源资产负债表的形式、编制思路、负债的确认等是其编制的关键问题。

## 一、文化景观资源资产负债表的形式

文化景观资源是国家资产负债表的一项资产（封志明，2011；张建华和林飞，2002），具有资产负债表的一般报表形式，可用来量化文化景观资源资产、负债和所有者权益，是文化景观资源的"总账"（总分类账簿）。其中，文化景观资源所包含的物质资源（以聚居为核心的生活资源，以产业经济为主体的生产资源，以及与自然环境相联系的生态资源），非物质资源（反映一个地域的风土民情、习俗、节庆等文化特征）等（William and Kent，2009；王云才等，2009；李旭旦，1985；冯骥才，2013；胡燕等，2014）是明细账（具体的个体账户），是对总账的补充。在此基础上，可参照"左资产、右负债和权益"的形式，依据"资产=负债-所有者权益"的思路，对文化景观资源进行列报。具体编制文化景观资源资产负债表时，应根据文化景观资源的稀缺性、资源类别的复杂性、利益主体的多样性等特征，来确定文化景观资源资产、负债等要素的相关内容。因此，"文化景观资源资产负债表"是由"文化景观资源总账"演化而来，包含生产、生活、生态等文化景观资源个体账户，各要素间相互制约、相互平衡。

综上所述，本章认为"文化景观资源资产负债表"有以下3个方面：①它是一张（一套）包括文化景观自然资源资产、负债和所有者权益的资产负债计量报表，可体现文化景观资源存量及流量、测算资源价值；②将一定时空范围内可计量的文化景观资源资产先分类，后加总，根据文化景观资源的分布情况、质量等级和价值属性等核算后，再填列；③通过前后对比，综合反映了一定时空范围内文化景观资源资产的变化情况（存量增加或减少、质量提高或降低），体现了文化景观资源的使用状况及其对环境的影响。

## 二、文化景观资源资产负债表的编制思路

参考国家、企业资产负债表的编制框架，编制文化景观资源资产负债表时，亦可利用"资产负债差额=资产-负债"的思路，采用左资产、右负债和权益的账户式结构，分别将核算后的文化景观资源依据资产和负债及其差额填列，综合

展示各类文化景观资源核算期内的期初量和期末量。参考已有相关成果（封志明等，2017b），可将文化景观资源资产负债表编制思路及结构总结如图6-1所示。其中，资产类主要是核算文化景观资源实物量及价值量；负债类主要是核算资源过耗及其所处环境的损害和破坏的实物量及价值量。

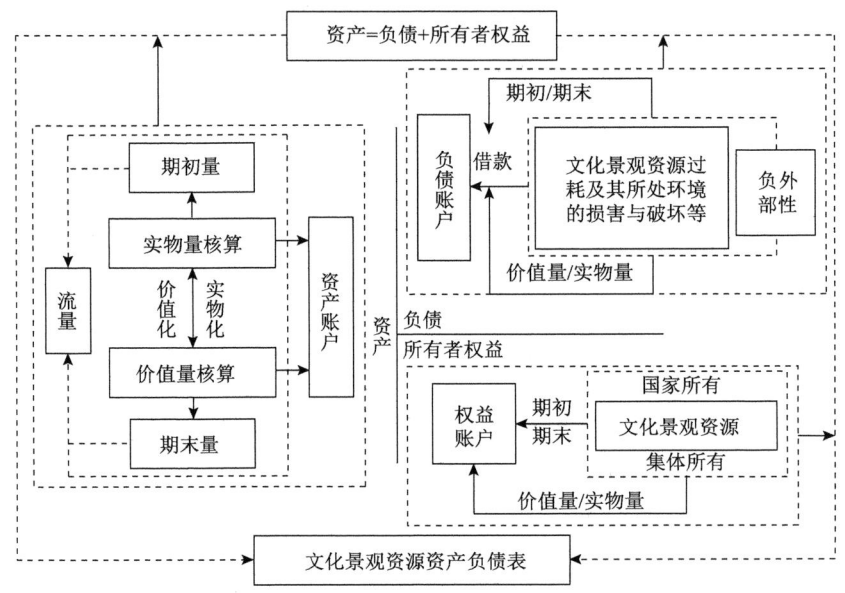

图6-1　文化景观资源资产负债表编制思路及结构

### 三、文化景观资源资产负债的确认

由于文化景观资源既存在共性，又具有类型上的差异性，在编制文化景观资源资产负债表时，既有共性（负债表要素、编制主体等基本问题的确定方面），也有特性（文化景观资源的不同特征）。基于此，在资产负债值确认方法上，很难做到完全一致。

下面将从物质类文化景观资源、非物质类文化景观资源两个方面分别探讨文化景观资源资产负债值的确认思路与方法（钟水映和简新华，2007；许晓峰等，1999）。①物质类文化景观资源资产负债值的确认。物质类文化景观资源主要包括生产、生活、生态类文化景观资源，如村庄的林地、草地、水域、村民住宅、村庄公共服务设施、生活性的村庄道路、村庄交通设施、部分村庄商业服务业设施和能源矿产等。对于此类文化景观资源资产负债值的确认，需要区别对待（表6-1）。②非物质类文化景观资源资产负债值的确认。非物质类文化景观资源涉及特色风土人情、传统习俗、文学艺术等方面。对于此类文化景观资源资产负债值的确认，可参考国际上通用的条件价值法（contingent valuation method，CVM）、旅行费用法（travel cost method，TCM）等予以确认，也可采用底价法、收益现值法、市价法、拍卖法等予以确认（表6-1）。

表6-1 文化景观资源资产负债值的确认方法

| 资源类型 | 资源举例 | 主要方法 | 原理 |
| --- | --- | --- | --- |
| 可再生物质类文化景观资源 | 森林、草地、水、土壤等 | 收益现值法 | $E_p = \sum_t \left( \dfrac{B_t - C_t}{(1+r)^t} - P_h \right) + H_a$<br>式中，$E_p$为资产净价；$B_t$为$t$时期中的销售价；$C_t$为$t$时期中的生产成本；$P_h$为初始期的投资；$H_a$为保护性补偿费用；$t$为资源生长期 |
| | | 轮作最优法 | $B_b = \sum_{i=1}^{n} \dfrac{B_{ti} - C_{ti}}{(1+r)^t} - P_h + H_a + K_o$<br>式中，$B_b$为资产净价；$B_{ti}$为$t$时期中$i$的销售价；$C_{ti}$为$t$时期中$i$的生产成本；$P_h$为初始期的投资；$H_a$为保护性补偿费用；$t$为资源生长期；$K_o$为体现在资源生长地中的资本化时期$o$的现值；$i=1, 2, 3, \cdots, n$为轮作生物种类 |
| | | Hartman模型 | $R_o = \max_t \{ (F-Q) \times V(t) \times e^{-rt} + \int_0^t [a(y) e^{-ry}] dy - Q_0 \} \times \dfrac{1}{1-e^{-rt}}$<br>$R_o$为总收益净现值；$F$为单位价格；$Q$为边际成本；$Q_0$为投入成本；$t$为生命周期；$V(t)$为单位资源体积；$r$为贴现率 |
| 不可再生物质类文化景观资源 | 能源资源、金属矿物质、非金属矿物质 | 底价法 | $P_d = \dfrac{1}{n} \sum_{i=1}^{n} (P_{yi} - S_g - S_k) \times (C_p - C_o) \times Q$<br>式中，$P_d$为资产底价；$P_{yi}$为不同品级的销价；$S_g$为开采成本；$S_k$为勘察成本；$n$为不同品级的数量；$C_p$为平均品级；$C_o$为边界品级；$Q$为探明储量；$y$为能源资源、金属矿物质、非金属矿物质的品级；$i=1, 2, 3, \cdots, n$为能源资源、金属矿物质、非金属矿物质种类 |
| | | 收益现值法 | $W_p = \sum_{i=1}^{n} (E_{pi} - S_{ji} - Y_{si} - Y_{qi}) \times (1-\varepsilon) \times \dfrac{1}{(1+r)^i}$<br>式中，$W_p$为资产净价；$E_{pi}$为$i$的年销售收入；$S_{ji}$为$i$的年经营成本；$Y_{si}$为$i$的资源税金；$Y_{qi}$为$i$的其他税金；$\varepsilon$为部门平均收益率；$r$为适用贴现率；$n$为计算年限；$i=1, 2, 3, \cdots, n$为能源资源、金属矿物质、非金属矿物质种类 |

续表

| 资源类型 | 资源举例 | 主要方法 | 原理 |
|---|---|---|---|
| 不可再生物质类文化景观资源 | 能源资源、金属矿物质、非金属矿物质 | 市价法 | $V_e = P_x \times U \times V$<br>式中，$V_e$ 为资产净价；$P_x$ 为参照物资源资产价格；$U$ 为规模调整系数；$V$ 为品质调整系数 |
| | | 拍卖法 | 明确界定资源使用范围、年限及使用条件等。通过有意参与该资源使用竞争的经济活动主体之间的出价竞拍 |
| 非物质类文化景观资源 | 文学艺术等 | CVM | 通过提供一个假设市场，用询问（问卷调查）的方式，使消费者有"机会"去购买其偏好的物品（支付的意愿），从而得出该物品的价值 |
| | | TCM | 利用相关市场的消费行为来评估资源环境物品的价值 |

注：作者根据钟水映和简新华（2007）、许晓峰等（1999）、蒂滕伯格（2011）、石薇等（2018）、许抄军（2004）等整理

# 第三节　传统村镇文化景观资源资产负债表的基本表式设计

文化景观资源资产负债表的设计，与文化景观资源资产及负债的呈现内容（呈现什么？）与方式（怎么呈现？）等密切相关。参考已有相关成果（石薇等，2018），本章认为文化景观资源资产至少包括两个层次：①地理空间上的文化景观资源资产；②进入经济体系的文化景观资源资产。因此，文化景观资源资产负债表基本表式也有第一层面的文化景观资源资产负债表（文化景观资源资产账户），以及第二层面的文化景观资源资产负债表。

## 一、文化景观资源资产账户

文化景观资源资产账户，即第一层面的文化景观资源资产负债表，政府部门等文化景观资源责任主体为其编制主体。其基本表式中未表示出负债项（表6-2）。主栏为各类文化景观资源，其中，进入经济体系的文化景观资源核算范围大致对应国民资产负债表中文化景观资源；其他那些归属国家、集体和个人所拥有，但

未被纳入国民资产负债表的文化景观资源，未进入经济体系。宾栏核算项目的基本关系为"期末存量=期初存量+存量增加-存量减少"。其中，存量增加（减少）可分为自然增加（自然退化、灾害损失）、人为活动增加（人为活动减少）和重新分类调增（重新分类调减）。

表 6-2 文化景观资源资产账户

| 项目 | 生产资源 | | | | | | 生活资源 | 生态资源 | … |
|---|---|---|---|---|---|---|---|---|---|
| | 进入经济体系 | | | 未进入经济体系 | | | … | … | … |
| | 国有 | 集体 | 个人 | 国有 | 集体 | 个人 | … | … | … |
| 期初存量 | $X_1$ | $X_2$ | $X_3$ | $X_4$ | $X_5$ | $X_6$ | $X_i$ | | |
| 存量增加 | | | | | | | | | |
| 人为活动增加 | $Y_{11}$ | $Y_{21}$ | $Y_{31}$ | $Y_{41}$ | $Y_{51}$ | $Y_{61}$ | $Y_{ij}$ | | |
| 自然增加 | $Y_{12}$ | $Y_{22}$ | $Y_{32}$ | $Y_{42}$ | $Y_{52}$ | $Y_{62}$ | $Y_{ij}$ | | |
| 重新分类调增 | $Y_{13}$ | $Y_{23}$ | $Y_{33}$ | $Y_{44}$ | $Y_{53}$ | $Y_{63}$ | $Y_{ij}$ | | |
| 存量增加合计 | $Y_1$ | $Y_2$ | $Y_3$ | $Y_4$ | $Y_5$ | $Y_6$ | $Y_i$ | | |
| 存量减少 | $R_1$ | $R_2$ | $R_3$ | $R_4$ | $R_5$ | $R_6$ | $R_i$ | | |
| 人为活动减少 | $R_{11}$ | $R_{21}$ | $R_{31}$ | $R_{41}$ | $R_{51}$ | $R_{61}$ | $R_{ij}$ | | |
| 自然退化 | $R_{12}$ | $R_{22}$ | $R_{32}$ | $R_{42}$ | $R_{52}$ | $R_{62}$ | $R_{ij}$ | | |
| 灾害损失 | $R_{13}$ | $R_{23}$ | $R_{32}$ | $R_{43}$ | $R_{53}$ | $R_{63}$ | $R_{ij}$ | | |
| 重新分类调减 | $R_{14}$ | $R_{24}$ | $R_{34}$ | $R_{44}$ | $R_{54}$ | $R_{64}$ | $R_{ij}$ | | |
| 存量减少合计 | $Z_1$ | $Z_2$ | $Z_3$ | $Z_4$ | $Z_5$ | $Z_6$ | $Z_i$ | | |
| 期末存量 | $Q_1$ | $Q_2$ | $Q_3$ | $Q_4$ | $Q_5$ | $Q_6$ | $Q_i$ | | |

注：$X_i$ 为 $i$ 资产存量，$Y_i$ 为 $i$ 资产增加量，$Y_{ij}$ 为 $j$ 活动的 $i$ 资产增加量，$R_i$ 为核算期间的 $i$ 资产资源流量，$R_{ij}$ 为核算期间各活动的资产资源流量，$Z_i$ 为减少量，$Q_i$ 为对应资产在该核算期期末的资产存量

## 二、文化景观资源资产负债表

在第一层面的基础上，通过计算文化景观资源资产负债值，即可得到第二层面的文化景观资源资产负债表（表6-3）。

表 6-3 文化景观资源资产负债表

| 资源类型 | 期初资产负债 | | | 资产负债变化 | | | 期末资产负债 | | |
|---|---|---|---|---|---|---|---|---|---|
| | 资产 | 负债 | 净值 | 资产 | 负债 | 净值 | 资产 | 负债 | 净值 |
| 生产资源 | | | | | | | | | |
| 国有 | $X_1$ | 0 | $X_1$ | $Y_1-K_1$ | Max$(0, F_1)$ | $Y_1-Z_1$ | $X_1+Y_1-K_1$ | Max$(0, F_1)$ | $Q_1$ |
| 集体 | $X_2$ | 0 | $X_2$ | $Y_2-K_2$ | Max$(0, F_2)$ | $Y_2-Z_2$ | $X_2+Y_2-K_2$ | Max$(0, F_2)$ | $Q_2$ |
| 个人 | $X_3$ | 0 | $X_3$ | $Y_3-K_3$ | Max$(0, F_3)$ | $Y_3-Z_3$ | $X_3+Y_3-K_3$ | Max$(0, F_3)$ | $Q_3$ |
| 生活资源 | | | | | | | | | |
| 国有 | $X_4$ | 0 | $X_4$ | $Y_4-K_4$ | Max$(0, F_4)$ | $Y_4-Z_4$ | $X_4+Y_4-K_4$ | Max$(0, F_4)$ | $Q_4$ |
| 集体 | $X_5$ | 0 | $X_5$ | $Y_5-K_5$ | Max$(0, F_5)$ | $Y_5-Z_5$ | $X_5+Y_5-K_5$ | Max$(0, F_5)$ | $Q_5$ |
| 个人 | $X_6$ | 0 | $X_6$ | $Y_6-K_6$ | Max$(0, F_6)$ | $Y_6-Z_6$ | $X_6+Y_6-K_6$ | Max$(0, F_6)$ | $Q_6$ |
| 生态资源 | | | | | | | | | |
| 国有 | $X_7$ | 0 | $X_7$ | $Y_7-K_7$ | Max$(0, F_7)$ | $Y_7-Z_7$ | $X_7+Y_7-K_7$ | Max$(0, F_7)$ | $Q_7$ |
| 集体 | $X_8$ | 0 | $X_8$ | $Y_8-K_8$ | Max$(0, F_8)$ | $Y_8-Z_8$ | $X_8+Y_8-K_8$ | Max$(0, F_8)$ | $Q_8$ |
| 个人 | $X_9$ | 0 | $X_9$ | $Y_9-K_9$ | Max$(0, F_9)$ | $Y_9-Z_9$ | $X_9+Y_9-K_9$ | Max$(0, F_9)$ | $Q_9$ |
| … | … | | … | … | … | … | … | … | … |

注：$X_i$ 为 $i$ 资产存量，$Y_i$ 为增加量，$K_i$ 为总资产减少量，$Z_i$ 为减少量，$Q_i$ 为对应资产在该核算期期末的资产存量，Max$(0, F_i)$ 为资产负债的变化

表 6-3 主栏为生产类文化景观资源、生活类文化景观资源、生态类文化景观资源各类文化景观资源，按其所有权归属，又可进一步划分为国有、集体所有，以及个人所有。期初资产负债表数据、资产负债的变化数据，均可根据表 6-2 中进入经济体系的数据计算得出。

表 6-2、表 6-3 中，$X_i$[①]为资产存量，$Y_i$ 为增加量，$Z_i$ 为减少量，$Q_i$ 为对应资产在该核算期期末的资产存量，则 $X_i+Y_i-Z_i=Q_i$。假设核算期间的文化景观资源流量为 $R_i$，其负债值为 $R_{0i}$。令 $F_i=R_i-R_{0i}$。若 $F_i \leqslant 0$，则认为文化景观资源减少量没有超过负债值，无须认定文化景观资源负债，该减少量即为文化景观资源资产的减少量 $Z_i$，文化景观资源资产等于文化景观资源净值；若 $F_i>0$，则认为文化

---

① $i$=1, 2, 3, 后同。

景观资源减少量超过了其负债值，需要认定文化景观资源负债值 $F_i$，相应的文化景观资源资产减少量为 $R_{0i}$，则文化景观资源资产在核算期间的存量减少为 $R_{0i}+(Z_i-R_i)=Z_i-F_i$，期末文化景观资源净值=期末文化景观资源资产–期末文化景观资源负债=$[X_i+Y_i-(D_i-F_i)]-F_i=X_i+Y_i-Z_i=Q_i$。综合来看，可将文化景观资源资产减少量记为 $\text{Min}(R_i, R_{0i})$，负债增加量记为 $\text{Max}(0, F_i)$，文化景观资源总资产减少量记为 $K_i$，则 $K_i=Z_i-\text{Max}(0, F_i)$，那么表 6-3 中"资产的变化"可记为 $Y_i-K_i$，"资产负债的变化"可记为 $\text{Max}(0, F_i)$。

## 第四节　结论与讨论

总体而言，科学编制文化景观资源资产负债表，具有重要意义。一方面，可以较好地掌握一定时空范围内的文化景观资源资产概况（文化景观资源资产总量和质量）；另一方面，能够为全面分析文化景观资源开发利用、管理和保护等各环节的资产变化及其损耗情况提供科学依据（文化景观资源资产动态变化及负债情况）；同时，也可为明确所有者权益和管理者责任提供参考。

然而，国内外文化景观资源资产负债表编制先例并不多见，成熟的文化景观资源资产负债表编制不可能一蹴而就，是一个不断完善的过程。资产负债表的本质是反映事实或问题。编制文化景观资源资产负债表是一项复杂的系统工作，仍存在诸多问题有待进一步深入探索。例如，文化景观资源质量的下降如何体现？实物量如何转化为价值量？等等。

# 第七章
# 传统村镇文化景观保护性补偿的典型调查及对比

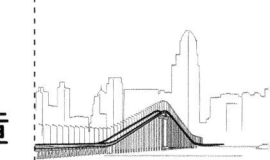

  本章选取永顺县境内双凤村、大井村、老司城村、爬出科村四个地理位置临近但发展特质有所差异的传统村落作为研究样本,基于实地调研,采取结构式访谈、对比分析和"作为观察者的参与者"等方法,探索了原住居民对所在村镇文化景观保护性补偿的意愿,以及如何构建科学合理的保护性补偿途径。

## 第一节 调 查 方 法

由于快速城镇化、现代化，加之传统村镇自身的相对闭塞性、落后性，传统村镇外出人口众多，且外出人员长期与本村联系不多，以及务工地及工作类型结构复杂，难以利用统计学的方法进行抽样以实现其代表性。而且，传统村镇文化景观保护与城市化、现代化的互动与协商是一个长期、复杂的实践活动，相较于抽样调查、数理统计，观察、结构式访谈等方法有利于呈现真实脉络中的事件活动并建立起其间的动态联系和概念。因此，研究采取个案研究[①]的策略（王宁，2002），深入湘西永顺县典型村落对在村居民小规模群体进行访谈。在村居民大多已在村寨长期居住数十年，并形成了稳定的传统生产生活方式，具有研究的典型性。传统村镇文化景观保护性补偿研究的典型性难以反映庞大的传统村镇群体的总体性质，但在一定程度上集中体现了作为个体的传统村镇在现代化、城市化发展的夹缝中立足的重要特征。

研究主要采取结构式访谈和"作为观察者的参与者[②]"的研究方法（陶伟等，2017；潘淑满，2003）来进行资料收集工作。研究团队于 2018 年 7 月由本地居民带路来到村寨开始实地调研。最初采用的是由熟人介绍的方法，在熟人的介绍下深入到村寨某一户村民家中。与此同时，到村委会表明调研者身份及调研目的，在征求他们同意、消除戒心后参与到他们的日常生活之中。在调研期间，研究团队和研究对象一对一地边聊天、边访谈，气氛融洽，借此机会进入他们的生产生活实践之中。在进行观察的同时，配合结构式访谈的调查方法，综合全面地了解他们的日常生产生活状态。观察内容主要包括：对本村寨的感情、在家成员概况、

---

① 个案研究实质上是通过对某个或几个案例的研究来达到对某一类现象的认识，而不是达到对一个总体的认识（王宁，2002）。

② 所谓"作为观察者的参与者"，是指研究者不但表明研究者的身份，同时可以和被研究对象在调查过程中不断互动，而不需要任何借口（潘淑满，2003）。

房屋基本情况、周边生活环境、饮食、语言及生产、生活、社会交往技能等；访谈内容主要涉及个人基本信息、家庭结构情况、村寨文化景观保护行为、保护性补偿态度、补偿意愿、生产生活方式变迁、对村寨的情感归属及将来的打算等问题，访谈内容参照但不局限于结构式访谈提纲（辅之以问卷调查）。主要围绕以下主题进行半结构式访谈：①村庄文化景观保护与基础设施建设等方面的会议您每次都会参加吗？您会参与本村文化景观保护实际工作吗？②您会监督本村的文化景观保护工作吗？您会和邻居、政府等就本村文化景观保护问题进行沟通吗？③您及您的邻居有没有因为本村文化景观保护而损失了利益？有没有获得过相关补偿？④您认为本村文化景观保护及补偿工作应该由谁来主导？期望获得什么样的保护及补偿？每一次访谈结束后，将访谈对象的言语行为和非言语行为，记录整理成文字，根据扎根理论的操作程序和编码原则（表7-1），对文字资料进行逐级编码分析。

表 7-1 选择式编码、主轴式编码及其资料来源

| 选择式编码 | 主轴式编码 | 表现形式 | 示例 |
| --- | --- | --- | --- |
| 认知程度 | 基本概念 | 保护性补偿背景及内涵的认知 | 我还是能懂你们所说的保护性补偿的。要不是有国家帮我们来修补房子、搞好基础设施、保护我们的土家文化，那我们这个小村寨也不可能这么好 |
| | 补偿主体 | 补偿工作主导者的认知 | 政府一直是我们的坚强后盾。一些企业也会给我们一些帮助和扶持。我们自己也非常愿意投入进来 |
| | 受偿客体 | 补偿对象的认知 | 我们这的景观还是蛮有特色的，希望能补偿保护这些特色景观的人 |
| | 补偿标准 | 补多少的合理认知 | 这需要政府和一些有学问的人一起给我们琢磨琢磨，到底补多少合适 |
| | 补偿措施 | 保护性补偿方法与途径的认知 | 能给我们一些经济补偿当然最好。还有，希望能够帮助我们发展生产 |
| 参与态度 | 机制知情 | 对村落保护补偿资金及其使用机制的知情 | 反正财务的东西村民很难去查的，估计村主任都无权去查的吧 |
| | 政策监督 | 对村落保护规划等政策进行监督 | 据说我们这是已经进行了规划的，村部还有规划图 |
| | 利益协商 | 对村落保护及补偿行为具有合理的尊重，遵守契约，积极沟通，耐心倾听 | 现在大家和以前比好一些，你好我好大家好，不用太计较。政府对我们很好，很照顾我们 |

续表

| 选择式编码 | 主轴式编码 | 表现形式 | 示例 |
|---|---|---|---|
| 具体行为 | 个人生活 | 个人生活方式与村庄文化景观保护相适应 | 这是我们自己的村子,我当然愿意做一些力所能及的事,保护我们村的这些文化 |
| | 日常生产 | 日常生产方式与村庄文化景观保护相适应 | 要是能给整个村子带来好处,那当然很好,毕竟村子好了,我们才能更好嘛 |
| | 民主自治 | 参与村内相关会议及制定村民公约 | 我们村呢,人很齐心的,大伙要知道的、要表决的就要开会 |

## 第二节 调查区的选取

湘西是我国设立的第 6 个国家级文化生态保护实验区——武陵山区（湘西）土家族苗族文化生态保护实验区,也是湖南省首个获批设立的国家级文化生态保护实验区。设立保护实验区的目的在于对传统村镇、传统技艺、非物质文化遗产、文化生态环境等加以保护与扶持。2013 年以来,湘西在全州 8 个市县分别确立了 1 个文化资源丰富的村寨作为整体性保护试点村寨。在试点村寨,重点开展传习所、生产性保护基地等阵地建设和民族传统节庆活动,探索整体性保护最具实效的范例（胡邦建和张玲,2017）。

永顺县位于湖南省湘西土家族苗族自治州东北部,距离湖南省会长沙 312.8 千米。永顺县芙蓉古镇（王村）、老司城（村）等传统村落闻名世界,现有中国传统村落 19 个。2010 年,中国武陵山区（湘西）土家族苗族文化生态保护实验区在湘西授牌设立。本章选取永顺县境内双凤村、大井村、老司城村、爬出科村四个地理位置临近但发展特质有所差异的传统村落作为研究样本。

四个村落均在永顺县内,它们地理位置相邻,最近距离为 2.9 千米、最远距离为 24.5 千米。传统村落反映了独特的土家族、苗族文化,是彰显湘西文化的精神场所,体现了一种传统与开放并存、少数民族文化与现代文化的融合,同时也体现了湘西土家族、苗族人民的智慧。四个村落也都属于中国武陵山区（湘西）土家族苗族文化生态保护实验区内的中国传统村落。

2010年以来，中国武陵山区（湘西）土家族苗族文化生态保护实验区、中国传统村落等发展背景及荣誉称号给了这四个传统村落的文化景观保护与补偿带来了前所未有的机遇，对当地村民的生产、生活方式也带来了深刻影响，产生了巨大改变。但截至调研时间2018年7月，四个村落的受保护程度、补偿力度并不一致。根据实地调研资料：①双凤村，地处山区腹地，是湘西确定的整体性保护试点村寨（永顺县唯一一个），其传统村落文化景观已在原有基础上进行了较原真性地"修旧如旧"；②大井村，靠近乡村主干道，整体风貌完整性尚好，但与周边城镇化景观存在一定反差，保护性补偿及其投入力度一般，一些村民有建新房的需求；③爬出科村，已并入虎洛村，整体格局及风貌尚好，侧重建筑外立面的修缮，人口空心化问题比较严重；④老司城村，为世界遗产地保护模式，村民参与程度不高，受门票经济影响较大。为了能进一步反映村落区位环境及其文化景观保护的程度，本章采用了政策投入、与交通干线的距离及村民参与保护活动的程度来反映四个传统村落文化景观保护程度的差异。

虽然同为传统村落，但四个村落的政策投入力度存在较大差异（表7-2）。双凤村、老司城村于2012年入选第一批"中国传统村落名录"，大井村、爬出科村于2016年入选第四批"中国传统村落名录"。双凤村入选整体性保护试点村寨，重点开展传习所、生产性保护基地等阵地建设和民族传统节庆活动。老司城遗址先后被列入第五批全国重点文物保护单位、中国第一批国家考古遗址公园立项名录、世界文化遗产名录、国家AAAA级旅游景区，当地设立了专门管理机构对其保护。大井村、爬出科村，作为一般的文化生态保护实验村落，积极开展了文化保护与传承，但投入力度不如双凤村，也基本无旅游开发等商业化行为。

表7-2 四个传统村落的政策投入差异

| 项目 | 双凤村 | 大井村 | 老司城村 | 爬出科村 |
|---|---|---|---|---|
| 村落属性 | 第一批中国传统村落 | 第四批中国传统村落 | 第一批中国传统村落 | 第四批中国传统村落 |
| 发展模式 | 整体性保护试点 | 文化生态保护区 | 旅游景区 | 文化生态保护区 |

## 第三节 调查结果与分析

### 一、区域整体型补偿：双凤村的案例

双凤村位于湘西土家族苗族自治州永顺县大坝乡，坐落在海拔800多米的山冈上，共有约96户325人，全村人口除少数从外地嫁入的其他民族外，均为土家族，以彭、田两姓为主。在20世纪50年代的民族识别中，国务院特派民族学、语言学专家潘光旦教授来到永顺县，将双凤村作为样本村，搜集整理了大量土家族作为单一民族特质的资料，并以此为据于1956年正式确定土家族为单一民族，被众多民族学、民俗学专家公认为"中国土家第一村"。这里是土家族先民活动的主要区域，是土家族文化保存较好的村寨，也是武陵山区（湘西）土家族苗族文化生态保护实验区确立的8个整体性保护试点村寨之一（图7-1～图7-4）。

2006年，永顺县正式为双凤村成立了民族文化保护小组，开始对其进行规划性的保护；2009年底，双凤村被湖南省民族宗教事务委员会认定为"湖南省少数民族特色村寨"；2012年，双凤村被列入第一批"中国传统村落名录"；2013年10月，双凤村通过申报成功成为湖南省级历史文化名村；2014年6月，双凤村被列入由国家文物局组织实施的"中国传统村落整体保护利用项目"首批实施名单。毛古斯舞、摆手舞、打溜子、土家织锦、梯玛神歌、土家族婚嫁歌等具有土家族特色标识的文化，在这里依然较完好地保留着。据记载，建村时间至少可以追溯至唐代，村落历史悠久。该村是中国保存最完整的土家族民俗文化村落之一，是2015年中国土司遗址申报世界文化遗产非物质文化遗产展示场所。1957年后，第一个代表土家族赴京会演并受中央领导接见的是双凤人，最先派到湘鄂川黔各地教传摆手舞、毛古斯舞的是双凤人，中国科学院首次确立少数民族村寨调查土家族地点是双凤村。

第七章　传统村镇文化景观保护性补偿的典型调查及对比　91

图 7-1　双凤村村口牌楼

图 7-2　双凤村摆手堂入口

图 7-3　双凤村土王祠外观

图 7-4　双凤村建筑局部雕花

**1. 村民普遍认识到传统村落文化景观保护性补偿的重要性**

传统村镇文化景观保护性补偿可以为传统文化保护实践工作提供重要的科学依据，同时也是为了响应国家乡土文化保护战略需求而开展的非常有意义的实践。文化景观保护性补偿是文化保护的创新视角，是促进文化资源可持续开发与创新性保护的内生动力。良好的文化景观保护性补偿机制及途径有利于确保文化保护质量、防范文化保护与经济下滑的风险、提高文化保护效率。科学、合理地开展文化景观保护性补偿工作，是构建文化保护机制的基础，也是衡量文化资源有效传承保护与居民生活水平提高的重要标尺，有利于进一步完善文化保护制度，有助于将文化保护与可持续发展有机结合起来。

双凤村研究对象普遍认为该村具有极大的保护价值。"村寨很有历史""建筑很有特色""文化很有价值"是他们对这个村寨评价的关键词。同时，他们也坦言"要不是我们一直守在这，要不是有国家的保护和补偿投入，这个村寨的一切有价值的估计早就没了""要不是我们这是'中国传统村落'，这里的生产生活方式估计也快和其他村子差不多了，我们这还是有很多新的资源可以大规模开发的""为了这个村寨，政府还是投入了很多，政府的补偿对我们村的发展很重要"。

我们这个双凤村，是真正的土家族发源地，我们这的毛古斯舞、摆手舞等都是最原生态的，其他地方都是从我们这学去的。在你们来这之前，有好多"教授""当官的"都来过，都夸奖我们的土家舞蹈、土家文化，还有我们这的建筑、我们这的山山水水。我们以家乡自豪，我们这里很有特色，很有保护价值。与外边相比，我们这还是比较落后的。

现在外面发展很快，村里的年轻人基本上都出去赚钱了，小孩子也基本被送出去上学了，留在村里的就是我们这些人。但我们这的土家文化还是很有特色，值得保护、需要补偿。

对于你们所说的保护性补偿，我还是能懂的。要不是有国家文物局、湖南省民族宗教事务委员会、永顺县民族宗教事务局等帮助我们修补房子、搞好基础设施、保护我们的土家文化，那我们这个闭塞的小村寨也不可能保护得这么好，我们这的老百姓估计也早就全跑出去了。这里以前还是蛮穷的，现在的生活比以前还是好多了，我们能更好地保护我们的村寨，守护我们的土家文化。

像我们这样的传统村子，以前还是很多的，但随着修公路、搞建设，其他村里的老房子基本都拆了。要不是有政府的保护和补偿投入，我们这个村子估计也不会保存得这么好了。

现在国家的政策还是好，不会让我们守着绿水青山、守着老祖宗留下的东西过苦日子。我们这的高山茶叶、蜂蜜等产品还是蛮受外面欢迎的，但为了保护这里的原生态，我们还是传统的生产生活方式，还是要有所放弃的。但政府一直在想方设法补偿我们。我们自己也要对得起子孙后代,让他们也能看得到、感受得到我们自己的原生态土家族的东西。

2. 传统建筑保护、传统生产生活方式是补偿的主要方面

传统建筑、传统生产生活方式等是传统村镇文化景观的最直观体现,其蕴含的文化内涵、科学研究、艺术美学等价值颇为丰富。对传统建筑的保护、对传统生产生活方式的坚守,均需要当地居民诸多无形但有价的付出。为保护传统建筑、为维持传统生产生活方式等,当地居民需要放弃一些投入-产出效益更高的发展机会,理应得到补偿。

双凤村全为穿斗式、干栏式传统木建筑,寨门、摆手堂等代表性建筑翘角较高,"双凤朝阳、野鹿含花"等土家传统雕花图案构建较多。民居多为吊脚楼,且基本沿小溪两旁依山而建,均为木质结构、小青瓦形式,配有古朴实用的凉亭。建筑制式为三开间、穿梁、歇山式,部分带厢房。该村落建筑体现了典型的土家文化,对土家族的民族认定、文化传承、民族发展做出了极大的贡献(湖南省住房和城乡建设厅,2017)。生产生活方面,双凤村还保留有古井、古磨、古油坊等传统生产生活方式。古磨用于把米、麦、豆等粮食加工成粉、浆,可制作粑粑、米豆腐等各种土家小吃;古油坊规模不大,用石器、木材、金属物等器具配合将油料中的油物理压榨出来,保持了原生态的营养。此外,集舞、歌、乐、剧于一体,表现开天辟地、人类繁衍、民族迁徙、狩猎捕鱼、桑蚕织绩、刀耕火种、古代故事、神话传说、饮食起居等广泛而丰富的历史和社会生活内容的摆手舞、毛古斯舞等土家族非物质文化也颇具特色和保护与传承价值。

我们这的房子、我们这的摆手堂,都很有历史、很有价值的。还有我们的土家生产生活方式、我们的习俗,都很特别。这些东西当然值得保护了。对为保护这些东西有付出的人,给予补偿也是可以的。

我们这里的房子,都是在原来的基础上,政府帮助我们修整出来的,政府投入的力度很大。我们村里有好几个非物质文化传承人,都是国家级的。对于政府的保护和补偿,我们都很满意、很感激。

### 3. 经济补偿与生产补偿是最希望获得的补偿方式

在市场经济条件下，以经济为手段的补偿，一直是最主要、最常见的补偿方式。传统村镇文化景观保护性补偿也不例外，通过市场交换的手段，可以很好地购买传统村镇建筑修复、道路建设等各种服务，并补偿当地居民因守护传统村镇而牺牲的发展机会及其利益的损失。但传统村镇也是农村社区，是基层的社会单元，是重要的生产、生活基地。因此，对传统村镇文化景观中的生产生活方式的补偿，也是重中之重。

双凤村全村面积 6000 余亩，耕地面积近 200 亩，气候条件比较适宜高山种植。其茶叶种植、蜜蜂养殖等具有一定的天然优势，品质较好、市场认可度较高。但与此同时，转移就业脱贫工作还是该村的重点工作之一。需要在专业技术、价值链延伸、品牌打造等方面，对其生产发展方面给予一定的补偿。

> 当前情况下，给村里一些经济补偿当然重要了。从长远来看，还是希望能扶持一些生产、发展一些符合我们村实际情况的特色产业。

> 作为这里的普通老百姓，能给我们一些经济补偿当然最好的了。还有，我们的种茶、养蜂也很不错，希望能够在这方面也帮助我们，让我们村也能有生产，这样去外面的那些人也可能会回来。

### 4. 为保护传统村落文化景观，会主动采取一定的补偿行为

保护传统村镇，就是保护我们共同的精神家园，也是在双凤村调研中，"对该村镇非常具有感情""该村镇是我的家乡，非常愿意为家乡做点事情""本人享用该文化景观资源""愿意为别人或子孙后代做点力所能及的事情"，是访谈对象的共同声音。

> 现在大家的生活条件都比以前好很多了，有机会的话，也愿意到这些有传统特色的村子里走走看看、体验传统的生产生活方式、帮助村里的人。

这是我们自己的村子，我当然愿意做一些力所能及的事，保护我们村的这些文化。例如，修修我们的住房、保持老祖宗们流传下来的这些东西。当然，有报酬最好；没有的话，也会做的。

**5. 政府是传统村落文化景观保护性补偿的主体，更是坚强后盾**

政府代表着社会公共权力，是国家权威性的表现形式，是国家进行社会管理的机关，是国家表示意志、发布命令和处理事务的机关，是国家公共行政权力的象征、承载体和实际行为体，是保护环境、提高国民生产能力、优化社会结构，研究社会现象、保护文化的特殊机构。在当前社会政治经济背景下，各级政府始终是老百姓最信任的后盾。对于传统村镇文化景观保护这一公益性极强的社会事业而言，政府及其派出机构仍然是传统村镇文化景观保护性补偿的主体，更是坚强后盾。

在双凤村文化景观保护性补偿中，政府发挥着极其重要的作用，发挥着组织者、建设者、管理者的综合功能。住房和城乡建设、文化、文物、财政等各个职能部门均为传统村落文化景观保护及补偿工作做出了大量努力，在经济、政策、技术等方面给予了大力扶持与补偿。

要是没有上级政府帮助和补偿的话，我们村的条件也不会像现在这么好。村里的摆手堂、村民住房、公共设施等，都是政府出资修缮、建设的。政府给予我们村的保护、补偿力度很大，效果也很明显。

对于我们这个村寨，据说湖南省民族事务委员会给了××万元、永顺县民族事务委员会配套了××万元，主要用于给我们村里修补房子、修建道路，还用在摆手堂、传习所及其他方面吧。前几年国家文物局还给了一些补助。要不是有政府的这些投入的话，我们村寨也不会保护得这么好。

**6. 在政府主导下，引导社会多方主体参与传统村落文化景观保护性补偿行动**

传统村镇文化景观保护性补偿是一项复杂的系统工程，涉及传统建筑、历史传统、自然环境、社会治理、人口发展、产业经济、非物质遗产等诸多方面。总体而言，政府是当前传统村镇文化景观保护性补偿的主体，发挥着主导作用。与此同时，NGO 组织、当地居民、企业、媒体、学界、普通公众等多种主体也可积极参与到传统村镇文化景观保护性补偿行动中（图 7-5）。

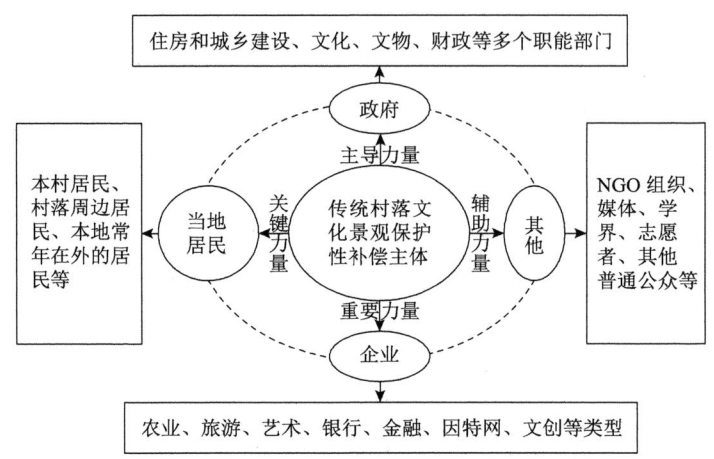

图 7-5 传统村落文化景观保护性补偿的多方参与主体框架

在双凤村文化景观保护性补偿实践中，住房和城乡建设、文化、财政等多个政府职能部门，始终是其主导力量；当地居民的积极行动，为其具体工作提供了关键支撑和保障；农业、文创、金融等企业的参与，是其重要力量；与此同时，媒体、学界、志愿者、其他普通公众等是其辅助力量。

> 对于像我们这样传统村寨的保护和补偿，政府一直是我们的坚强后盾，一直在带领我们、补偿我们、帮助我们。当然，一些优秀的企业家，还有外面来的一些人，也会给我们一些帮助和扶持。我们自己也非常愿意投入进来的。
> 
> 近些年来，在政府的组织和带动下，外面的一些企业、还有一些新闻媒体，也开始来帮助我们、宣传我们这个村子，给我们带来了很多帮助。

**7. 因地制宜构建多元化的保护性补偿方式，促进传统村落的活化**

在传统村镇文化景观保护过程中，可能会对保护者等相关利益主体造成经济收入减少、放弃其他就业机会，乃至留守人员的精神空虚等多方面的损失。因此，对传统村镇文化景观保护性补偿，应从经济、就业、人文关怀等方面入手，构建多元化、因地制宜的保护性补偿方式，从人口、产业等多方面促进传统村镇的活化（图7-6）。

图7-6 传统村落文化景观保护性补偿的多元化补偿框架

双凤村村民表示，为弥补因保护传统村落文化景观而付出的直接经济成本，需要为保护传统村落文化景观提供经济支撑，让利益受损者得到经济回报。同时，实物补偿可以为传统村落居民提供必要物质保障；技术补偿能够提供传统村落建筑等保护的技术方法；人文补偿可以为守护传统村落文化景观而丧失的亲人关怀提供一定的弥补。

说心里话，我也想和女儿她们在一起，我一个人在家也不是个滋味。但这个村、这栋老房子是我们的根啊。这栋老房子要是常年没人住、没人打理，也不行的。现在，政府工作人员小王也会常来家里看看我，陪我聊聊天，我觉得她也像我女儿一样贴心。

我们这的建筑修复、文化保护是个技术活，一般人干不来的，政府除了出钱、买材料外，还专门找来师傅和我们一起干。

**8. 补偿标准的制定需综合考虑传统村落文化景观自身价值及社会经济发展实际情况**

总体而言，传统村镇文化景观资源可划分为物质类和非物质类两种基本类型

（李旭旦，1985；Kelly et al.，2000；William and Kent，2009；王云才等，2009）。物质文化景观资源主要包括生产、生活、生态类文化景观资源，如村庄的林地、草地、水域、村民住宅、村庄公共服务设施、生活性的村庄道路、村庄交通设施、部分村庄商业服务业设施和能源矿产等；非物质文化景观资源涉及特色风土人情、传统习俗、文学艺术等方面。对于非物质类文化景观资源保护性补偿标准的确认，可参考国际上通用的CVM法、TCM法等；对于物质类，可采用收益现值法、轮作最优法、Hartman模型、底价法、市价法、拍卖法等（钟水映和简新华，2007；许晓峰等，1999；蒂滕伯格，2011；石薇等，2018；许抄军，2004）。

对于双凤村文化景观保护性补偿标准的制定，根据调研访谈总结，村民普遍反映该村的文化景观悠久性、完整性、乡土性、典型性及生态重要性均极大（实际得分均大于8分，接近评价的满分值10分），同时也反映"投入了很大成本、丧失了许多发展机会"，该村的文化景观保护性补偿价值极大（实际得分均大于8分，接近评价的满分值10分）。

> 对于像我们这样传统村寨的已有保护和补偿，有的说够用就行，有的说还要进一步加大力度，有的说还有一些地方补偿不到位。我们自己觉得啊，需要政府和一些有学问的人一起给我们琢磨琢磨、核算核算，到底补多少合适。

> 对于这个村的补偿标准，我觉得既要结合村里的文化资源价值，又要考虑到总体的社会经济发展实际情况。

9. 对双凤村文化景观保护性补偿调研的小结

文化景观保护性补偿实践和传统村镇及其居民的关系是一个很有研究意义的理论课题与实践话题。研究立足于中国传统村镇保护的实践，从村镇原住居民日常的生产生活实践和保护性补偿主体的能动关系入手，试图详细地阐述居民和村镇两个尺度之间关于文化景观保护性补偿的相互关系，丰富了文化地理学的研究内容。

在补偿意愿上，居民已认识到传统村镇文化景观保护性补偿的重要性，并认为传统建筑保护、传统生产生活方式是应该补偿的主要方面,经济补偿与生产补偿是最希望获得的补偿方式,为保护传统村镇文化景观,会主动采取一定的补偿行为,同时坚信政府应该是传统村镇文化景观保护性补偿的主体,更是坚强后盾。

在保护性补偿途径构建方面,补偿主体上,在政府主导下应引导社会多方主体参与补偿行动;补偿方式上,需因地制宜构建多元化的保护性补偿方式,促进传统村镇的活化;补偿额度上,补偿标准的制定需综合考虑传统村镇文化景观自身价值及社会经济发展实际情况。研究对文化地理学关于传统村镇文化景观保护具有实证意义与理论价值。

保护性补偿和传统村镇文化景观具有相互作用,立足于具有群体差异性、地域差异性的主体实践,揭示多种人地地域系统"社会-政治-经济-文化"体系的独特性,可以为进一步发掘传统村镇文化景观认同和归属感提供新的途径。尤其在城市化、现代化快速发展中,传统村镇文化景观的脆弱性、稀缺性程度不断加大,不同背景、不同特征的公众群体和亚文化群体等对传统村镇文化景观保护性补偿实践具有丰富的现实意义。

对原住居民保护传统村镇文化景观能动性的关注,不同于已有研究对传统村镇原住居民对保护方式与途径的被动接受和适应,具有一定的挑战性。然而,研究仍存在一些需进一步探索的问题。例如,传统村镇及其原住居民是一个结构复杂、规模庞大的群体,由于田野调查所限,本研究对整个群体的理解还不够全面,有待在后续研究中不断深化。又例如,居民与村镇的互动是一个长期复杂的过程,互动关系因人而异且动态变化,本章对居民与村镇文化景观保护性补偿联系过程的研究只提出了一种可能性,对其内部更多可能性还需进一步深入探讨。

## 二、遗产地保护型补偿:老司城村的案例

老司城村位于湘西土家族苗族自治州永顺县灵溪镇,亦称司城、老司城(又名福石城),经历了土家族历史的沧桑变化。永顺土司小朝廷的署衙设在这里达580多年,为永顺彭氏土司的政治、经济、军事、文化中心。老司城分内罗城、外罗城,有纵横交错的八街十巷,人户稠密,市店兴隆,史书有"城内三千户,

城外八百家""五溪之巨镇，万里之边城"的记载。虽说老司城现已只是一个仅有500余人的土家族小村寨，却是中国西南少数民族地区最典型、最独特、最集中的民族古文化遗存，对参观游览和研究土家族历史文化的发展具有特殊价值（图7-7～图7-10）。老司城留存遗址很多，现已成为游客、专家、学者了解研究土家族历史和文化的珍贵人文景观，主要有祖师殿、彭氏宗祠、土司德政碑、翼南牌坊、土司地宫、土司古墓群等。老司城是土司制度的物化载体，是中国古代民族区域自治制度发展的活标本，于2001年成为第五批全国重点文物保护单位。2010年9月列入"中国第一批国家考古遗址公园立项名录"。2012年，被列入第一批"中国传统村落名录"。2015年，永顺老司城遗址与湖北恩施唐崖土司城遗址、贵州遵义海龙屯土司遗址联合代表的"中国土司遗产"被列入世界文化遗产名录。

图 7-7 老司城遗址景观

图 7-8 老司城宗教建筑

图 7-9 老司城遗址城墙

图 7-10 老司城渡口一瞥

## 第七章 传统村镇文化景观保护性补偿的典型调查及对比

### 1. 村民认识到保护性补偿的重要性

受访村民能明白政府为保护老司城遗址文化等,投入了大量的资金,设置了专门的管理机构,为当地村民因保护"土司遗址"这一世界遗产而丧失的发展机会给予了补偿。村民对补偿主体、补偿力度、补偿措施等方面都有一定的要求。

> 我们这有土司遗址,是世界遗产,我们应该保护它啊。我们把土、田都退出来了,政府也给予我们补偿了。

> 我们这是世界遗产,不让破坏,是应该的。但现在大家都发展了,日常开支那么大,我们也希望在政府帮助下,发展一些对世界遗产资源不产生破坏的生产。毕竟我们也想过得更好。

> 现在的门票,对我们这的影响还是蛮大的,来这的人也没以前多了,这样我们的收入也减少了。但我们的家庭人数多了,以前的房子、以前的地,不够了。要是政府能帮我们把这问题解决了,多一些补偿那就更好了。

### 2. 村民具有较好的保护性补偿参与度和知情权

受访村民普遍认为,对于村落保护性补偿资金及其使用方面知情;在制定村落发展相关政策时,会有一些具有一定文化水平的村民代表参与,相关表决情况事后也会以张贴等形式予以公示,相关政策监督实现了公开化。在利益协商方面,能够在遵守国家相关规章制度以及自身村规民约的基础上,相互沟通、相互尊重。

> 对于村里的事情我们基本都了解的。我们这还做了规划,村部还有图呢。

> 这里是世界文化遗产地,对于村里的发展,国家有相关规章制度的。

> 现在大家和以前比好一些,你好我好大家好,不用太计较。政府对我们很好,很照顾我们了。

### 3. 村民在保护性补偿行为上具有较好的自主性

受访村民普遍反映其个人的日常生产、生活行为改变很大。老司城村作为世界文化遗产所在地，以保存对全世界人类都具有杰出普遍性价值的老司城遗址为目的，原住居民的生产生活方式均需要适应世界文化遗产保护的要求，贯彻"保护为主、抢救第一、合理利用、加强管理"的方针，确保老司城遗址这一世界文化遗产的真实性和完整性。在民主自治方面，受访村民普遍认为自身能很好地配合老司城遗址管理处做好建设、维修、改造村庄道路、房屋等工作，也意识到门票的收入、分红、景区的管理等每一个细节都与自身关系密切。对自身权利高度关注，对政府和旅游公司积极进言、据理力争。

> 我们家人以前基本都过着面朝黄土背朝天的生活，或者外出打工，现在可以当船工、坐在岸边等待着游客前来体验漂流，留在家乡既赚了钱又照顾了家里。

> 政府各个方面都挺好的，我们有什么意见村主任也会听的，旅游收入还不错，比种地好很多了。

## 三、一般型补偿：爬出科村及大井村的案例

爬出科村，始建于明代以前，主要民族为汉族，户籍人口约 450 人，常住人口 200 余人。该村坐落于一处长约 700 米、宽约 300 米的峡谷中，一条清澈见底的山涧溪流沿一侧山脚线蜿蜒穿寨而过。该村地形"中间宽、两头窄"状如船行。村寨建筑顺溪依山就势而建，因空间狭小，村寨传统木质结构建筑分布非常集中成片，俯瞰甚为壮观。这在村寨布局中绝不多见，具有独特风格（图 7-11、图 7-12）。爬出科村虽然不是以土家族为主体民族的传统村落，但在几百年的文化相融下，打溜子、摆手舞、吊脚楼等土家特色民俗文化也已融入了村民的日常生活中。2016 年，该村入选第四批"中国传统村落名录"。2017 年底，该村已并入虎洛村，整体格局及风貌尚好，侧重建筑外立面的修缮，人口空心化问题比较严重。

第七章　传统村镇文化景观保护性补偿的典型调查及对比　103

图 7-11　爬出科村整体布局　　　　　图 7-12　爬出科村局部民居景观

大井村始建于元代以前，现有户籍人口1140余人、常住人口约634人，主要民族为土家族。村庄坐落在群山深处一开阔偏远盆地中，处于酉水河支流——
叴车河发源地段，村庄四周山峦起伏，树林茂密，自然风光秀丽。村庄主要分布在通组公路两边，逐渐向后山发展，依山就势而建（图 7-13～图 7-16）。2016年，入选第四批"中国传统村落名录"。

图 7-13　大井村入口景观　　　　　图 7-14　大井村整体景观

图 7-15　大井村某民居侧立面　　　　图 7-16　大井村某民居局部景观

调研发现，此两村在传统村落文化景观保护性补偿方面具有较大的相似性。

1. 村民对保护性补偿具有一定程度的认知

村民能基本理解文化景观保护性补偿，也明白政府给予了他们村落一些物质、经济等方面的补偿，但还没有从价值对等的角度深刻认识到其传统村落文化景观所承载的文化价值。在补偿主体方面，两村村民普遍认为政府是组织者、带动者。在受偿客体方面，普遍希望让他们这些留在村里的居民生活条件得到改善。在补偿标准方面，普遍希望政府能够给予一些补贴，使他们的生活条件不比周边其他村落差。在补偿措施方面，均希望得到更多的经济补偿，村民尤其强调其居住条件、村落基础设施等生活环境的改善。

我们村啊，你看咯，还是比较贫困，虽然政府帮我们把这里的老房子外面都修补好了，也给予了我们一些补偿，但我们这啊，还是比较落后的。

对于像我们这样的村落，只能靠政府了。我们自己只能管自己的基本开支了。也没啥企业愿意到我们这来的。

现在我们村的年轻人都出去了，都在外面打工养家糊口，生活也不容易啊。

我们啊，就希望和周边村寨一样，生活条件提高一点，交通出行更方便些。现在人老了，也走不了那么远了。

2. 村民的保护性补偿参与态度比较积极

受访村民普遍认为对于村落保护性补偿资金及其使用方面基本知情；且所在村落的相关政策制定、相关表决情况会以一定的形式在村内予以公示，相关政策监督的公开化。在利益协商方面，能够在遵守规章制度、村规民约的基础上，基本做到相互尊重。

我们还是很感谢政府的，现在的生活条件还是比以前好很多了。大家很少因为啥利益而动手打架的，都会听村干部的，好好协商的。

村里的大事，还是会征求我们意见的，我们基本也会同意的。

3. 村民具备一定的保护性补偿自主参与行为

受访村民普遍认为，在日常生产、生活行为等方面均有改变。比如，享受了政府给予的基础设施建设补偿，不在村内建设现代建筑，回归传统生产生活方式，且均对村内相关决策有一定了解等。

我们这个村子啊，政府还是给予了一定的补偿。例如，帮我们修路、补修房子等。但是对于我们每个村民的补偿还是可以再多一点的。

反正村里的事情都是代表们集体开会决定的，结果也都会通知我们的。村里说咋办就咋办咯，我们也都认可的。

## 四、对比分析

1. 村民的保护性补偿认知程度不同

传统村落是社会构成中的基层单位，是农村社区，是"建设农民幸福生活的美好家园""记得住乡愁"的重要生产、生活基地，承载了非物质文化遗产和国家优秀传统技艺及历史文化。开展传统村落文化景观保护性补偿可以为传统文化保护实践工作提供重要的科学依据，同时也是为了响应国家乡土文化保护战略需求而开展的非常有意义的实践。村民的传统村落文化景观保护性补偿认知涉及对保护性补偿背景及内涵的认知，以及对补偿主体、受偿客体、补偿标准、补偿方法与途径等保护性补偿基本框架的认知。

在这四个村落的调研中发现，关于传统村落文化景观保护性补偿的背景及内涵大家都已普遍认知到，但关于补偿主体、受偿客体、补偿标准、补偿方式与途经等具体框架的认知方面存在差异（表7-3）。接受访谈的S村彭秘书、P村李组长这么表达。

表 7-3　四个村落村民的保护性补偿认知程度差异对比

| 认知程度 | 双凤村 | 大井村 | 爬出科村 | 老司城村 |
| --- | --- | --- | --- | --- |
| 基本概念 | 最接近补偿的内涵 | 基本明白 | 基本明白 | 基本明白 |
| 补偿主体 | 多元化 | 政府 | 政府 | 政府、企业 |
| 受偿客体 | 生产、生活多方面 | 生活为主 | 生活为主 | 生产为主、兼顾生活 |
| 补偿标准 | 理性化 | 不低于周边水平 | 看齐周边水平 | 弥补损失的利益 |
| 补偿措施 | 多样化 | 经济为主 | 侧重生活环境 | 促进生产发展 |

"这里以前还是很穷的，现在的生活还不错。对于你所说的保护性补偿，我们还是知道的。要不是有国家来帮助我们，这里的老房子估计早就没了，这里的基础设施也不会这么好，这个村寨也不可能保护得这么好，村民们估计也早就全跑出去了。"（S村彭秘书）

"国家的政策还是好，不会让我们守着这里的山水、守着老古董过穷日子。我们这的土特产还是蛮好的，为了保护这里的原生态，我们还是保持传统的生产生活方式，还是要有所放弃的。国家也一直在想方设法补偿我们。"（P村李组长）

双凤村村民普遍认为其村寨很有历史、建筑很有特色、文化很有价值，同时也坦言他们为这个"中国土家第一村"的保护做出了贡献、丧失了很多发展机会，给予补偿是应该的。在补偿主体方面，双凤村村民认为政府发挥着极其重要的主导作用，住房和城乡建设、文化、文物、财政等各个职能部门均在经济、政策、技术等方面给予了大力扶持与补偿。在受偿客体方面，双凤村村民认为传统建筑保护、传统生产生活方式是应该补偿的主要方面。在补偿标准方面，双凤村村民比较理性，普遍认为其补偿标准的制定需综合考虑传统村落文化景观自身价值及社会经济发展实际情况。在补偿措施方面，除经济补偿外，生产补偿等也是双凤村村民所希望获得的，需要在专业技术、价值链延伸、品牌打造等方面，对其生产发展方面给予一定的补偿。

大井村和爬出科村村民的传统村落文化景观保护性补偿认知比较相似。两村村民均能基本理解文化景观保护性补偿，也明白政府给予了他们村落一些物质、经济等方面的补偿，但还没有从价值对等的角度深刻认识到其传统村落文化景观所承载的文化价值。

老司城村村民能明白政府为保护老司城遗址文化等，投入了大量的资金，设置了专门的管理机构，为当地村民因保护"土司遗址"这一世界遗产而丧失的发展机会给予了补偿。在补偿主体方面，政府是老司城村村民期盼的第一补偿主体；同时，村民也希望当前经营的渡船管理机构等能多给他们一些分红、多给予一些补偿。在补偿措施方面，除了生活补助外，村民更希望政府能扶持当地发展一些生产。在补偿标准方面，村民希望能加大补偿力度，更好地弥补他们因放弃土地、放弃生产而丧失的发展机会。

在快速发展的城镇化、工业化、现代化进程中，传统村落原住居民大量外出，诸多传统建筑常年处于无人看管的闲置状态，传统村落生产、生活、生态等文化景观呈现破化程度不断加剧的态势。但仍有少量居民居住于此、生活于此、坚守于此（以老、弱、病、残群体为主）。传统村落文化景观处于濒危状态，传统村落文化景观保护刻不容缓。

2. 村民的保护性补偿参与态度不同

良好的文化景观保护性补偿参与机制有利于确保文化保护质量，防范文化保护与经济下滑的风险，提高文化保护效率。对村民而言，参与机制是否畅通，主要体现在村民所表现的保护性补偿参与态度。具体而言，对村落保护性补偿资金及其使用机制的知情，对村落保护规划等政策进行监督，对村落保护及补偿行为具有奉献、守法、克制、合理的尊重，遵守契约、积极沟通、耐心倾听、言说真诚等，是村民的保护性补偿参与态度的直观表现。四个调研村落的具体情况也存在一些差异（表7-4）。

表7-4 四个村落村民的保护性补偿参与态度差异对比

| 参与态度 | 双凤村 | 大井村 | 爬出科村 | 老司城村 |
| --- | --- | --- | --- | --- |
| 机制知情 | 知情 | 基本知情 | 基本知情 | 知情 |
| 政策监督 | 完全公开 | 公开 | 公开 | 公开 |
| 利益协商 | 尊重、遵守、沟通、倾听、真诚 | 尊重、遵守 | 尊重、遵守 | 尊重、遵守、沟通 |

双凤村受访村民普遍认为自身能够很积极地参与村落保护性补偿各项工作。村落保护性补偿资金及其使用方面，村民普遍表示知情；且在制定相关政策时，普遍认为自身有很好地前期参与，相关表决情况事后也会以张贴等形式在村内予以公示，做到相关政策监督的完全公开化。在利益协商方面，能够在遵守规章制度、村规民约的基础上，通过真诚地相互沟通、相互倾听，做到相互尊重。

大井村和爬出科村受访村民的保护性补偿参与态度相似。普遍认为对于村落保护性补偿资金及其使用方面基本知情；且所在村落的相关政策制定、相关表决情况会以一定的形式在村内予以公示，相关政策监督的公开化。在利益协商方面，能够在遵守规章制度、村规民约的基础上，基本做到相互尊重。

老司城村受访村民普遍认为，对于村落保护性补偿资金及其使用方面知情；在制定村落发展相关政策时，会有一些具有一定文化水平的村民代表参与，相关表决情况事后也会以张贴等形式予以公示，相关政策监督实现了公开化。在利益协商方面，能够在遵守国家相关规章制度以及自身村规民约的基础上，相互沟通、相互尊重。

传统村落保护性补偿工作，需要在政府的主导下，动员广大村民积极参与。村民的参与态度是否积极以及参与机制是否顺畅，直接影响着传统村落文化景观保护性补偿工作的成效。与此同时，村民参与态度的积极程度，与政府的投入力度以及相关机制的完善程度密切相关。

3. 村民的保护性补偿具体行为不同

为推进传统村落文化景观保护与补偿工作的顺利有序进行，国家出台了《传统村落保护发展规划编制基本要求（试行）》《住房城乡建设部　文化部　财政部关于加强传统村落保护发展工作的指导意见》等相关文件，组织实施了"中国传统村落保护和发展工程"等，在技术、方法、政策、资金、人才等方面加大支持力度。这要求各村落村民在生产、生活及村民自治等方面或多或少地发生一些改变。从四个村落的调研情况看，还是存在一些具体行为上的差异（表7-5）。

第七章　传统村镇文化景观保护性补偿的典型调查及对比

表 7-5　四个村落村民的保护性补偿具体行为差异对比

| 具体行为 | 双凤村 | 大井村 | 爬出科村 | 老司城村 |
| --- | --- | --- | --- | --- |
| 个人生活 | 一般改变 | 一般改变 | 一般改变 | 改变大 |
| 日常生产 | 一般改变 | 一般改变 | 一般改变 | 改变大 |
| 民主自治 | 主动参与 | 参与 | 参与 | 积极参与 |

在双凤村调研中，"对该村寨非常具有感情""该村是我的家乡，非常愿意为家乡做点事情""本人享用该文化景观资源""愿意为别人或子孙后代做点力所能及的事情"，是访谈对象的共同声音。在个人生活、日常生产方面，为保护传统村落，村民在享受政府等提供的保护性补偿时，个人日常生活及生产活动发生了一定的改变。例如，村民更加注重对村落传统建筑的修缮与维护、更加注重对传统习俗（比如摆手舞、毛古斯舞等）的保护与传承，同时也放弃了一些相对现代化的生产方式。例如，养蜂、种茶仍沿用古老的土家传统方法。在民主自治方面，在村民委员会的组织管理下，村民能够主动参与村庄保护与建设的各项事项。

大井村和爬出科村受访村民普遍认为其个人的日常生产、生活行为有一定的改变。一方面，在基础设施等方面享受到了政府给予的补偿。例如，补修破损的传统民居、修建村口门楼等，让本地居民更加珍惜其村庄传统建筑的保护与展现；另一方面，为保持传统风貌，村内明确规定不得在村内建现代建筑，原住居民的生活、生产方式变化不大。在民主自治方面，由于该两村村民的参与意识一般化，若无与其个人利益密切相关、非去不可的会议，基本选择不去。该两村的相关事宜，基本是由各自然村的村主任作为村民代表共同开会讨论得出的，然后再去征求村民的意见，村民基本都会同意的。从过程上看，村民们虽有参与，体现了一定的话语权，但基本在后阶段才参与进来，并没有参与前阶段的讨论，只是参与表决，行使话语权的参与力度并不大。

老司城村受访村民普遍反映其个人的日常生产、生活行为改变很大。老司城村作为世界文化遗产所在地，以保存对全世界人类都具有杰出普遍性价值的老司城遗址为目的，原住居民的生产生活方式均需要适应世界文化遗产保护的要求，贯彻保护为主、抢救第一、合理利用、加强管理的方针，确保老司城遗址这一世界文化遗产的真实性和完整性。在民主自治方面，受访村民普遍认为自身能很好地配合老司城遗址管理处做好建设、维修、改造村庄道路、房屋等工作，也意识到门票的收入、分红、景区的管理等每一个细节都与自身关系密切。对自身权利高度关注，对政府和旅游公司积极进言、据理力争。

村民的保护性补偿具体行为是其践行传统村落文化景观保护性补偿的直观体现，也是传统村落文化景观保护性工作的民众基石。政府主导的传统村落文化景观保护性补偿工作，或多或少会给村民的日常生产、生活行为及其参与村落管理行为带来影响。与此同时，村民的日常生产、生活行为也会反作用于传统村落文化景观保护性补偿工作。总体而言，村民日常生产、生活行为及其参与村落民主自治行为，与政府关于传统村落文化景观保护性补偿的投入力度以及其他外界主体的参与力度呈现一定的正向相关关系。

## 第四节　结论与讨论

文化景观保护性补偿实践和传统村镇及其居民的生产生活是一种微观的人地关系，具有一定的隐秘性、易于被忽视，但其不仅仅是物质空间的相互作用，还直接关系到传统村镇居民个体态度、情感、价值观与所处社会、经济及文化等多维度之间的相互影响。探索这一议题，有助于我们增强对人地地域系统复杂性、文化景观多元化的理解。居民尺度、村镇尺度与区域尺度等不同尺度空间的相互影响，一直是文化地理学研究的重要内容。如何借用居民体验、居民实践的力量，促进微观群体和宏观权力的相互影响，以及微观尺度和宏观尺度的相互作用，开展居民、家庭、村镇、区域等多尺度的互动和融合研究，是一个值得深入探究的有意义的课题。

本章以传统村镇原住居民为研究对象，采取结构式访谈、参与式观察等方法，对湘西传统村镇的个案展开研究，旨在探索原住居民对所在村镇文化景观保护性补偿的意愿,以及如何构建科学合理的保护性补偿途径。研究发现:①居民已认识到传统村镇文化景观保护性补偿的重要性,并认为传统建筑保护、传统生产生活方式是应该补偿的主要方面,经济补偿与生产补偿是最希望获得的补偿方式,为保护传统村镇文化景观,居民会主动采取一定的补偿行为,同时坚信政府应该是传统村镇文化景观保护性补偿的主体,更是坚强后盾;②在保护性补偿途径构建方面,补偿主体上,在政府主导下,应引导社会多方主体参与补偿行动;补偿方式上,需因地制宜构建多元化的保护性补偿方式,促进传统村镇的活化;补偿额度上,补偿标准的制定需综合考虑传统村镇文化景观自身价值及社会经济发展实际情况。研究对文化地理学关于传统村镇文化景观保护具有实证意义与理论价值。

在这四个地理位置毗邻,村民生活习俗、生产活动、生态环境、文化景观、保护理念具有一定相似性,但政策投入等具有一定差异性的传统村落中,基于随机的村民抽样访谈,村民的保护性补偿认知程度、参与态度及具体行为具有一定的区域特征差异性。总体而言,政策投入越大的村落,村民的保护性补偿认知程度越深刻、参与态度越积极、具体行为越全面。例如,双凤村作为第一批中国传统村落,也是四个村落中唯一纳入整体性保护试点的村落,该村受访对象:对传统村落文化景观保护性补偿基本概念的认知最全面、也最理性化;在传统村落文化景观保护性补偿的机制知情、政策监督、利益协商等保护性补偿参与态度方面也最全面、最积极;在具体行为方面,个人日常生产生活能适应保护性补偿的要求进行适当改变,且能主动参与村落民主自治。当然,传统村落文化景观保护性补偿的区域特征差异性,也与传统村落的其他特殊属性相关。例如,老司城村作为世界文化遗产所在地,其村民的日常生产生活行为改变很大,这与国家对于世界文化遗产地保护的相关强制性政策密切相关。

值得注意的是,在理论认知、参与态度、具体行为方面,建构理想的传统村落文化景观保护性补偿范式,与村落所处的"地方性"固然密切相关。本书只是基于四个村落村民的抽样访谈资料,以村落整体为单元,定性阐述了政策投入等因素对于传统村落文化景观保护性补偿的理论认知、参与态度、具体行为等的区域特征差异性。但如何从个人视角阐述个体对传统村落文化景观保护性补偿的责任、如何运用定量的精确数据反映其中的规律性，进一步思考传统村落文化景观保护性补偿的区域特征及差异，为保护性补偿工作提供一般的尺度，仍需要进一步探究。因此，对社会与文化地理学者们而言，如何糅合"定性与定量"、"个体与整体"仍是一个长期的话题。

# 第八章
# 知名旅游地型传统村镇文化景观保护性补偿的游客感知

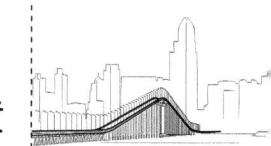

  旅游开发是当前传统村镇文化景观保护与资源利用的一个普遍模式，也是未来的一个重要的发展趋势。本章从游客感知的视角，探讨旅游型传统村镇文化景观保护性补偿问题，以中国历史文化名镇——芙蓉镇为地理区域，运用个案研究、结构式访谈，以及"作为观察者的参与者"（陶伟等，2017；潘淑满，2003）等质性研究方法，探讨游客对芙蓉镇文化景观保护性补偿的综合感知。

# 第一节 研究区概况

芙蓉镇（本名王村）地处湖南省湘西土家族苗族自治州永顺县，是一个拥有 2000 多年历史的古镇，土家族占总人口 80%以上，有"挂在瀑布上的千年古镇、小南京"等美誉，是国家 AAAA 级景区、国家历史文化名镇。因得酉水舟楫之便，自古为永顺通商口岸，酉水两岸的青山绿水、曲折幽深的大街小巷、临水依依的土家吊脚木楼、青石板铺就的五里长街、淳厚古朴的土家族民风民俗，使得其诗意自然风景与古朴民族风情巧妙地融为一体，相得益彰（图 8-1～图 8-4）。

图 8-1 芙蓉镇码头建筑景观

图 8-2 芙蓉镇摆手堂外观

图 8-3 芙蓉镇沿河建筑一瞥

图 8-4 芙蓉镇石板街一瞥

芙蓉镇文化景观资源丰富、品位极高。溪州铜柱，被列为国家重点保护文物，是研究土家族古代历史的重要文献，回荡千年跫音。五里石板街，见证了古镇几千年的历史变迁，尽显古镇风情。芙蓉镇大瀑布，是芙蓉镇首屈一指的天然美景，分两级从悬崖上倾泻而下，声势浩大，"挂在瀑布上的千年古镇"由此得名。土司行宫（飞水寨），宫侧悬崖峭壁、宫前溪水长流，见证了土司士兵的营房，是传说中的吊脚楼群，更是休闲游览的人间仙境。土人居穴遗址，早期芙蓉镇土家先民的居住地，瀑布之下妙趣横生的石岩洞。与此同时，毛古斯舞（被誉为"中国古代戏剧舞蹈的最远源头、研究中国古代戏剧舞蹈的活化石"）、社巴节（土家族的隆重节日、土家族的文化荟萃）、土家牛头宴（承载了土家先民的荣耀和希望、土家族接待贵宾的盛大礼仪宴会）、毕兹卡（长期定居在土家族发源地，并长期、广泛应用土家语言的土著居民）、小背篓（芙蓉镇一道独特的风景线）、西兰卡普（在土家族人民生活中有着实用的、礼俗的和审美意义的花铺盖，土家族的民间工艺）等文化景观资源更是精彩绝伦。

由于芙蓉镇名声在外，游客络绎不绝，周边的商业化、城镇化发展迅速。芙蓉镇传统文化景观如何在商业化、城镇化夹缝中立足，如何实施科学有效的保护及补偿，得到了学者们的关注（刘沛林，2008；胡晓苒等，2006；符志华，2012；唐一，2014；崔榕和崔薐，2014；邓湖，2016；陈彦罃，2016）。文化景观保护性补偿是文化景观保护的重要手段，是一种协调文化生态保护相关者利益关系的公共制度安排，以文化生态系统为对象、以政府和市场为主要手段、以促进其保护和可持续利用为目的，涉及文化生态系统服务价值、文化生态保护成本、发展机会成本等方面，有利于传统村镇的活化与振兴。

## 第二节 研 究 方 法

游客感知一直是国内外关注的重点。相关研究涉及游客总体满意度及重游意愿关系（Thompson and Schofield，2007）、游客感知视角的旅游地评价（Howat et al.，1999）、文化旅游地游客感知与交通服务（Youngs et al.，2008）、游客感知与多维度旅游（Chen，2006）、游客感知差异（隋丽娜和程圩，2014）、游客感知价值（王莉等，2014）、游客感知风险（陈永昶等，2011）、游客感知形象的形成机理（吴小根和杜莹莹，2011）、游客感知与景区规划（徐美等，2012）等诸多方面。整体上，将游客感知与传统村镇文化景观保护性相结合开展的相关理论探讨仍不多见。游客感知是旅游地型传统村镇文化景观保护型补偿的重要参考和依据。

由于快速发展的城镇化、现代化，加之传统村镇自身现代区位的相对偏远性及经济社会发展上的相对缓慢性，其原住居民外流比较严重。在旅游快速发展的背景下，又面临外来租户、商业化的流动性冲击（李佳霖，2013）。对传统村镇文化景观保护性补偿的游客感知进行统计学上的总体认知，具有极大的难度和不太精准的可信度。鉴于此，可以"作为观察者的参与者"身份，在表明研究者身份的同时，和被研究对象在调查过程中不断互动，通过对某个或几个案例的研究来达到对某一类现象的认识（王宁，2002；潘淑满，2003；陶伟等，2017）。本章主要采取个案研究[①]、结构式访谈和"作为观察者的参与者"[②]的策略，深入位于湘西永顺县芙蓉镇的游客群体，来进行资料收集工作。原因主要有：①传统村镇文化景观保护与城市化、现代化的互动与协商是一个长期、复杂的实践活动，旅游型传统村镇的商业化比较成熟，一般游客来此逗留时间不长，对村镇文化景观保护的感性认识不充分、不全面，很难、也不宜利用统计学的方法进行样本抽样以实现其代表性；②相较于抽样调查、数理统计，观察、结构式访谈等方法有利于呈现真实脉络中的事件活动并建立起其间的动态联系和概念，具有研究的典型性；③传统村镇文化景观保护性补偿研究的典型性虽然难以反映庞大的传统村镇群体的总体性质，但在一定程度上集中体现了作为个体的传统村镇在现代化、城市化发

---

① 个案研究实质上是通过对某个或几个案例的研究来达到对某一类现象的认识，而不是达到对一个总体的认识（王宁，2002）。

② 所谓"作为观察者的参与者"，是指研究者不但表明研究者的身份，同时可以和被研究对象在调查过程中不断互动，而不需要有任何借口（潘淑满，2003）。

展的夹缝中立足的重要特征。

本书研究团队于2018年7月来到芙蓉镇开始实地调研。采取搭讪、聊天等方式，表明调研者身份及调研目的，在征求他们同意、消除戒心后开展调研。在调研期间，研究团队和研究对象一对一地边聊天、边访谈，气氛融洽，借此机会了解他们对芙蓉镇文化景观保护性补偿的真实情感。在进行观察的同时，配合结构式访谈的调查方法，综合全面地了解他们的保护性补偿认知、态度、价值观。观察内容主要包括：对本镇的认可度、个人价值观、语言及生产、生活、社会交往技能等；访谈内容主要涉及个人基本信息、文化景观保护行为、保护性补偿态度、补偿意愿、生产生活方式、对本镇文化景观的情感归属及将来的打算等问题，访谈内容参照但不局限于结构式访谈提纲（辅之以问卷调查）。

调研以到过芙蓉镇两次以上的游客为主，基于建立起来的研究主客体之间的信任，在了解该镇文化景观特征及保护性补偿总体做法之后，对受访游客展开面对面访谈和观察。

## 第三节 结果分析

传统村镇文化景观保护性补偿可以为传统文化保护实践工作提供重要的科学依据，同时也是为了响应国家乡土文化保护战略需求而开展的非常有意义的实践。文化景观保护性补偿是文化保护的创新视角，是促进文化资源可持续开发与创新性保护的内生动力。良好的文化景观保护性补偿机制及途径有利于确保文化保护质量、防范文化保护与经济下滑的风险、提高文化保护效率。科学、合理地开展文化景观保护性补偿工作，是构建文化保护机制的基础，也是衡量文化资源有效传承保护与居民生活水平提高的重要标尺，有利于进一步完善文化保护制度，有助于将文化保护与可持续发展有机结合起来。

对于你们所说的保护性补偿,还是能懂的。要不是有国家来帮助这里修补房子、搞好基础设施、保护土家文化,补偿他们因保护这里而失去的发展机会,那这个古镇也不可能还保存成这样,这的老百姓估计也早就全跑出去了,这儿估计也是钢筋、混凝土、现代化城镇了。你看看这古镇的周边,已经都很现代化了,周边的城镇化速度很快的。现在看这的老百姓生活应该还不错。我们大家应该更好地保护这个千年古镇,守护我们的精神家园。

芙蓉镇文化景观保护性补偿的游客感知,涉及文化景观保护性补偿物、补偿价值、补偿主体、补偿措施以及综合感知与评价等方面。

## 一、对芙蓉镇文化景观保护性补偿物的感知:需对重要旅游对象进行重点补偿

补偿物(compensators),类似于相等物、交换物。传统村镇文化景观保护性补偿物是指传统村镇文化景观保护性补偿的对象(即"补给谁"),涉及文化景观保护的对象——文化景观本身及其密切关联的经济、社会、自然环境等诸多方面(Arriaza et al., 2004; Palang et al., 2005)。

芙蓉镇文化景观资源丰富,根据调研结果,被游客感知的文化景观保护性补偿物主要有:码头、五里石板街、摆手堂、土王祠、溪州铜柱、土王桥、土王行宫、吊脚楼、土人居穴遗址、大瀑布、毛古斯舞、社巴节、土家牛头宴、毕兹卡、小背篓、西兰卡普等(表8-1)。总体而言,码头、五里石板街的感知强度最大;其次为摆手堂、土王祠、溪州铜柱、土王桥、土王行宫、大瀑布等。这些单体既是芙蓉镇文化景观的杰出代表,也是极具保护性补偿价值的补偿物。码头位于酉水之上,是芙蓉镇重要的入口节点,素有"楚蜀通津"之誉;历史上,土司王德祭祀典礼曾在这儿举行过,沈从文的客船曾在这儿停泊过……;作为湘西北部"万物集散"和"商贾云集"之地,这里更曾有过船只穿梭、百舸争流的壮观场面。古石板街贯穿全镇,两旁青瓦木房或吊脚楼鳞次栉比,顺山势错落有致、依地势

起伏跌宕、宽窄自如；沿街两旁的油栈、篓铺、南杂、百货、钱庄、酒家饭店等比比皆是，古街昔日的繁华与喧闹可以窥见（刘沛林，2008）。

表8-1 芙蓉镇文化景观保护性补偿物的游客感知

| 景观单体 | 感知强度 | 景观单体 | 感知强度 |
| --- | --- | --- | --- |
| 码头 | ♥♥♥♥♥ | 五里石板街 | ♥♥♥♥♥ |
| 土王祠 | ♥♥♥♥ | 吊脚楼 | ♥♥♥♥ |
| 溪州铜柱 | ♥♥♥♥ | 土王行宫 | ♥♥♥♥ |
| 土王桥 | ♥♥♥♥ | 大瀑布 | ♥♥♥♥ |
| 摆手堂 | ♥♥♥♥ | 毕兹卡 | ♥♥♥ |
| 土家牛头宴 | ♥♥♥ | 社巴节 | ♥♥ |
| 毛古斯舞 | ♥♥ | 土人居穴遗址 | ♥♥ |
| 小背篓 | ♥♥ | 西兰卡普 | ♥♥ |

注：①♥表示游客感知强度，数量越多，表示感知强度越强；②♥的数量多少，根据调研结果，基于利克特量表基本原理总结得出

这里的石板街还是很古朴、很有特色的，据说以前就是这样子，还有两边木结构的商铺，都保存得很好。我很喜欢，也希望它能一直保存下去，不要被破坏。对于保护者，给予一些补偿，也是应该的。

这些土家建筑，这里的摆手堂、土王祠、土王桥、土王行宫、吊脚楼都是木结构的，要保存好，不容易啊。我们都希望这里的这些土家特色建筑以后还能见到、还能保存完好。给予一些补偿，很有意义的。

这儿的码头，蛮雄伟壮观的，也是蛮原生态的。站在码头上，能够让人感受到当年这儿"万物集散、商贾云集、舟楫繁忙"的"酉阳雄镇、通商口岸、楚蜀通津、小南京"气氛。

## 二、对芙蓉镇文化景观保护性补偿价值的感知：文化景观保护性补偿价值得到普遍认可

保护性补偿价值涉及文化景观保护性补偿物的景观悠久性、完整性、乡土性、典型性等诸多方面。调研中，游客对芙蓉镇文化景观保护性补偿价值的感知，是

基于对文化景观悠久性、完整性、乡土性、典型性及其与周边自然、人文、经济环境的综合评价（表8-2）。

表8-2　芙蓉镇文化景观保护性补偿物补偿价值的游客感知

| 景观单体 | 保护性补偿价值 | 景观单体 | 保护性补偿价值 |
| --- | --- | --- | --- |
| 码头 | ☆☆☆☆☆ | 大瀑布 | ☆☆☆☆☆ |
| 五里石板街 | ☆☆☆☆☆ | 土王祠 | ☆☆☆☆ |
| 溪州铜柱 | ☆☆☆ | 土王行宫 | ☆☆☆☆ |
| 土王桥 | ☆☆☆ | 吊脚楼 | ☆☆☆ |
| 摆手堂 | ☆☆☆☆ | 社巴节 | ☆☆☆ |
| 毛古斯舞 | ☆☆☆ | 毕兹卡 | ☆☆☆ |
| 土家牛头宴 | ☆☆ | 土人居穴遗址 | ☆☆ |
| 小背篓 | ☆☆ | 西兰卡普 | ☆☆ |

注：①☆表示游客感知的保护性补偿价值，数量越多，表示保护性补偿价值越大；②☆的数量多少，根据调研结果，基于利克特量表基本原理总结得出

大瀑布与码头、五里石板街的保护性补偿价值极大；其次为摆手堂、土王行宫、土王祠、溪州铜柱、土王桥、毛古斯舞、社巴节、毕兹卡、吊脚楼等。大瀑布虽然是一种自然生态类文化景观，但其作为"挂在瀑布上的千年古镇"的得名缘由，其价值得到游客的高度重视，需保护好瀑布上游的水源，并进行合理的水资源保护补偿（刘春腊等，2014）。码头、五里石板街，既是感知度最高的文化景观保护性补偿物，同时其价值也同样得到重视。摆手堂、土王行宫、土王祠、溪州铜柱、土王桥、毛古斯舞、社巴节、毕兹卡、吊脚楼等，是芙蓉镇土家族特色土司文化的景观代表，其保护性补偿价值也得到极大的重视。

芙蓉古镇的瀑布太壮观了、也非常令人耳目一新，必须要保护好，不能断流。要是这瀑布没了的话，那这"挂在瀑布上的千年古镇"也就名不副实了。应该为瀑布上游水源地保护者给予一定的补偿，这应该也是国家倡导的生态文明建设、生态补偿的重要内容之一。

这里的毛古斯舞、社巴节、毕兹卡等传统文化遗产，还是很有特色的，是土家文化、土家特征的杰出代表，我们应该保护好，并将其原生

态地流传下去。这些文化的表演者、传承人应该得到补偿。毕竟他们也不容易,同样是文化表演者、传承人,相对现代演艺的那些人而言,他们的收入实在太低,应该得到补偿。

## 三、对芙蓉镇文化景观保护性补偿主体的感知:政府与旅游企业应该是主要补偿主体

保护性补偿主体,是指由谁来开展文化景观保护性补偿工作,即"谁来补偿"。一般而言,政府作为社会公共权力的代表和实际行为体,是国家进行社会管理的机关,是保护环境、优化社会结构、研究社会现象、保护文化等的特殊机构。在当前社会政治经济背景下,各级政府始终是老百姓最信任的代表。对于传统村镇文化景观保护这一公益性极强的社会事业而言,政府及其派出机构仍然是其保护性补偿的主体。根据调研中的游客感知,芙蓉镇文化景观保护性补偿主体的第一主导依然是政府。与此同时,企业(旅游公司)也是重要的芙蓉镇文化景观保护性补偿主体。当然,一些游客也表示:"个人也愿意为保护芙蓉镇文化景观而支付一定的补偿金,或承担力所能及的工作""其他社会主体也应该参与到这项福及子孙后代的事业中"(图8-5)。

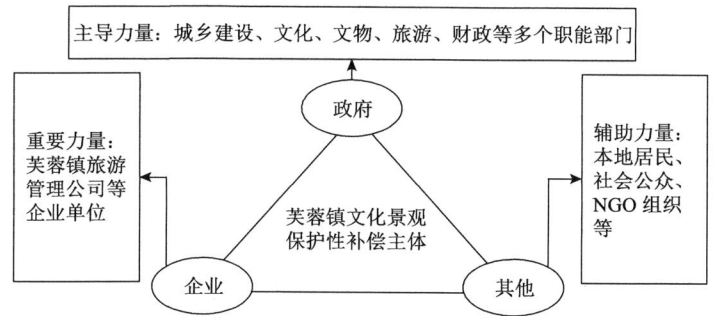

图8-5 芙蓉镇文化景观保护性补偿主体的游客感知

对于像芙蓉镇这样的千年古镇的保护和补偿,政府应该是坚强的主导力量。与此同时,芙蓉镇也是一个旅游名镇,这里有专门的旅游管理

公司，也收了门票，应该也是这里重要的保护和补偿主体。当然，像一些自愿参与的本地居民、社会公众、NGO 也应该可以是补偿主体的补充。这样，多方参与补偿，才能使得芙蓉镇文化景观持续发展。

## 四、对芙蓉镇文化景观保护性补偿措施的感知：补偿措施应该多元化

文化景观保护性补偿措施是指为保护文化景观资源及其相关利益受损者，而采取的具体补偿方式，包括经济补偿、政策补偿、实物补偿、就业补偿、技术补偿、精神补偿等诸多方面。根据调研中的游客感知，芙蓉镇文化景观保护性补偿措施涉及经济补偿、实物补偿、技术补偿、人文补偿等诸多层面。当前，以经济作为主要补偿手段，一直是最主要、最常见的方式。传统村镇文化景观保护性补偿也不例外，通过市场交换的手段，可以很好地购买传统村镇建筑修复、道路建设等各种服务，并补偿当地居民（毕兹卡等）因守护传统村镇而牺牲的发展机会及其利益的损失。与此同时，传统村镇也是农村社区，是基层的社会单元，是重要的生产、生活基地，采取实物、技术、就业、人文关怀等补偿措施，对传统村镇文化景观中的生产生活方式的补偿，也是重中之重。例如，通过实物补偿，可以为传统村镇居民提供必要物质保障，使其物质上得到满足；通过技术补偿，提供传统村镇建筑等保护的技术方法，补偿保护传统村镇文化景观需要的科学技术手段，使其保护在科学技术手段上有支撑；通过人文补偿，关爱传统村镇留守儿童、老人等，补偿因为守护传统村镇文化景观而丧失的亲人关怀，使得传统村镇更有人文情怀。通过多种补偿措施，全面促进传统村镇的活化与振兴。

这里虽然是知名旅游景区，有很多年轻人，但他们基本都是从外地来这做旅游经营的。本地居民中，老人、儿童还是占了绝大部分，这里的本地年轻人基本都出去了，他们在外面赚的钱比这里更多！

如果我是这里的一名普通居民，能给这一些经济补偿那是最好的了。当然，这里的原住居民也有他们自己的生产生活方式，能够在技术

支撑、就业培训、人文关怀等方面给予全面补偿的话,让他们有事做、不孤单,这样才能更好地保护这,才能更好地促进这里的发展。

**五、对芙蓉镇文化景观保护性补偿的综合感知与评价**

总体而言,游客对芙蓉镇文化景观保护性补偿的综合感知与评价较好。研究对象普遍认为该古镇具有极大的保护价值。"古镇很有历史""建筑很有特色""文化很有价值"是他们对这个古镇评价的关键词。同时,他们也坦言:"要不是国家相关部门重视对这样的传统村镇文化景观资源的保护,给予相关补偿,这个古镇估计早就和周边一样被城镇化、现代化了";"要不是这是'中国历史文化名镇',这里的生产生活方式估计也快和其他村镇差不多了,这里还是有很多新的资源可以大规模开发的"。

现在国家的政策还是好,不会让古镇的老百姓守着绿水青山、守着老祖宗留下的东西过苦日子。这里的东西还是蛮受外面欢迎的,但为了保护这里的原生态,这里还基本是传统的生产生活方式,还是要有所放弃的。但政府一直在想方设法补偿他们。我们大家也要对得起子孙后代,让他们也能看得到、感受得到原生态的芙蓉镇的土家族特色土司文化景观。

现在社会都发展了、老百姓的日子都好过了,为了几十年后、几百年后,这儿还有特色、还能有的看,给予一些保护、补偿一些,也是应该的。不保护、不补偿也不行啊。毕竟传统的和现代的相比,还是处于弱势地位。

## 第四节 结论与讨论

本章以知名旅游地芙蓉镇为研究对象,从游客、景区(村镇)两个尺度,通过质性研究方法,探讨了旅游型传统村镇文化景观保护性补偿的感知问题,试图阐述游客与村镇两个尺度之间关于文化景观保护性补偿的相互作用关系,丰富了旅游文化地理学的研究内容。

总体而言,游客已认识到传统村镇文化景观保护性补偿的重要性,并认为:①村镇重要的旅游标志(节点、通道等)是游客感知深刻的文化景观保护性补偿物;②能为传统村镇文化景观特色代言的代表性景观,其保护性补偿价值得到极大的重视;③关于传统村镇文化景观保护性补偿主体的感知,政府始终位于第一,旅游管理企业也肩负重要责任;④关于文化景观保护性补偿措施的感知,经济补偿、实物补偿、技术补偿、就业补偿、人文关怀补偿等被认为应该综合运用;⑤总体上,游客对芙蓉镇文化景观保护性补偿的综合感知与评价较好,研究对象普遍认为该镇具有极大的保护性补偿价值。

研究仍存在一些需进一步探索的问题。例如,旅游型传统村镇及游客是一个结构复杂、规模庞大的群体,游客与村镇景观的互动是一个长期复杂的过程,互动关系因人而异且动态变化,由于田野调查所限,本章对游客与村镇文化景观保护性补偿联系过程的研究只提出了一种可能性,对整个群体的理解还不够全面,对其内部更多可能性还需进一步深入探讨。再如,在城市化、现代化快速发展中,传统村镇文化景观的脆弱性、稀缺性程度不断增强,不同背景、不同特征的游客群体和亚文化群体等对传统村镇文化景观保护性补偿实践具有丰富的现实意义,立足于具有群体差异性、地域差异性的主体实践,揭示多种人地地域系统"社会-政治-经济-文化"体系的独特性,可以为进一步发掘传统村镇文化景观认同和归属感提供新的途径。

# 第九章
# 传统村镇文化景观保护性补偿与文化生态保护区建设

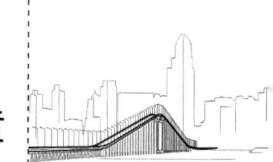

  本章在分析文化生态保护区建设背景的基础上,梳理了全国文化生态保护区建设概况,立足国家级文化生态保护实验区名录,剖析了21个文化生态保护区建设的典型案例。

## 第一节　文化生态保护区的建设背景

文化生态保护区是指以保护非物质文化遗产为核心，对历史文化积淀丰厚、存续状态良好，具有重要价值和鲜明特色的文化形态进行整体性保护，并经批准设立的特定区域。

随着我国非物质文化遗产保护工作的深入开展，我国将逐步建立一批国家级文化生态保护区。2007年，我国建立第一个国家级文化生态保护实验区——闽南文化生态保护实验区。截至2019年，已建立21个国家级文化生态保护实验区（待验收合格后命名为国家级文化生态保护区），全国非物质文化遗产得到有效保护与传承。

### 一、国际上重视非物质文化遗产保护，为文化生态保护区建设营造了良好氛围

20世纪80年代，随着经济全球化趋势的增强、现代化进程的加快及信息网络技术的飞速发展，世界文化融合交流力度逐渐增强，人类社会的生产生活方式、自然和社会环境发生巨大变化，各地人类文化生态系统的基本要素、结构、相互关系趋于同质化，造成部分体现地方特色的优秀传统文化遭受冲击或消失。

针对文化生态环境失衡现象，1989年联合国教育、科学及文化组织提出"保护民间文化和传统文化的建议案"；1997~2003年联合国教育、科学及文化组织依次通过了"人类口头和非物质文化遗产代表作"、《世界文化多样性宣言》和《保护非物质文化遗产公约》等，2004年我国加入《保护非物质文化遗产公约》，维护区域文化多样性已成为全球共识。非物质文化遗产作为文化生态系统的核心要素，其保护已成为维护文化多样性的主要方式。

## 二、国内文化生态遭受破坏，急需对文化生态资源进行整体保护

首先，西方外来文化对我国传统文化产生巨大冲击。近年来，我国国际地位提高、融入经济全球化的力度逐渐增强，大量西方文化涌入我国，对我国生产生活方式产生巨大影响，同时优秀传统文化逐渐流失。

其次，传统文化对现代社会发展的适应能力弱。我国当代社会处于高速发展时期，人们生产生活节奏快，而优秀传统文化具有慢节奏、经济效益低等特点，对民众吸引力较低，面临后继无人等困境。

再次，文化生态环境恶化。受经济利益驱使，我国城镇化进程不断加快，以牺牲自然生态环境为代价追求经济的片面增长，导致自然资源短缺、生物多样性破坏等环境问题，民族文化生态的生存环境遭到破坏，我国文化生态环境正发生急剧变化。

## 三、设立文化生态保护区符合中国国情和非遗保护特点

基于抵御发达国家强势文化、霸权文化的社会背景，需要建立民族文化生态保护实验区（包泉万，2001）。2001年昆曲入选"人类口头和非物质遗产代表作"，开始了我国"非物质文化遗产"体系下的非遗保护工作，并建立了符合中国国情和非遗特点的保护制度和机制。随着非遗保护工作的全面推进和非遗理论研究的不断深入，保护工作逐渐关注遗产项目所孕育和发展的文化生态环境，注重整体性保护。

总体而言，设立国家级文化生态保护区，以非物质文化遗产为核心加强文化生态保护，开展文化景观保护性补偿，有利于推动非物质文化遗产的整体性保护和传承发展，维护文化生态系统的平衡和完整；有利于提高文化自觉，建设中华民族共有精神家园，增进民族团结，增强民族自信心和凝聚力；有利于促进文化、经济与社会等全面协调、可持续发展。

## 第二节　全国文化生态保护区建设概况

我国对非物质文化遗产整体性保护较早采用的是生态博物馆模式。1995年建立了全国第一座生态博物馆——贵州贡嘎生态博物馆，此后在文化遗产丰富的少数民族地区等地建造了多座生态博物馆。

我国非物质文化遗产数量众多，非遗整体性保护的社区、村寨具有区域分布集中、文化关联性较强的特点，社区层面的生态博物馆无法从区域层面保证不同社区之间文化传承的关联性。继"文化生态保护实验区建设倡议"（包泉万，2001）提出之后，各文化生态资源丰富地区要求建设文化生态保护区的呼声日渐高涨，且受到了公众、政府部门和学术界等的广泛关注，在政策保障、社会实践等层面均取得了一定成效。

政策保障方面，2005年以来先后颁布了《国务院办公厅关于加强我国非物质文化遗产保护工作的意见》《国务院关于加强文化遗产保护的通知》等文件，提出"加强少数民族文化遗产和文化生态区的保护。重点扶持少数民族地区的非物质文化遗产保护工作。对文化遗产丰富且传统文化生态保持较完整的区域，要有计划地进行动态的整体性保护。对确属濒危的少数民族文化遗产和文化生态区，要尽快列入保护名录，落实保护措施，抓紧进行抢救和保护。"等要求。2006年发布的《国家"十一五"时期文化发展规划纲要》中提出，在"十一五"期间要确定10个国家级民族民间文化生态保护区。2010年文化部印发的《关于加强国家级文化生态保护区建设的指导意见》明确了国家级文化生态保护实验区建设的意义、设立原则、设立条件、设立程序、基本措施等，强调了建设过程中要坚持"保护为主、抢救第一、合理利用、传承发展"的指导方针，对国家级文化生态保护区建设方向做好了顶层设计。

社会实践方面，根据《国家"十一五"时期文化发展规划纲要》要求，从加强传统文化整体性保护角度出发，2007年设立了第一个国家级文化生态保护实验区——闽南文化生态保护实验区,开创了中国运用文化生态保护实验区开展文化景观保护性补偿、保护非物质文化遗产的先河。到2018年12月为止,已先后批准设立了闽南、徽州、热贡等21个国家级文化生态保护实验区,遍布全国17个省(自治区、直辖市)(表9-1)。参照国家级文化生态保护实验区的理念和做法,全国各省(自治区、直辖市)也设立了146个特色鲜明的省级文化生态保护实验区。

表9-1 国家级文化生态保护实验区概况

|  | 名称 | 空间范围 | 设立时间 |
| --- | --- | --- | --- |
| 1 | 闽南文化生态保护实验区 | 福建省(厦门市、漳州市、泉州市) | 2007年6月 |
| 2 | 徽州文化生态保护实验区 | 安徽省(黄山市、绩溪县),江西省(婺源县) | 2008年1月 |
| 3 | 热贡文化生态保护实验区 | 青海省(黄南藏族自治州) | 2008年8月 |
| 4 | 羌族文化生态保护实验区 | 四川省(阿坝藏族羌族自治州茂县、汶川县、理县、松潘县、黑水县,绵阳市北川羌族自治县(简称北川县)、平武县),陕西省(宁强县、略阳县) | 2008年10月 |
| 5 | 客家文化(梅州)生态保护实验区 | 广东省(梅州市) | 2010年5月 |
| 6 | 武陵山区(湘西)土家族苗族文化生态保护实验区 | 湖南省(湘西土家族苗族自治州) | 2010年5月 |
| 7 | 海洋渔文化(象山)生态保护实验区 | 浙江省(象山县) | 2010年6月 |
| 8 | 晋中文化生态保护实验区 | 山西省(晋中市,太原市小店区、晋源区、清徐县、阳曲县,吕梁市交城县、文水县、汾阳市、孝义市) | 2010年6月 |
| 9 | 潍水文化生态保护实验区 | 山东省(潍坊市) | 2010年11月 |
| 10 | 迪庆文化生态保护实验区 | 云南省(迪庆藏族自治州) | 2010年11月 |
| 11 | 大理文化生态保护实验区 | 云南省(大理白族自治州) | 2011年1月 |
| 12 | 陕北文化生态保护实验区 | 陕西省(延安市、榆林市) | 2012年4月 |
| 13 | 铜鼓文化(河池)生态保护实验区 | 广西壮族自治区(河池市) | 2012年12月 |
| 14 | 黔东南民族文化生态保护实验区 | 贵州省(黔东南苗族侗族自治州) | 2012年12月 |
| 15 | 客家文化(赣南)生态保护实验区 | 江西省(赣州市) | 2013年1月 |
| 16 | 格萨尔文化(果洛)生态保护实验区 | 青海省果洛藏族自治州 | 2014年8月 |
| 17 | 武陵山区(鄂西南)土家族苗族文化生态保护实验区 | 湖北省恩施土家族苗族自治州,宜昌市长阳土家族苗族自治县、五峰土家族苗族自治县 | 2014年8月 |

续表

| | 名称 | 空间范围 | 设立时间 |
|---|---|---|---|
| 18 | 武陵山区（渝东南）土家族苗族文化生态保护实验区 | 重庆市黔江区、武隆区、石柱土家族苗族自治县、彭水苗族土家族自治县、秀山苗族土家族自治县、酉阳苗族土家族自治县 | 2014年8月 |
| 19 | 说唱文化（宝丰）生态保护实验区 | 河南省宝丰县 | 2017年1月 |
| 20 | 藏族文化（玉树）生态保护实验区 | 青海省玉树藏族自治州 | 2017年1月 |
| 21 | 客家文化（闽西）生态保护实验区 | 福建省龙岩市长汀县、上杭县、武平县、连城县、永定区和三明市宁化县、清流县、明溪县 | 2017年1月 |

资料来源：中国非物质文化遗产网·中国非物质文化遗产数字博物馆.http://www.ihchina.cn/shiyanshi.html#target1[2019-06-10]

各文化生态保护实验区遵循"保护为主、抢救第一、合理利用、传承发展"的原则，并结合自身文化特色，逐渐建立起了"依法保护、整体保护、生产性保护和抢救性保护"的四位一体保护模式，推动非物质文化遗产得到有效保护与传承，文化生态环境逐渐恢复。文化生态保护实验区建设措施主要有：①科学制定文化生态保护实验区总体规划和法律法规；②整理和完善非遗档案；③保护和培育非遗传承人；④生产性保护和特色产业开发相结合；⑤建设非遗保护示范点和展示平台；⑥加强区际文化交流与传播；⑦运用数字化保护技术等。

总体而言，我国文化生态保护区尚处于实验阶段，在具体建设过程中还存在一些问题需要正视，突出表现在以下几个方面。①政策体制建设不健全。首先，某些文化生态保护实验区未深入了解自身文化资源状况和地域特点，"文化生态保护实验区总体规划"针对性不强，实施困难；其次，管理体制不健全，尚未形成完善的管理结构，且某些管理机制形同虚设，没有发挥实际作用。②跨行政区工作协调困难。跨多个省市文化生态保护实验区在建设过程中存在总体协调困难等问题，缺乏系统性的领导体制、管理体制、工作体制和工作运行机制，工作难以全面开展。③人才培养与引进困难。非物质文化遗产由于经济效益低等特点，文化遗产传承人多为中老年人。对青年人的吸引力较低，传承积极性不高，面临后继无人的困境。④保护与开发关系不协调。受经济利益驱使，文化生态保护实验区建设过程中存在过度商业化和产业化现象，导致非物质文化遗产原真性丢失，造成保护性破坏等问题。

## 第三节　文化生态保护区建设的典型案例

不同地域的文化生态保护实验区在地理环境、非遗项目等方面存在差异，各地政府在建设过程中也采取了不同的建设措施、开展了不同程度的文化景观保护性补偿。经过十余年的实践探索，各文化生态保护实验区在非物质文化遗产保护与传承方面均取得了一定的成效，逐渐探索出符合自身文化特色发展的保护路径。

### 一、闽南文化生态保护实验区

闽南文化生态保护实验区成立于 2007 年 6 月，主要包括泉州、漳州、厦门 3 个设区市，比较完整地保留了闽越文化、古代中原文化和海洋文化遗存，并与近现代工业文明相结合，形成了独具特色的闽南文化体系，探索形成了"五结合"的建设模式，即闽南文化保护与对台交流合作综合配套改革、群众日常生产生活、学校的基础教育、推动文化产业发展，以及社会主义新农村建设相结合，在文化景观保护方面重点实施了生产生活补偿、产业发展补偿、基础教育补偿等，取得了阶段性成效，在提升城市品位、深化两岸交流、构建和谐社会等方面发挥了重要作用。

1）强调组织领导，完善保障机制。相继成立了厦门市闽南文化保护实验区工作领导小组、专家委员会两个机构和市非物质文化遗产保护中心，负责开展闽南文化保护的具体工作。此外，各区县也成立了相应机构，形成了自上而下的管理系统。

2）全面摸清家底，建立健全非遗名录和非遗体系。结合非物质文化遗产普查工作，对闽南文化遗产项目进行全面清查、记录和认定，整理形成了非物质文化遗产数据库，用文字、录音、录像、数字化媒体等手段对非物质文化遗产进行了全面、真实、系统的记录、保存和再现。

3）开展活态传承，探索开展保护试点和传习工作。采取群众自愿、专家论证、市区共担、社会参与投入的形式，启动了 14 个 "非遗" 保护试点和 26 个传习中心建设，带动闽南文化传承与推广；复苏民俗节日和民俗活动，对普及、推广厦门南音，弘扬和发展闽南传统艺术，弘扬中秋 "博饼" 民俗，起到了积极的促进作用；与此同时，还十分注重加强闽南特色建筑修缮与维护[①]。

4）打造品牌活动，深化对台交流。坚持闽南文化保护实验区建设与对台交流合作相结合，构筑两岸同胞共有的精神家园，打造和形成一批在两岸具有较高知名度和影响力的闽南文化品牌，如展会活动品牌、文艺活动品牌、闽南传统戏曲品牌和民俗活动品牌。此外，发挥海峡西岸 "两个先行区" 的经济带动作用，将其建设成为两岸人民文化交流合作先行区。

5）利用地理区位优势，融入 "一带一路"，扩大文化影响力。2017 年金砖会议厦门会晤、"中马送王船" 联合申遗、闽南语歌曲大赛等国际活动不仅成为维系海峡两岸同胞、海外侨胞情感的纽带，而且加强了我国与菲律宾、马来西亚、加拿大等国文化交流与合作的深度与广度，扩大了闽南文化的国际影响力。

6）注重文化生态环境修复与补偿，提高文化自觉。通过感知闽南文化韵味、强化知识普及、修复语言环境、办好文化和自然遗产日系列活动、出版闽南文化书籍、加强高校研究力度等措施，形成全民参与闽南文化保护与传承的氛围，闽南文化生态环境得到较好恢复。

## 二、徽州文化生态保护实验区

徽州文化生态保护实验区成立于 2008 年 1 月，将古徽州 "一府六县" 及相关周边地带作为核心保护范围，是我国第一个跨省区的文化生态保护实验区。徽州文化的主要表现形式有徽派建筑、商贸习俗、宗法制度、新安理学、徽州朴学、

---

① 闽南建筑是闽南文化的重要载体，是两岸同根同文、血脉相连的印证，其修复与保护能较好传承闽南建筑技艺和保存两岸人民共同文化底蕴。

新安文学、新安画派、徽派篆刻、徽派盆景、徽州戏曲、新安医学、程大位珠算法、歙砚制作等。经过多年探索，积极实施文化景观保护性补偿等工作，徽州文化生态保护实验区已形成一种有效的建设路径。

1）打破条块分割障碍，突破行政区域界限。以开放性、系统性思维建立"文化生态保护实验区"，突出"整体性"保护的要求。徽州"一府六县"是徽州文化孕育和发展的主要空间，跨安徽和江西两省，在"徽州文化圈"涉及的地域范围内开展以非遗保护为主、全面的整体性保护与补偿工作，并成立专门的机构负责统筹、指导、协调，推进国家级文化生态保护实验区建设工作。

2）依托民间组织，强化保护区管理监督。徽州文化生态保护实验区相继成立了黄山歙砚协会、黄山市工艺美术协会等民间保护协会，充分发挥文化中介组织在参与社会公共管理、组织保护性补偿工作、规范市场秩序等方面的管理监督作用。

3）注重借势而为，走融合发展之路。以丰富的物质文化遗产资源为载体，将非物质文化遗产与物质文化遗产、自然景观融于一体，整体保护徽州各类文化遗产的生存空间。将传统徽州文化融入现代生活，与当地经济发展紧密结合，为保护性补偿提供经济基础，通过建立一系列的传习基地进行活态和物态传承，实施"百村千幢、徽州古建筑保护利用工程，带动徽派古民居建筑营造技艺队伍逐步兴起。注重民众文化自信的建立，尊重传统文化、注重礼仪，增强民间自觉保护意识，建立民间非遗类展示馆，营造良好的徽州民间传统文化保护与传承氛围。

4）静态保护和动态保护相结合，走徽文化的产业发展之路。产业化的发展不仅让古建筑得到有效保护，也进一步夯实了保护性补偿的经济基础，其原有的文化生态空间也成为人们领略徽州文化智慧、体味徽州文化韵味的重要载体，并让以古建筑为载体的新休闲业态得到人们认可，在产业发展中融合徽文化元素且提升产品附加值，实现对徽州文化元素的保护。例如，黟县秀里影视村、祁红博物馆、太平猴魁博物馆、民俗客栈、特色酒吧等。

5）非遗教育成为常态，推进教育与传承相结合。各类徽州文化技艺进入中小学课堂，相关高校开设非遗课堂，如大位小学的珠算、荷花池小学的徽剧、新安小学的徽州民歌等。依托安徽省行知学校组建全国首家非遗教育机构——安徽省非遗职业教育集团,聘请国家级传承人实地传授技艺,采取老生带新生的方式,培养非遗特色人才。

徽州文化生态保护实验区的设立,突破了非遗单向保护思路,创造了跨区域保护模式,提高了整体性保护意识,对非遗保护有了新的认识。创新了保护、传承与补偿的内容和方法,以无形的非遗四级名录项目为核心,以有形的古村落、古街区、古建筑等物质文化遗产为载体,将特定对象与自然环境、社会环境融为一体。

### 三、热贡文化生态保护实验区

热贡文化生态保护实验区,在地域范围上以国家历史文化名城青海省黄南藏族自治州同仁县隆务镇为中心,涵盖隆务河流域及黄河流域坎布拉景区的自然生态空间、人文生态空间和经济生态空间,融合了汉、藏、土、回、蒙古、撒拉等多个民族的优秀传统文化,以唐卡、雕塑、堆绣、剪纸、壁画、藏戏等特色文化形态为典型代表。自2008年8月成立以来,当地政府不断探索创新国家级文化生态保护实验区建设模式,一批以国家级非遗名录项目为龙头的非物质文化遗产得到有效保护,不断申报各级非物质文化遗产项目、引进和培育非遗传承人,并依托非物质文化遗产大力发展文化产业,促进当地社会经济发展。

1)强化政策规划引导。相继出台了《热贡文化生态保护实验区总体规划》《热贡文化生态保护实验区总体规划实施方案》《关于推动热贡文化大发展大繁荣若干问题的决定》等政策文件与规划,在传习场所建设、技艺培训、实物征集、理论研究、数字化保护等方面明确了发展要点及建设内容,为热贡文化生态保护实验区建设和文化景观保护性补偿提供了政策支持和引导。

2)健全组织领导机制和管理监督机构。自热贡文化生态保护实验区成立以来,相继成立了省级建设工作领导小组和州级建设领导小组、专职管理机构——管理委员会(副厅级建制),建立健全管理工作联席会议制度、专家咨询制度、评审专家委员会、技能鉴定专家委员会等专业机构,并成立了黄南藏族自治州热贡文化协会、同仁县热贡艺术协会等群众组织,健全的管理机构保障了热贡文化生态保护实验区各项建设与保护性补偿工作的有序开展。

3）拓宽融资渠道。热贡文化生态保护实验区设立以来，获得了国家部委专门资金、州县政府配套资金、地方配套投资、文化发展专项资金、民间投资等多来源资金，形成了从中央到地方、从地方到个人的资金筹措渠道体系，为热贡文化生态保护实验区建设与补偿工作提供了有力的资金支持。

4）注重非物质文化遗产整体活态传承。首先，引入数字化保护技术对热贡文化及其相关文化进行永久性保存与复原；其次，依托旅游业对区域内文化遗产、自然景观、传统村落整体格局等进行保护与修护；最后，大力实施非遗生产性保护，出台《金融支持热贡文化产业发展的指导意见》等，注重传统产业注册商标及产品专利的保护。热贡文化生态保护实验区于2016年12月被国家质量监督检验检疫总局评为"全国热贡文化产业知名品牌创建示范区"。

5）开展传承人保护与培育工作。每年给予各级非遗传承人一定资金补助，对70岁以上传承人、老艺人进行传统技艺抢救性记录。建立代表性传承人奖励、监督机制，对为非遗保护做出贡献的传承人给予一定的奖励。积极参加中国非遗传承人研培计划、开展职业教育，在学校设立三年制传统工艺美术专业，培养青年一代对热贡文化的兴趣，培养热贡文化与技艺传承人。加快非遗传习基地建设，多方位开展"非遗"传承教学工作和传承活动，营造氛围，激发居民的乡土情感。

6）不断加强非遗文化交流与传播工作。积极开展非物质文化遗产进校园活动。举办热贡技艺博览会、艺术节等文化宣传活动。加强热贡文化研究，出版发行《神秘的热贡文化》等理论研究著作。在北京、上海、广州、成都、西安等地建设热贡文化窗口。鼓励非遗传承人在国外举办热贡艺术精品展，进一步提升热贡艺术在国外的影响力和知名度。

## 四、羌族文化生态保护实验区

汶川地震后，羌族文化赖以存续的自然和文化空间遭到破坏，羌族非物质文化遗产及保护成果遭到严重损坏，为了恢复、抢救和保护羌族地区民族文化，2008年10月经批准设立了羌族文化生态保护实验区。其地理区域以四川省茂县、汶川县、理县、北川县为主,兼及毗邻的松潘县、平武县、黑水县及陕西省宁强县、甘肃省文县等相关地区。碉楼、羌笛、瓦尔俄足节、多声部民歌、羌绣、羌年等是主要文化遗产。

1）非遗重大工程项目建设与实验区整体性保护相结合。四川省采取非遗重大工程项目建设与羌族文化生态保护实验区整体性保护结合模式,获得中央和地方政府非遗保护补偿资金,先后建设了178个文化生态灾后恢复重建项目。在民族建筑方面,融入了大量"非遗元素",建设了具有藏羌文化特色的魅力乡镇、旅游精品村寨,如茂县古羌城、北川县"巴拿恰"羌族风情一条街等。

2）人才引进与保护相结合。羌族文化生态保护实验区由于情况特殊,引进的人才也非常具有特色,如绵阳市引进羌族日常用语、羌族多声部、羊皮鼓舞、羌族歌舞、"释比"老师等人才,其中大部分是关于羌族文化传承的。在传承人保护方面,根据等级差异对传承人进行资金补助,并额外奖励优秀传承人。其中,"释比"是羌族文化的重要传播者和羌族知识的拥有者,是羌族文化的核心传承者,是羌族文化的百科全书,应予以重点保护和补偿。

3）羌族文化宣传、交流与研究工作相结合。在文化宣传方面,以活动带传承,通过千对新人游北川、舞龙巡寨、万人沙朗、羌族情景歌舞展演等活动扩大羌族文化普及范围。在文化研究方面,召开各种研讨会和座谈会,扩大羌族文化影响力,如绵阳市举办"羌文化与旅游融合交流论坛""羌文化民俗传承与发展",理县举办藏羌文化研讨会等,极大地推动了羌族文化的研究与保护工作。与此同时,加强"释比"经典、民间音乐舞蹈、民间工艺、文学艺术等民族民间文化资料的收集整理和出版工作。

4）加强文化空间项目建设。一方面,根据传统羌族村寨布局、族群组织结构和生产生活方式,北川新县城建设充分融入羌族传统居住元素（如广场、马路、草坪）,羌族传统村落兼具地域性和地方性的文化空间在新城镇建设中得到充分体现,较好恢复和补偿了震前羌族文化生态空间。另一方面,建设非物质文化遗产博物馆、民俗博物馆、图书馆、文化馆、乡镇综合文化站、非物质文化遗产传习所、村文化室等设施,有条理地陈列羌族非物质文化遗产实物、文本资料、影像等信息,并采用一级传承人开展传承活动、培养后继人才等方式,营造非物质文化遗产共生的基础环境，为展示、传播和传承羌族非物质文化遗产提供必要的文化空间。

5）打破行政区域界限。羌族文化生态保护实验区的建设打破了行政区划界线和不同的地区习俗界限，整合了区域内羌文化和非物质文化遗产资源，保持了羌族原有的建筑风貌、民风民俗、祭祀礼仪，体现羌族文化的原生态环境和地质结构特点。

## 五、客家文化（梅州）生态保护实验区

客家文化（梅州）生态保护实验区成立于2010年5月，保护范围为广东省梅州市。被称为"世界客都"的梅州拥有丰富的非物质文化遗产资源与自然生态环境、文物古迹、村落城镇，形成了底蕴深厚、特色鲜明的岭南客家文化，客家话、客家山歌、广东汉乐与汉剧、客家围屋、客家菜肴、火龙舞等是其典型代表。梅州以"保护为主、活态传承、合理利用、重视发展"为总体思路，以非物质文化遗产传承人和传承群体为主体，以非物质文化遗产保护为核心，以文化空间和"文化质"为保护重点，实现保护性传承补偿与生产性开发的有效结合。

1）加强管理体制机制保障。成立保护区建设领导小组、保护区市级领导小组、保护区建设委员会等管理机构，形成管理体系，对相关建设与补偿工作进行责任分工，协同合作，共同做好文化生态保护工作。

2）整体性保护原生态客家文化。制定《梅州市客家围龙屋保护条例》等，对具有较高历史、艺术、科学价值的客家围龙屋实施整体性保护补偿，加强重点区域内围龙屋保护修缮和村镇环境综合整治，包括内外道路改造、给排水、环卫基础设施建设等。保护文化空间，通过保护节会，保护社会人文环境，发挥民众主体性和项目群体性传承特点，加强对文化空间的保护，并设立以国家级项目为代表的专项保护区。

3）非物质文化遗产活态化产业化发展。采取"项目+传承人+工厂""三位一体"办法，建设一批非遗生产性保护基地。同时引导文化创意企业，积极研发非物质文化遗产资源，生产一批非遗传统手工艺品、衍生品，促进客家非物

质文化遗产有形化、市场化和产业化发展，进一步夯实了文化景观保护性补偿的经济基础。

4）建设非遗保护与传承平台。以大埔县和梅江区为重点，从政策、人才、经费、平台、数据等方面着手，按照布局合理、特色鲜明、功能优化的原则，规划建设集实物展示、活态展演、传承传习于一体的客家非遗综合展示馆和传习所，如广东汉剧传承保护中心、大埔县非遗展览馆、花环龙传习所、光德陶瓷烧制技艺传习所等。

5）重点项目建设和区域环境整治相结合。着重推进梅江区、梅县区、兴宁市、大埔县4个县（市、区）的30个镇等重点区域的170个重点项目建设。同时，加强重点区域的村镇环境综合整治，包括内外道路改造、给排水、环卫基础设施建设等，保护自然生态环境。

6）完善非物质文化遗产名录体系。加快非遗数据库、非遗保护项目信息管理系统、数字博物馆、梅州保护区对外网站等数字化体系建设，建立客家文化艺术数据库，普及客家文化（梅州）生态保护实验区建设成果，传承客家民系文脉。梅州拥有300余项非遗项目，形成了完整的"国家-省-市-县"四级非遗名录体系。

7）强化客家文化交流与宣传力度。通过开展客家文化（非遗）艺术周、山歌进校园、全国展演、惠民演出等，运用多种形式与载体，推进非遗文化融入现代生活，提高群众对客家传统文化的认知度，以更好地传承发展客家文化。与此同时，紧扣时代脉搏，赋予非遗项目新的活力，打造非遗精品，使非遗项目既有鲜明的时代精神，又有丰富的地方特色。例如，《春闹》《墙》等作品以精准扶贫、房屋拆迁、亲情爱情为主题，贴近生活，贴近群众。此外，梅州客家文化学术研究、相关成果出版、教材编写、媒体宣传与文化交流等途径也扩大了客家文化的影响范围。

8）优化传承人年龄结构，加强传承队伍建设。在摸清非物质文化遗产传承人情况的基础上，不断完善非遗资料数据库，构建"国家-省-市-县"四级非遗项目传承人体系，为客家文化（梅州）生态保护实验区的规划建设提供科学依据。同时，推进青年一代传承人培养工作，组织开展客家歌手培养战略工程、客家山歌创作战略工程"双工程"项目、"师带徒"以老带新活动，以及客家山歌进校园、代表性传承人进校展演教学、传承人研培计划、专业院校研习等活动。

## 六、武陵山区（湘西）土家族苗族文化生态保护实验区

武陵山区（湘西）土家族苗族文化生态保护实验区于2010年5月成立，依托文化生态保护实验区建设，湘西在非物质文化遗产保护过程中，形成了一套具有湘西特色的"五位一体"文化生态整体性保护与补偿模式，即"非遗保护+物质文化遗产保护+传统村落保护+文化旅游产业发展+群众受益"。

1）建设多级非遗传习基地。以湘西土家族苗族自治州博物馆为龙头，以县级非遗综合传习中心为骨干，以乡镇、村传习所为基础，构建了覆盖城乡的四级非遗传习基地体系。在此基础上，创造性地开设大师工作室，许多非遗传承人纷纷成立专业团队。湘西共有各级各类传习基地、传习中心和传习所60余个，累计开展培训2000多人次。

2）开展试点村寨整体性保护工作。已在全州8个市县分别确立了1个自然生态、文化生态和非物质文化遗产保护完好且民俗风情文化资源丰富的村寨作为整体性保护试点村寨。根据每个试点村实际情况，制定各具特色的实施方案。在试点村寨，重点开展传习所、生产性保护基地等阵地建设和民族传统节庆活动，提倡讲民族语言、穿民族服饰、学民族习俗，维护青山绿水的生态环境，恢复非物质文化遗产的存续空间，探索非遗整体性保护的范例。捞车村、双凤村、惹巴拉村等便是其中的试点村寨，文化景观保护性补偿工作进展顺利。

3）抢救性保护与生产性保护有机结合。组建了非遗数字化保护中心，现已全面完成苗族鼓舞、土家织锦技艺、凤凰纸扎、酉水船工号子和土家族哭嫁歌等国家级项目的数字化保护，武陵山区（湘西）土家族苗族文化生态保护实验区内现有1个国家级非遗生产性保护基地和12个州级非遗生产性保护基地，以落实传统工艺振兴计划为契机，重点扶持土家族织锦技艺、苗族银饰锻制技艺和湘西苗绣非遗产品的提质升级与保护性补偿，打造了一批非遗生产性保护龙头企业，并与国内知名服装品牌联合设立了湘西传统工艺工作站。

4）大力弘扬传统民族节庆。将传统民族节庆作为文化生态保护的重要载体，

对全州传统民族节庆进行了全面调查摸底,将 100 多个传统民族节庆分为传统民族节日、传统民俗活动、传统民族祭祀、文化旅游节庆四大类,并从中选择了 29 个有基础、有条件的传统民族节庆予以支持。在传统民族节庆活动中,坚持让群众当主角,自编自演各类节目。2014~2017 年,共开展各类民族节庆活动 100 余次,参与群众达 40 余万人次。与此同时,积极发展各类文化旅游产业,有效促进了文旅融合发展。

5)打造国内外知名生态文化公园。武陵山区(湘西)土家族苗族文化生态保护实验区根据自身资源特点,将建设成为全域生态、全域文化、全域旅游、全域康养的大公园。在绿色建设方面,实施"绿色湘西工程",加大退耕还林、绿色通道建设力度,使"绿色"成为其最大名片。在非物质文化遗产保护方面,依托丰富的历史文化古迹和民族文化资源,结合社会发展需求进行创造性和生产性开发(如旅游风情小镇、民族特色村寨等),打造集文化博览、生态休闲、文旅购物为一体的人文生态公园。在区域发展规划方面,以重点景区景点为核心,以特色村寨为补充,以旅游干线为骨架,构建"点—线—面"全域旅游精品线路体系,做好与全省、大湘西和大西南线路的对接,推进旅游一体化建设,培植国际旅游精品线路。同时加快打造土家族、苗族两条生态文化乡村游精品线。

## 七、海洋渔文化(象山)生态保护实验区

海洋渔文化(象山)生态保护实验区成立于 2010 年 6 月,以浙江省象山县的自然生态环境和社会人文环境为依托,通过科学保护与补偿、活态传承非物质文化遗产,以达到对海洋渔文化进行整体性保护的目的,是全国唯一的以海洋文化保护为主题内容的国家级文化生态保护实验区,其设立将大力助推海洋经济建设。海洋文化遗产包括渔文化、港口遗址文化、宗教文化、节庆文化、博物馆文化等。该地区以文化建设保护与补偿为主,积极引入产业开发培育模式。

1)政府、专家、民间组织三者有机结合。当地政府提出"打造海洋特色文化高地"的目标,建立了一套"政府+专家+民间组织"的"三结合"可持续发展体制机制。政府出台相关规划,把"加快建设国家海洋文化生态保护区"列入

了促进区域经济社会发展的主要内容。专家委员会对寻找、筛选、甄别非遗项目起着指导性作用，如举办"中日韩徐福文化象山研讨会"，建立渔文化研究会，对航海史、造船史、民间传说、民俗活动等进行系统探讨，同时确立了象山在东亚徐福文化研究中的重要地位。与此同时，各种民间组织也积极参与文化景观保护性补偿工作。

2）建立非遗传习中心与展示平台。近年来，当地政府加大非遗传承中心建设，竹根雕、竹编、鱼拓等非遗产品在园区内陈列出售，同时非遗传承人向观众表演非遗产品制作过程。各个传承中心凭借不同的特色，与民间非遗馆、公共文化展馆和村文化礼堂结合，形成覆盖县、镇、村三级的海洋渔文化保护和传播基地。在此基础上，出台了《非物质文化遗产"三位一体"传承基地建设规范》等，对基地建设的基本要求、项目传承、发展利用、运行管理等内容进行了规范，为文化景观保护性补偿工作提供政策依据。

3）传承人保护与培养。对代表性传承人进行抢救性记录，安排资金对80岁以上省级非遗代表性传承人进行抢救性保护。壮大非遗传承群体，自2007年非遗进校园活动开展以来，通过与高校、中小学校合作，很多学校成为非物质文化遗产校园传承基地或传播基地，实现了非物质文化遗产校园传承，缓解了非遗传承后继乏人的局面。

4）不断丰富渔文化活动，恢复渔文化生态环境。通过成立渔文化研究会、召开研讨会与座谈会等，对渔文化进行系统研究，收集、挖掘、整理渔文化的历史资料及现存状况。对中国开渔节、石浦渔灯、爵溪渔鼓、渔歌号子等民间艺术品种进行重点挖掘、包装、开发和创新，重新焕发生机与活力。建设农村文化礼堂，保护和传承海洋渔文化"重民本、尚合和"的价值追求、"倡德行、崇日新"的精神内涵及"守家国、讲仁义"的行为准则。

5）海洋渔文化生产性开发。依托中国（象山）开渔节、"海上丝绸之路文化节"文化国际学术研讨会、港口博物馆、海洋餐饮业——海洋美食节、传媒影视业（渔文化杂志、网站等）等活动适当发展旅游业。海洋文化与海洋经济相结合，促使象山海洋文化生产企业的产业集群，夯实海洋渔文化景观保护性补偿的经济基础。传统渔文化技艺产业化发展，根雕技艺已成为一项产业，"德和根艺美术馆"成为省级生产性保护基地和宣传展示基地,船模、渔灯等地方特产也逐渐形成规模和市场。

6)加强渔文化传播与弘扬。通过渔民号子、渔歌、渔灯、渔鼓、渔舞等形式与载体,弘扬象山渔文化音乐,展现象山渔俗文化地域特色和风格特色。借助非遗课堂、非遗精品会演、非遗传承教学基地等活态平台,鼓励传承人走出象山,积极参加展演活动和比赛,扩大渔文化影响力。

7)海洋文化传承与旅游发展相结合。将"海洋渔文化"视为城市名片,融入乡村振兴、旅游发展、城市建设等各个领域,积极恢复非遗街区、建设非遗馆,设立非遗传习所、生产性保护基地,开展民族民间传统节庆活动,大力拓展非遗传承空间,把非遗资源转化为旅游产品,满足游客需求,服务社会经济发展。

## 八、晋中文化生态保护实验区

晋中文化生态保护实验区成立于2010年6月,以"一带、一廊、一区、一圈"为空间组织结构,即"农耕文化带、晋商文化走廊、方言文艺区、节庆文化圈",地域特色鲜明,文化生态保存较为完整,文化景观保护性补偿工作进展良好。现有国家级名录项目38项、保护单位46个。其历史典型性、资源多样性、遗存传承性,在中华民族多元文化格局中占有突出地位,是华夏传统文化的典型代表和重要组成部分。

1)政策制度建设。出台了《山西省非物质文化遗产项目保存工作规范和技术标准(试行本)》等规章制度,规范非物质文化遗产保护工作。《晋中文化生态保护实验区总体规划》明确了建设目标和进度安排,明确了晋中文化遗产旅游开发的总体框架、指导思想、开发原则与模式等。此外,山西省文化和旅游厅和山西省非物质文化遗产保护中心联合晋中文化生态保护实验区内各市县成立了各级领导建设小组,形成了自上而下的领导机制。

2)科学化非遗档案建立。将区域内非物质文化遗产按照民间舞蹈类、民间文学类等类别分类归档。根据项目信息的收集地点和项目所在乡镇、流传区域,以乡镇为单位分别建档。对于申遗项目,按照项目的级别建档。对于一些濒危项目、重点保护项目进行单独建档。严格遵循非遗档案的形成规律,保持档案之间的有机联系,使零散的档案材料系统化、规范化,获得了大量抢救性记录成果,全面记录了项目的表演、技艺特点及生产过程,形成了具体的操作模式。

3)传统手工艺生产性保护与开发。通过对手工艺传承人补偿、传统手工艺产业补偿等具体措施的实施,以平遥漆器、宝龙斋布鞋、文涛坊宝剑、古城灯艺、孝义南曹村豆腐制作技艺等为代表的传统手工技艺在产业化发展与生产性保护中取得长足进步。

4)活态化传承与保护。建立综合性非遗传承中心和展示场所,如汾阳市非物质文化遗产综合传习中心、田家山非物质文化遗产综合传习中心。以形式多样的培训和展览展示活动开展宣传普及工作,如太谷县"非遗进校园"、太谷形意拳编制教材成为中小学体育课的内容和山西农业大学信息学院的必修课程。加强课题研究和资料出版成果输出。对各级传承人进行资金补贴和奖励。

5)加大非物质文化遗产宣传力度。在挖掘整理非遗项目过程中,举办形式多样的宣传活动。市、县两级宣传文化部门均举办形式多样的主题宣传、专题讲座、专家论坛,并在媒体开辟专栏、组织非遗项目参加各类展示和展览活动。实现了"文化遗产人人保护、保护成果人人共享"。

6)文化资源创新性发展与创造性转化相结合。山西省将晋中文化生态保护实验区列入文化服务转型跨越的重点项目,山西省文化和旅游厅与有关市县从率先推动文化转型跨越发展的高度,从促进晋中地区文化资源与产业、市场结合的角度,突出保护与补偿的机制、理念、内容和方法,创新非物质文化遗产保护机制体制。

### 九、潍水文化生态保护实验区

潍水文化生态保护实验区成立于 2010 年 11 月,以山东省潍坊市的奎文、潍城、寒亭、坊子 4 区,青州、诸城、寿光、高密、安丘、昌邑 6 市,昌乐、临朐 2 县为空间范围,有汉、满、回等众多民族。潍水文化发源于海岱文化,集农耕文化、渔盐文化、手工文化和商贸文化为一体,具有鲜明的半岛型复合性文化特点,青州挫琴、高密剪纸、潍坊核雕等是其典型代表。淮水文化生态保护实验区在规划建设过程中遵循"遗产丰富、氛围浓厚、特色鲜明、民众受益"的原则及目标,形成了"1344"建设模式,即:"制定一个建设路线图,树立非遗融入现代生活、融入现代文创产业、融入现代公共文化服务体系三个建设理念,搭建非遗传习平台、文化传播平台、学术研究平台、市场推广平台四个保护平台,实施资源抢救工程、技艺培训工程、设施建设工程、文创衍发工程四项传承工程",使得潍坊一大批濒临消亡的文化遗产得到有效保护补偿与传承。该实践模式获得第二届山东省文化创新奖。

1)形成区域整体性保护格局。按照"理念导航、规划落地、夯实基础、全民参与"的总体思路,以"一轴、两翼、十片区"(以白浪河主干线为轴心,潍汶河、弥河流域为两翼,以及与其相连的10个文化特征片区所形成的重点整体性保护区域)的大区划格局进行全面建设,在项目保护、生态优化、设施建设、制度制定、机制形成、与现代生活融合接轨等方面进行探索。

2)完善非遗名录管理体系。在全市范围开展文化资源普查,收集、挖掘各项非遗资源,从整体上掌握区域内文化资源状况。在资源普查的基础上,积极推动优秀非遗项目申报各级名录,不断丰富完善四级非遗名录体系。组织调查队伍,在全市启动非遗口述史调查工程,对276项市级非遗项目进行口述史调查和文本归档。建立非遗数字化管理系统,聘请专业团队对潍坊风筝等重点项目进行专项调查记录。

3)构建非遗设施网络体系。以政府为主体,依托民间支持,突出地方文化特色,结合县级及其以下历史文化展示工程、"乡村记忆"工程和基层综合性文化服务中心建设,大力开展非遗特色场馆建设。以"潍坊风筝博物馆、青州市非遗博物馆等非遗综合性专题博物馆和展示厅、市县级非物质文化遗产传习所、村级非遗展览室、大型文化园区和文化街区"等为主的非遗设施已形成较完善的网络体系。

4)优化非遗活态传承体系。实施非遗传承"百乡千人扶持计划",组织文化遗产传承人和业务骨干培训。实施"九千绣花女"潍坊刺绣培训工程、潍坊核雕大讲堂、民间手绘年画培训班等非遗技能免费培训,培育壮大传承队伍。大力开展非遗进校园，编著校园传承教材，在中小学开设传统美术、传统技艺、传统武术教学。制定《非物质文化遗产校园职业化教育方案》，与潍坊市商业学校、潍坊市聋哑学校等签订校园职业化教育协议，使非遗教育进入职业化。通过传承人群培训、技术职称评定、赛事荣誉评选、市场经济引导等方式，形成传承人群社会激励机制，建立了"技艺大师+代表性传承人+从业者"的传承人梯队。

5）加强非遗理论研究体系。先后组织申报国家级、省级重点课题20多项，为总体规划的制定、非遗活动的开展、文化遗产的传承和保护性补偿等提供了资料储备和理论支撑。已成立潍坊市非物质文化遗产保护协会、潍坊民俗学会、潍坊市工艺美术协会、潍水文化研究会、潍坊市核雕协会、潍坊群众文化学会等近百家学术团体和社会组织，提高了专业研究能力，为潍水文化生态保护实验区建设提供了丰富的研究成果。在此基础上，编制出版多本传统文化丛书，较全面地展示了潍水文化内涵。

6）完善非遗政策法规保障体系。当地政府将潍水文化生态保护实验区发展和建设内容纳入国民经济和社会发展总体规划，成为政府工作的重要内容。出台了《潍坊市文物保护条例》《潍水文化生态保护实验区建设管理办法》《潍坊市非物质文化遗产传习所管理办法》《潍坊市非物质文化遗产传承人考核办法》《非物质文化遗产校园职业化教育暂行方案》等相关文件，为文物保护性补偿等工作提供了法律保障，对传承人、传习场所、教育阵地等进行了规范化建设。

7）搭建多元文化交流传播体系。充分利用传统民俗节庆、文化遗产日、非物质文化遗产月等活动，组织非遗项目进社区展演、展示。常年举办公众教育培训讲座，对潍坊传统文化进行全面推介。开办《传承》等电视栏目，让千家万户了解"潍坊非遗"。策划优秀非遗项目参加国际、全国及地区性非遗博览会、技艺比赛，走出国门，到韩国、澳大利亚、意大利等国开展对外文化交流活动，扩大潍水文化的知名度和影响力。

8）文化旅游与生产性开发相结合。按照"政府主导、科学规划、整体保护、重点修复、分步实施"的原则，对古城进行保护性修复补偿，结合历史文化资源，打造了一批融文化展示、文化旅游、文化体验、文化产品销售于一体的文化景点。依托区域内特色文化资源，借助社会力量参与投资，规划建设非遗产业化生产性保护基地、文化创意产业园区和传统文化产品展卖区，扶持风筝、年画、剪纸等传统产业实现产业化发展，使文化遗产保护与文化产业开发实现良性互动、共同发展，初步形成非遗项目产业集群，产生了良好的经济效益、社会效益和文化效益，为文化景观保护性补偿工作提供了良好的经济、社会支撑。

### 十、迪庆文化生态保护实验区

迪庆文化生态保护实验区成立于2010年11月，地域范围涉及云南省迪庆藏族自治州全境29个乡镇、188个行政村，保护对象为藏、傈僳、纳西等13个世居民族的传统文化。按照"政府主导、社会参与、点面结合、合理补偿、形成合力"的方式，迪庆文化生态保护实验区以积淀深厚、保存传承状态良好的民族文化和历史文化为主体，以雪山、峡谷、河流、森林、草原等自然遗产为依托，以佛教文化、东巴文化等为轴心，以多民族的物质文化和非物质文化遗产为内容，将其总体规划纳入国民经济社会发展规划，具有切合自然环境的生态性、保持民族特质的交融性、增进社会交往的和谐性。

1) 建立非物质文化遗产整体保护空间格局。通过对区域内"斑块、廊道和基质"三大空间类型的准确识别，对区域文化生态系统进行分层级整体保护与补偿。以民族村寨为基本单元，根据迪庆民族文化空间分布特征，将迪庆文化生态保护实验区划分为3层文化生态保护格局，即由传统文化之乡、民族村寨和特色村落组成的"聚落"空间；由茶马古道和"三江"流域构成的"廊道"空间；根据自然环境、地貌类型和民族分布特点而划定的区域性民族"文化生态保护实验区"。

2) 开展非物质文化遗产抢救性保护和记录工作。通过区域性、整体性保护实践，开展全州性普查工作，完成一大批濒危项目的挖掘整理工作，形成大量的抢救性记录成果。通过抢救性记录工作实践，非遗工作者对运用文字、录音、录像等方式全面记录该项目的表演技艺特点或生产过程形成具体操作模式。积极进行迪庆非遗数据库建设，数字化记录成果为非遗文字化保护性补偿工程的实施奠定了基础。

3) 正确处理保护、传承与开发的关系。充分认识保护文化多样性生态空间的重要性，多数与非物质文化遗产关系密切的物质文化遗产和自然景观都得到认定、建档并挂牌，并依托旅游开发进行恢复或修复。尊重文化发展规律，采取就地保护的方式，使手工技艺等非遗项目在其传承环境中进行生产性保护，处理好保护与利用、传承与发展的关系。将一批区域性项目，如藏族黑陶、藏族金属铸造、藏刀制作、酿酒技艺等，作为生产性保护对象，纳入生产性保护基地进行保护、补偿与传承。

4）加快传习场所建立，形成良好传习氛围。迪庆藏族自治州以综合传习中心建设为突破口，建设"传习中心、传习馆、传习所、传习点"四级非遗保护传承空间体系，搭建非物质文化遗产保护、利用、展示新平台，构建实验区非遗传承的文化生态空间，促进文化遗产的整体化保护。到2017年，已建成传习场所168个，各乡镇也有相应的传承点近百个。

5）加大传统文化宣传与交流力度。为宣传普及非物质文化遗产，让民众接触非遗、了解非遗、参与非遗的保护与弘扬，唤起民众的文化自觉、文化自信和文化自强意识，实验区长期坚持开展"非遗进校园"、非遗展示展演，并利用多种媒体、大力开展宣传报道活动。

## 十一、大理文化生态保护实验区

大理文化生态保护实验区成立于2011年1月，其范围为云南省大理白族自治州全境，聚居了以白族为主体的汉、白、彝、回、傈僳、苗、纳西、壮、藏、布朗、拉祜、阿昌、傣13个世居民族。大理非遗技艺项目包括鹤庆银器锻制技艺、剑川木雕、祥云县沙龙银器制作技艺、白族扎染、刺绣、服饰、大理土陶制作技艺、剑川布扎、洱源凤羽砚制作技艺、剪纸等。实验区建设坚持"政府主导、民众主体、社会参与"原则，以非物质文化遗产保护为核心，以人为本，活态传承，保护优先，实验区整体性保护与民族文化特色保护统筹规划，新型城镇化发展与文化生态保护协调兼顾，文化生态保护与整体社会协调发展，力求建成"遗产丰富、氛围浓厚、特色鲜明、民众受益"的文化生态区。

1）完善文化遗产保护法律法规。颁布了《大理州非物质文化遗产项目保护与管理办法》《大理州非物质文化遗产项目代表性传承人认定与管理办法》《大理州非物质文化遗产保护工作专家委员会章程》《大理州非物质文化遗产保护条例》《关于〈大理白族自治州非物质文化遗产保护条例〉立法调研的报告》等相关文件,强化和规范非遗代表性项目、项目代表性传承人保护传承与补偿工作,增强广大民众依法保护、发展与补偿非物质文化遗产的意识,推进非遗保护工作再上新台阶。同时,各县市结合实际情况出台了相应的管理办法。

2)拓展多样化传承途径,优化非遗传承人结构。由大理白族自治州非遗保护中心牵头组织,引导各非遗代表性项目和代表性传承人在高校、中小学宣传和展演。将代表性非遗项目编进校园乡土教材,在学校建设非遗展览室、开设非遗课余兴趣班、编制传统舞蹈类课间操等,让青少年科学系统地认识非遗。广泛开展形式多样的传习培训活动,如白族吹吹腔、白族大本曲、彝族跳菜舞,吸引了更多从业者和传承人参与活动。社区、乡村组建民间文艺队,编排非遗类歌舞表演,推出了白族霸王鞭、白族"力格高"、彝族打歌等广场舞,使非遗走进群众生活,进一步提高大理白族自治州非物质文化遗产影响力,提升大理白族自治州非遗保护传承与补偿的工作水平。

3)不断完善保护机构。2013年成立大理白族自治州非物质文化遗产保护中心,负责全州非物质文化遗产的保护和管理工作。近年来,大理市非物质文化遗产保护管理所及巍山、云龙、祥云、弥渡、洱源等县级非遗保护中心相继成立,其他县也设立了非遗专干,基本形成了完善的管理体系,有专职人员从事非遗保护工作。此外,还成立了大理白族自治州非物质文化遗产专家委员会,对项目和传承人进行评审,指导保护性补偿实践工作。

4)不断完善非遗四级名录体系,扎实推进档案数据库建设。全州各县市逐步建立健全四级非物质文化遗产项目和传承人资料档案,完成国家级、省级典型非遗项目代表性传承人的抢救记录工作。非遗资源数据库建设不断推进,建成了下关沱茶制作技艺数字化博物馆、大理白族自治州非遗数字博物馆等。

5)非遗博物馆、保护传承基地建设初见成效。依托中央财政经费补助,大力建设非遗保护基础设施,实验区内以非遗专题博物馆、国家级和省级传统文化保护区展示室、工作站、综合传习展示中心、传习所、传习点为体系的传习基地建设全面铺开，为非物质文化遗产展示和传播提供多样化平台。

6）积极参加国家部委研培计划。先后选派剑川木雕、白族扎染技艺、白族民居彩绘、鹤庆银器锻制技艺等代表性项目传承人参加浙江师范大学、中央美术学院、云南艺术学院等高校与教育部等国家部委共同举办的研培学习，通过"培训一人、带动一片"，提升了从业者及传承人的文化自信和可持续发展能力，更好地发挥出文化传承创新功能，服务地方经济社会发展。

7）推动非遗生产性保护和文化创意产业发展。以白族扎染、鹤庆银器、剑川木雕、刺绣、白族布扎等传统工艺项目为切入点，鼓励优秀文创企业融入非遗传承保护，研发具有特色的大理非遗文化产品，培育新兴文化产业，并引进互联网商业平台，推介销售传统工艺产品。截至2019年7月，白族扎染、下关沱茶、剑川木雕、鹤庆银器等已形成产业化，培育出龙头企业，成为地方新的经济增长点。加强文旅融合发展，推出大理三月街民族节、弥渡花灯艺术节等特色节庆文化活动，并融入白族三道茶、彝族打歌等非遗项目，丰富了文化旅游内涵。此外，工银融e购大理非遗精品馆建设成上线，"互联网+非遗"模式拓展了传承发展与保护性补偿新渠道。

8）非遗保护的良好社会氛围逐渐形成。利用文化遗产日、民族传统节日、大型文化活动、国内外文化交流活动等平台，积极开展宣传展示活动。大理电视台、大理广播电台、云南日报等报刊、网络、新闻媒体，推出形式多样的非遗专题宣传栏目、宣传片、专题报道，大力宣传普及非遗保护知识，使群众非物质文化遗产保护意识不断提高，参与保护非遗积极性明显增强，营造了有利于非遗传承保护、补偿与可持续发展的良好社会氛围。

## 十二、陕北文化生态保护实验区

陕北文化生态保护实验区成立于2012年4月，辖陕西省延安市和榆林市各县区。陕北文化为农耕文化与草原游牧文化交融的多元文化，是陕北人民在生产生活中长期积淀而形成的、同其居住的自然环境相适应的物质文化和精神文化的总和，涵盖了物质层面和精神层面的信仰、服饰、村落布局、民居建筑、风俗习惯、礼仪节庆、民间艺术、手工技艺等诸多方面，具有深厚的文化底蕴和鲜明的地域特色。当地政府积极探索非物质文化遗产保护的新方法，根据资源、项目等的不同类型和特征，分别采取抢救性保护、生产性保护、数字化保护、整体性保护与补偿等不同的方式。

1）项目名录体系建设逐步完善。已建立了非物质文化遗产"国家、省、市、县（区、市）"四级代表作名录，其中国家级 74 项、省级 441 项、市级 1415 项、县级 4150 项，西安鼓乐、中国剪纸、中国皮影戏（华县皮影戏）被列入联合国教育、科学及文化组织"人类非物质文化遗产代表作名录"，基本形成了"以市、县级名录为基础，省级名录为骨干，国家级名录为重点"的梯次结构体系，使一大批具有重要历史、文学、艺术和科学价值的项目得到了很好的保护、补偿和传承。

2）传承人队伍建设不断加强。已完成了四批省级非物质文化遗产项目代表性传承人和两批省级非物质文化遗产代表性传承单位的评审命名工作，已基本建成了一支老、中、青相结合、富有活力的代表性传承人队伍。为加强对传承人开展传习活动的支持，国家财政每年给予国家级代表性传承人每人 1 万元补助、省级财政每年给予省级代表性传承人每人 5000 元补助，各市也根据财政状况给予 500~4000 元不等的补助，并建立非物质文化遗产保护奖励与补偿机制。

3）保护成果的整理与出版成效显著。高度重视非物质文化遗产的资料收集与整理，采取文字、录音、录像等方式，对西安鼓乐、秦腔、陕北民歌、汉调二黄、陕北说书等几十个项目和 100 多名代表性传承人进行了抢救性记录，留下了珍贵的资料。同时，还先后编辑出版了各批省级非物质文化遗产名录图典和代表性传承人图典，并制作了多部影像制品。

4）加强实验区整体规划。推进实验区非物质文化遗产保护工作由点到面、全面保护与发展。在抢救性保护补偿方面，对一些濒危项目和年事已高的代表性传承人通过文字、音像等方式进行记录保存，并加大扶植力度。在生产性保护补偿方面，大力扶植剪纸、泥塑、刺绣、传统饮食等具有良好生产和品牌效应的项目，进行产业化生产，依托丰富的文化资源大力发展文化创意产业，促进产业结构转型升级，并设立省级非遗项目生产性保护示范基地和示范单位。在数字化保护补偿方面，省政府下拨资金在省非遗保护中心建立数字化保护中心，并抽调专业人员进行管理。

5）引导社会力量参与非遗保护。在政府主导的同时，积极引导众多民营企业、高等院校、科研机构、社会团体等参与非遗保护，拓宽渠道，激励民企参与非遗保护的积极性，共同推进非遗保护事业的发展。例如，西安大唐西市成功举办了由国家部委和省政府共同主办的"西部非物质文化遗产项目展演系列活动"；陕西省文化和旅游管理部门与陕西师范大学等高校联合，以相关学科成果为支撑，设立了陕西省非物质文化遗产研究基地，共建了陕西文化资源开发协同创新中心，在非物质文化遗产的保护与数字化开发等方面进行合作。

6）加大资金投入，建设非遗展示场所。2014年以来，陕西省大部分地市、区县设立了一定数额的非遗保护专项经费，用于非物质文化遗产基础设施建设，相继建成了多个非物质文化遗产博物馆、陈列馆、展览馆、村史馆等非遗传习平台。

7）文旅融合，注重文化引领和景区建设。加大历史文化、红色文化、民俗文化、黄土文化资源的挖掘、保护和开发，将文化资源转化为经济资源。着力完善旅游基础设施建设，重点恢复和补偿濒危文化遗产项目建设，强化文旅产业发展和品牌培育，以各类文化旅游活动为载体，加大对外宣传力度，提升区域文化综合服务能力，深入推进精品文化建设工程，不断扩大知名度。

### 十三、铜鼓文化（河池）生态保护实验区

铜鼓文化（河池）生态保护实验区成立于2012年12月，其保护范围为广西壮族自治区河池市全境，空间组织结构为"核心区+次核心区+延伸区"。核心区为东兰县、南丹县、天峨县；次核心区域为巴马瑶族自治县、大化瑶族自治县、都安瑶族自治县、环江毛南族自治县；延伸区为金城江区、宜州市、罗城仫佬族自治县、凤山县。区域内以铜鼓铸造技艺与仪式、蚂蚜节等为典型文化资源代表。

1）文化空间整体性保护补偿。保护区以广西河池市红水河流域为中心，对集中分布、特色鲜明、形式和内涵保持完整的铜鼓习俗及其他非物质文化遗产代

表性项目的文化生态，实行区域性整体保护补偿。其重点保护补偿的村落文化空间划分为：铜鼓习俗文化空间、蚂虫另节文化空间、壮族民歌（山歌）文化空间、表演艺术文化空间、传统工艺（技艺）文化空间。

2）利用地理区位优势加强对外交流力度。铜鼓是中国古代南方少数民族及东南亚地区的代表性文物，是融多元性和独特性于一体的民族文化遗产。通过技术创新建设中国-东南亚铜鼓数字化服务平台，对铜鼓及铜鼓文化进行数字化记录。南宁国际民歌艺术节、河池铜鼓山歌艺术节等活动已成为广西与东盟及其他国家开展交流合作的文化载体，充分展现了区域铜鼓打击技艺和舞鼓技艺。大力开展校际文化交流，"红铜鼓"中国-东盟艺术教育成果展通过舞台艺术作品展演、学生优秀美术作品展览、艺术教育优秀论文评选、艺术教育优质课堂展示四个模块促进与柬埔寨、老挝、缅甸等国的校际文化交流与互鉴，加强与东盟国家之间的文化交流，促进铜鼓文化遗产保护和文化品牌培育，增强民族文化自信和中华文化的国际竞争力与影响力。

3）建设非遗展示平台和完善非遗名录。市、县政府高度重视区域内文化展示与保存，积极开展全市文物大普查，建立了环江、罗城、宜州、都安等县级民族博物馆、白裤瑶生态博物馆、环江凤腾山古墓群（清代）和宜州会仙山摩崖石刻（宋至民国）等国家级文物保护单位。成立非遗项目名录专家评审委员会，建立国家、自治区、市、县四级非遗代表性项目名录和代表性传承人保护体系，并积极申报国家级、省级代表性名录。

4）开展非遗进校园活动，培养传统文化传承人。建立中小学非遗传承学校和实践教育基地，将当地民族文化遗产编成乡土教材纳入课堂教学。例如，金城江区第五小学编写的特色教材《最美河池》作为民族文化进校园试用教材，该学校被教育部授予全国中小学优秀文化传承学校；南丹县在白裤瑶聚居地中小学开设白裤瑶文化传承班。

5）开展民俗文化活动，形成"一县一节"民族文化格局。定期举办河池铜鼓山歌艺术节，已成为河池规模最大的文化盛会，既是河池文化繁荣发展的集中展现和对外交流合作的重要窗口，也是河池经济社会发展的有力见证。与此同时，开展壮族蚂拐节、仫佬族依饭节、毛南族分龙节、瑶族祝著节、铜鼓山歌艺术、壮族"三月三"等节庆活动,形成全民参与的氛围,促进非遗保护和发展。

6)强化传统手工技艺传承。扶持传承基地建设,引导传承人发展传统手工艺产品。南丹县扶持成立绣玉工艺品有限公司,开发马尾绣等工艺品 200 多种,年销售收入 50 多万元。环江毛南族自治县扶持建立铜鼓铸造厂,研发铜鼓铸造模具等专利 3 项,年生产仿古铜鼓、铜鼓工艺品上万件,是国内最大的铜鼓加工基地。

与此同时,将重点建设铜鼓文化生态保护实验区非物质文化遗产传承基地、展示馆、传习所,编写非物质文化遗产相关教材,建立代表性传承人的资助补偿机制、传承机制和监督机制,启动重点项目和重点区域保护工程,并制定详细实施办法,逐步推进生产性保护。

## 十四、黔东南民族文化生态保护实验区

黔东南民族文化生态保护实验区成立于 2012 年 12 月,保护范围为黔东南苗族侗族自治州所辖 1 市 15 县,是以苗族、侗族文化为主体,水族、布依族、土家族、畲族、仫佬族、壮族、瑶族等多民族文化共同组成的民族文化生态区。区内包含了节庆文化、民间传统表演艺术文化、传统工艺文化、民族制度及礼俗文化、口头文化传统文化、民族传统医药文化、文物古迹、传统村落等。遵循"政府主导、社会参与、明确职责、形成合力"的工作原则,对非遗采取认定、记录、建档,以及立法保护、抢救性保护、整体性保护、生产性保护、数字化保护与补偿等措施。

1)推动文旅融合,打造国内外知名民族文化旅游目的地。实验区创新"民族文化+"理念,以科学、合理、可持续的产业化转型为导向,推进地域文化资源品牌化、资产化,使贵州黔东南苗族侗族自治州原生态的多民族传统文化在多领域、多层面充分展现,推出文化旅游精品,助推文化旅游融合发展,使旅游业成为支柱产业,实现了惠民富民。例如,在旅游线路、景区增设非遗原生态文化活态展示区、生态博物馆等,设立手工制品展示、体验区域,开展具有非遗特色的民俗项目和展演活动,传播传统知识和技能。此外,根据景区所在地的非遗主

题，配套、完善周边相应基础设施，形成各具特色的非遗旅游区块。

2）推动示范村建设。文化和自然遗产保护发展示范村是文化得以发展的载体。发展和改革部门牵头规划建设丹寨县石桥村古法造纸、黎平县述洞村侗族大歌、台江县施洞镇苗族银饰、锦屏县平秋镇侗族刺绣等7处非遗保护利用设施。规划建设雷山县云端上的苗寨南猛村、台江县独木龙舟之乡长滩村、剑河县最美森林部落基佑村等9个传统村落，推进黔东南苗族侗族自治州"一村一品"非遗主题村计划，有力地促进传统技艺、传统医药、传统美术类非遗名录的传承、保护和补偿，厚植文化发展优势。

3）多形式传承优秀文化遗产。当地政府高度重视实验区文化遗产传承与弘扬，组织形式多样的传承活动，加大传承力度。例如，当地政府在黎平、从江、榕江3县实施侗族大歌专项保护行动计划，连续成功举办四届"侗族大歌百村歌唱大赛"，"100个传承保护发展示范村""百村传统经典民歌数字化""百名侗族大歌骨干辅导员""千人传承培训计划""精品剧目《嘎老》包装推广"的"411工程"综合保护侗族大歌，使侗族大歌得到恢复和弘扬。

4）促进交流合作。为促进侗戏创作及交流，推动侗戏遗产传承与发展，举办了侗戏调演等文化活动，增进了黎平县侗戏队之间的艺术表演交流和学习，提升了侗戏演唱水平。在剧目编创上，以"脱贫攻坚"等为主题内容，以侗戏演唱等形式，向群众传递了各级党委、政府带领各族群众苦干、实干，坚决打赢脱贫攻坚战的坚定信心和决心，充分发挥了优秀民族文化在凝心聚力方面的积极作用。

5）加强非遗生产性保护补偿。大力扶持国家级非遗生产性保护示范基地，在丹寨古法造纸、苗族蜡染、台江银饰刺绣、茅台酒酿制技艺、益肝草秘方等方面，形成规模经营。大力发展民族服饰、民族美食、民族医药、手工制品、纪念品等非遗衍生产品，支持非遗衍生产品企业入驻产业园区，发展一批特色产业，助推形成一批著名品牌。鼓励将贵州非遗元素与现代时尚元素相结合，使蜡染、刺绣、织锦、土布、染织等系列产品走向国际市场。

6）加大文化遗产资源深度普查、记录及建档力度。建立健全全州文化遗产资源普查工作机制，做好全州文物、非物质文化遗产、传统村落等资源深度普查工作。加强文化遗产保护责任体系建设，健全文化遗产州、县、乡三级联动保护机制，构建科学、系统的文化遗产保护网络。实施文化遗产项目核查责任制，对名录保护工作进行复查验收。研究整理调查成果，完成基础资料、数据的记录建档工作。

7）注重非遗的基础性研究和成果出版。形成了包括名录图典、项目纵深、田野报告、口述实录、行走阅读、探寻思辨、民间戏本、文献索引在内的《山地文明的典藏》八大系列丛书。先后出版了记录国家级项目代表性传承人小传的《传衍文脉》《贵州苗族武术》《雷山苗族医药》《盘县非物质文化遗产》等书籍。在综合研究方面，出版了《贵州民族文化论丛》《民族民间文化艺术资源保护的理论与实践》《贵州非物质文化遗产研究》等。

8）壮大非物质文化遗产传承队伍。加大非物质文化遗产项目代表性传承人申报力度，优化州级传承人年龄结构，增加青年传承人后备人选，使州级传承人形成科学合理的人才梯队。健全非物质文化遗产传承人动态管理、合理补偿和激励机制，创建非物质文化遗产项目代表性传承人系统检索表，将传承人信息录入非物质文化遗产数据库。加强各级非物质文化遗产项目代表性传承人管理，全面落实非物质文化遗产项目代表性传承人补助政策。

## 十五、客家文化（赣南）生态保护实验区

客家文化（赣南）生态保护实验区成立于2013年1月，辖江西省赣州市3区15县。实验区的重点区域是以赣南围屋、古村落、客家山歌、赣南采茶戏、民俗节庆活动等比较集中的区域，赣南采茶戏、兴国山歌、于都唢呐公婆吹、石城灯会等是其典型代表。在当地政府领导下，按照"保护为主、抢救第一、合理利用、传承发展"的指导方针和"政府主导、社会参与，明确职责、形成合力，长远规划、分步实施，点面结合、讲求实效"的工作原则，采取抢救性保护、传承性保护、生产性保护、整体性保护、展示性和数字化保护相结合的模式。

1）整理区域非遗资源，完善四级名录。在普查的基础上，系统开展非物质文化遗产项目的整理完善工作，对非遗项目实施分级保护，实行数字化、网络化、规范化管理，为后续保护、发展、利用提供资料依据及操作平台，并积极申报国

家级、省级非物质文化遗产名录。同时，开展国家级代表性传承人抢救性记录试点，为国家级非物质文化遗产代表性传承人进行了抢救性记录资料录制，并为其撰写个人纪事、进行宣传推广。

2）大力推进传习场所建设，加快传承人培育。通过建设传承基地、创建"艺术之乡"等措施，全面开展客家文化传承与保护，建立了多个非遗生产性保护示范基地、校园研究基地、省市级传承保护基地。按照"宜文则文、宜古则古、宜绿则绿、宜红则红"的原则，体现群众意愿，打造特色文化新村，入选了一批国家级、省级文化艺术之乡。此外，建立中长期人才培养计划，设立院团人才队伍建设专项资金，分批次举办培训班，对专业技术人才、现代管理人才和营销人才进行培训。

3）创新文化资源，打造文化品牌。对传统剧目进行复排提升和保护性补偿，在注重传统内容完整性的基础上融入社会主义核心价值观等现代元素，为民间传统文化赋予了新的内涵，彰显了新的价值，让非遗真正贴近生活、贴近时代，大批艺术作品获得过中央、省、市级文艺大奖。在此基础上，积极打造一批地域特色明显、群众喜闻乐见的文化品牌，如"百姓大舞台、大家一起来""文化惠民周"等。

4）推进客家文化与旅游融合发展。大力推进非遗进景区工程，将非遗活态传承融入文化旅游项目，通过体验、展演形式将传统技艺具象化。例如，在景区内设立"手工榨油""客家酿酒""腐竹制作"技艺传习所等，通过活态传承，既吸引了游客，又使得非遗项目得到有效保护。开发"非遗"元素产品，助推旅游发展升级，在客流、人流大的客家旅游文化街、旅游集散中心等地开设传统技艺专营店，增强传承活力。围绕客家文化资源，如客家围屋、民俗音画等，打造精品旅游文化景点和旅游品牌。

5）拓宽资金投入渠道，加大文化资源保护力度。采取"向上争、向内挤、向外筹"等方式，不断拓宽资金投入渠道，加大客家文化保护及开发力度。同时，出台《关于支持赣南等原中央苏区旅游产业发展的实施意见》《关于加快旅游产业发展的意见》《关于加快旅游投资和促进旅游消费的意见》《赣州市支持旅游发展奖励办法》等政策文件，对政府导向投入、土地利用政策、金融财政扶持、税收优惠、消费鼓励等方面做出了明确规定，激活旅游产业发展活力，引导社会资本投入旅游产业发展。

6）加大客家文化、建筑研究和保护力度。出台《赣南客家围屋抢救性维修保护实施方案》《赣州市客家围屋保护条例》等，加快了围屋立法保护工作和抢救性维修工作，不断提升保护文物单位级别。组织专家学者加强对客家古建筑研究，倡导和组织赣南客家活动与学术研究，促进了文物古建筑的研究、保护和维修，并出版了一系列客家文化著作。

7）加强非物质文化遗产宣传与交流。深入开展赣南文化推广活动，举办非遗培训班，成立少儿艺术团，出台定向培养非遗项目专业学生等实施方案。组织节会活动，推进了与周边地区的文化交流。举办端午系列活动、瑞金武阳民俗文化节等，营造喜庆气氛，弘扬传统文化和民俗。组织"纪念建军 90 周年系列文化活动""军旗飘扬、军歌嘹亮"等系列活动，展示非物质文化遗产，并邀请南昌、井冈山等地进行文化交流，有效促进了文化景观保护性补偿工作。

## 十六、格萨尔文化（果洛）生态保护实验区

格萨尔文化（果洛）生态保护实验区成立于 2014 年 8 月，以青海省果洛藏族自治州为核心，辐射周边区域。具体保护内容是以史诗《格萨尔》的口头传承为核心，以格萨尔信仰和与之相关的宗教及节庆活动为纽带，涉及各种民间文学、传统音乐、舞蹈、戏剧、美术、技艺、医药、体育、游艺与杂技，以及精神信仰、民俗活动、自然风物、文物遗迹、寺庙建筑等多方面。果洛藏族自治州坚持"统筹安排、分步实施，遵循规范、创新探索，政府主导、社会参与"的原则，努力通过科学有效的管理体制、工作机制，使实验区保护性补偿工作与生态文明建设、民族团结进步、旅游产业等融合发展。

1）统筹安排，编制总体规划。当地政府将实验区建设工作纳入全州"十三五"规划和重要议事日程，统筹安排、全面部署。以专家座谈、文献研究、实地调研、建立临时工作站等形式编制《格萨尔文化（果洛）生态保护实验区总体规划》，分阶段实现非物质文化遗产保护与传承，从非遗项目记录、核心展示基地

建设、传习场所建设提升、传承人培训宣教、民俗节庆传承弘扬、表现场所扩展、组织形式拓展、衍生品开发、文物保护、环境保护、文化宣传、文化旅游等方面对实验区建设与保护性补偿做出顶层设计。

2）加强衔接，项目工作稳步推进。积极与国家部委及相关新闻出版、媒体等进行衔接，加大项目争取力度，加强格萨尔文化传承保护力度。主要实施传习所建设、马背藏戏展演、文化宣传展示、传统工艺工作站建设、格萨尔艺人保护、文艺团队建设、核心场馆展陈、保护区整体性宣传保护、普及教育及传习中心（点）建设、艺术团建设等项目。

3）人才培养，优化传承人队伍结构。制定《果洛州文化人才"千人培训"三年行动计划方案》①，依托省内外高校举办培训班，为非物质文化遗产传承发展奠定人才基础。设立班玛黑陶等传统手工技艺工作室，培养对果洛文化的兴趣。启动《格萨尔》史诗音乐抢救保护工程，采访格萨尔传承艺人，搜集整理各类格萨尔唱调、经典曲调制作成光碟发行。收集、整理相关格萨尔部本、编排果洛课间操舞蹈，并制作成光碟发放到各学校并进行全面推广普及，使全州民间舞蹈得到有效保护和发展。组织举办果洛格萨尔文化生态保护与传承专家论坛、格萨尔文化生态保护区建设推进工作座谈会，使格萨尔文化得到整体性、系统性保护。

4）多措并举，推动格萨尔文化传播与弘扬。建立上海大学驻果洛传统工艺工作站，制定《上海大学驻果洛传统工艺工作站方案》，完成果洛藏族自治州和六县远程教育终端安装调试工作。组织果洛藏族自治州文化企业参加成都国际非物质文化遗产节、上海国际手造博览会及深圳、厦门等地举办的各类展会。各县相继组建文艺团队，文化宣传服务能力不断增强，促进非遗走进人民群众生活中。开通"文化果洛"等微信平台，创新文化宣传载体，加大果洛传统工艺宣传力度，有力宣传果洛传统工艺传承成果，提升果洛影响力。

5）加强建设，不断提升文艺团队服务能力。高度重视民间格萨尔团队建设，已有民间格萨尔团20余家，在格萨尔文化传承、挖掘和保护中发挥了积极作用。自2015年，各县相继组建了文艺团队，在文化宣传、交流、演出中发挥了重要

---

① 果洛州格萨尔文化生态保护实验区建设情况. http://www.guoluo.gov.cn/html/3124/288913.html[2019-06-10].

第九章　传统村镇文化景观保护性补偿与文化生态保护区建设　159

作用。从州级层面挂牌成立了阿尼玛卿青少年艺术团、年保玉则艺术团和格萨尔民间艺术团。同时，组建了玛沁县等4个县、乡、村格萨尔史诗童声合唱团，选派优秀教师进行专业指导和排练，并赴北京、西宁等地进行演出，受到社会各界好评。

6）做好果洛非遗保护工作。实施传承人研培计划，提高格萨尔史诗文化的传承、实践水平，提高果洛传统工艺的传承发展水平，丰富民族民间文化，扩大当地就业，增加居民收入。格萨尔史诗传承方面，继续支持办好童声合唱团，委托中国演出行业协会和中国儿童艺术剧院对果洛专门举办师资培训班，让果洛童声合唱团成为果洛、青海乃至中国的藏族品牌。传统工艺方面，以研培计划为切入点，使学员作品实现"新量产、成系列、创品牌"，并形成"大平台、大市场"，让外界广泛了解果洛传统工艺的提升和发展。

7）推动整体性保护建设。着眼格萨尔史诗发展的整体脉络和果洛藏族自治州具体特色，按照"功能-情境-角色"三位一体的非遗保护与传承模式，构建以黄河源格萨尔赛马称王地核心保护区、德尔文史诗村-龙恩寺核心保护区、格萨尔狮龙宫殿核心保护区、年保玉则神话核心保护带、格萨尔寄魂山（阿尼玛卿雪山）保护带、班玛碉楼文化-格萨尔寺院群保护带为主的六大板块，在每个板块中根据各县文化生态资源特点确立保护方法和路径。

## 十七、武陵山区（鄂西南）土家族苗族文化生态保护实验区

武陵山区（鄂西南）土家族苗族文化生态保护实验区成立于2014年8月，包括恩施土家族苗族自治州的全境，即湖北省恩施市、利川市、建始县、宣恩县、咸丰县、鹤峰县、巴东县、来凤县和宜昌市的长阳土家族自治县、五峰土家族自治县。按照区域特色的代表性和非物质文化遗产的集聚性可划分核心区和辐射区，清江流域文化生态特性明显且非物质文化遗产集中，为武陵山区（鄂西南）土家族苗族文化生态保护的核心区，其他地区为辐射区。民间文学、传统音乐、传统舞蹈、传统戏曲、建筑技艺等非物质文化遗产丰富。依托非遗项目在传统村落、社区、学校建立传习点，促进了优秀民族文化"活态传承"。

1）构建强有力的政策和财政保障体系。相继出台《恩施土家族苗族自治州

民族文化遗产保护条例》《武陵山区（鄂西南）土家族苗族文化生态保护实验区总体规划》等，且各县市均编制了文化生态保护规划，制定了系列政策措施。不断争取中央财政专项经费和州级财政投入，为文化遗产保护、传承、补偿与修复提供了强有力的政策和财力保障，初步形成了以"区域保护、项目保护和传承人保护"为重点，以"立法保护、政策保护"为保障的土（家）苗文化保护基本模式。

2）建立四级非遗项目名录和传承人体系。将普查与申遗工作结合起来，通过采集收集文字资料、拍摄照片、录音录像、收集实物等手段，完成普查工作任务。在非遗普查的基础上，编纂出版州、县级文化成果，录入电子数据库，并制作成音像资料。各县市也初步建成了数据库，出版了一批非物质文化遗产保护工作方面的书籍与光盘。以民间艺术大师为领头人，在全州采取了一系列非物质文化遗产保护手段，如成立民间艺术演出队等。

3）优秀传统文化全民共建共享，拓宽文化交流途径。州、县、乡、村四级合力，通过举办"精准扶贫·文化惠民"演出季，举办大型文艺展演、创编文艺作品、送戏下乡，并运用电视直播、网络直播等，向全国人民输送优秀文化，对外参加各级各类文艺会演，扩大区域文化知名度与影响力。

4）注重生产性开发，发展文化创意产业。当地政府高度重视特色文化产业发展，推进生态文化旅游、大健康产业链建设，挖掘文化资源，创新文化产品，推进文化与旅游深度融合，用文化引领、产业跟进吸引资金、增加就业。巴东县将廪君文化、纤夫文化与"撒叶儿嗬""巴东堂戏"等非遗项目相结合，成功打造了神农溪和链子溪纤夫文化品牌，契合了市场与游客的需要。恩施市土家女儿城、施南古城，利川市谋道镇苏马荡休闲度假区、宜影古镇等文化产业园投入使用。

5）各县区因地制宜保护非物质文化遗产。恩施市在土家女儿城成功探索了"传承人+传承基地+企业"的非遗传承模式，非遗生产性保护呈现生机蓬勃的发展态势。利川市着力建立文化种子孵化园，市、乡、村梯次孵化、梯次服务，让优秀的民族文化种子在乡村生根发芽。咸丰县通过实物展示、表演剧目、文化解说等形式，系统展现唐崖土司遗址文化元素，使"口口相传、手手相传"的民族文化和技艺得以留存。到 2017 年底，来凤县进行非遗项目普查，共采访 1500 多人，调查项目 100 多项，采写、收集文字资料 150 余万字，拍摄照片 2800 张，录音 1200 多分钟，录像 3800 多分钟；建始县对县域内非物质文化遗产资源再调查、再搜集、再整理，形成田野调查报告 21 份，新增非遗名录 20 多个，进一步摸清了文化遗产家底；巴东县结合"戏曲进校园"活动，多次举办宣传讲座和培训辅导，官渡口中学和小学还特聘堂戏老师每周讲授三堂戏剧表演课；宣恩县组建社会文艺团队 78 支，每年为群众进行滚龙连厢、耍耍、八宝铜铃舞、三棒鼓表演数千场；鹤峰县鼓励支持土家族打溜子、傩戏、满堂音、花鼓灯等非遗项目传承人带徒传艺近 500 人。

## 十八、武陵山区（渝东南）土家族苗族文化生态保护实验区

武陵山区（渝东南）土家族苗族文化生态保护实验区成立于 2014 年 8 月，涵盖重庆市黔江区、酉阳土家族苗族自治县、秀山土家族苗族自治县、石柱土家族自治县、彭水苗族土家族自治县及武隆县 6 个少数民族聚居地。高台狮舞、鞍子苗歌、蔡伦造纸术、蚩尤九黎城、苗族土家族建筑等是其典型代表。

1）突出整体性保护。编制了《武陵山区（渝东南）土家族苗族文化生态保护实验区总体规划》，将武陵山区作为整体，整合区域非遗资源、文物资源和自然遗产等多种资源，突出武陵山区地域特性和文化特性，形成"一核心、五中心、十三区域"的空间结构，以土家族文化生态为主的石柱土家族苗族自治县为"一点"，以土家族、苗族、仡佬族等少数民族文化生态为主的"武隆—彭水—黔江—酉阳—秀山"为"一线"，形成"一点一线"的分布格局，根据重点区域选择的基本条件及两区四县的实际情况，凸显"一区域一特色"。

2）完善非遗名录，分级分类别保护。坚持以非遗保护为核心，进一步挖掘区域非遗项目，对区域内濒危项目进行优先抢救保护与补偿，建立完备的国家、省（市）、区（县）三级非遗名录项目档案和数据库，因地制宜采取多样化保护性补偿方式。传统表演类项目注重资料挖掘和整理，及时抢救记录艺人所掌握的特色技艺，利用现代科技手段呈现其艺术精华。传统技艺类项目注重代表性传承

人核心技艺的传承及原材料保护，鼓励探索生产性保护方式。民俗类项目注重将保护主体文化示范引导与民众自发传承相结合，通过开展各类民俗活动，促进群体活态传承。

3）培养文化生态保护人才队伍。以非遗项目为依托，加强对非遗项目代表性传承人的认定、保护、管理和扶持，为其开展传习活动提供必要场所，支持其开展授徒传艺、教学、交流等活动。对各级非遗传承人进行形式多样的补助与奖励。对学艺者采取助学、奖学等方式，鼓励其学习、掌握非遗技艺，成为后继人才。推进"文化名家""青年优才"和"紧缺人才"实施计划，分门类、分层次引进和培养文化领军人物。开展公共文化人才管理体制改革试点，把民间艺人、非遗传承人、文化志愿者等纳入基层公共文化服务队伍。加强与高等院校、科研院所的协作，建设少数民族文化人才培训基地，着眼非遗项目保护、创意设计、产业发展、市场营销、公共文化服务等，培养一批非遗保护骨干人才。

4）建设非遗保护展示场所。根据区域经济社会发展情况和文化生态资源特色，建设展示非遗项目的民族博物馆、体验馆和非遗传习场所，加强非遗珍贵实物资料和传承人代表性作品展示。鼓励和支持个人、单位等社会力量建设形式多样的非遗专题展示馆、传习所和体验馆。场馆选址注重与旅游景区有机结合，实现非遗项目展示与产品销售相结合，扩大社会效益和经济效益。

5）打造特色文化生态景区。重点打造小南海特色文化生态景区、阿蓬江流域民俗文化生态景区、后坪苗族土家族特色文化生态景区，将非遗资源和民族风情展示与历史文化名镇名村、少数民族原住居民传统村落保护工作有机结合，保护传统民族特色建筑风貌，建成一批特色文化生态景区，集中展示民族歌舞、民族服饰、民风民俗、民族工艺品、民族美食等。鼓励宾馆、饭店等对外服务窗口、公共服务平台的工作人员穿戴具有民族特色的服饰，充分展示具有浓郁地方风情的对外形象。

6）发展民族特色文化产业。实施非遗产品及衍生产品培育工程，支持企业挖掘非遗特色文化资源，从"衣、食、宿、游、购、娱"等方面开发具有地域特色、民族特色、市场潜力的文化产品和服务项目。建设特色文化产业园区，支持民族工艺品、出版物、歌舞节目进入景区、宾馆、村寨、农家乐。在渝东南各区县（自治县）中心城区或重点景区规划民族文化特色美食街，集中非遗美食打造美食品牌。

7）加强非物质文化遗产宣传与交流。加强与高校、研究机构的合作，开展课题研究、项目策划、决策咨询，为渝东南文化生态保护实验区建设提供常态化智力支持。创编民族歌舞节目、拍摄文化宣传片、出版影视资料与书籍、编制乡土教材、参加国家级省级文化展演，积极利用报刊、广播电视、互联网等媒体加大对渝东南文化生态保护实验区建设的宣传力度。

## 十九、说唱文化（宝丰）生态保护实验区

说唱文化（宝丰）生态保护实验区成立于2017年1月，包含河南省宝丰县全境（重点保护区为杨庄镇、周庄镇、城关镇、赵庄镇、商酒务镇，一般保护区为张八桥镇、大营镇、石桥镇、闹店镇、李庄乡、肖旗乡、前营乡、铁路办事处及观音堂林站）。实验区以马街书会为纽带，以曲艺为基础，综合民间文学、传统戏剧、传统音乐等艺术门类，以说唱演艺多种形式呈现群众性文化艺术活动，反映相关社区民众艺术实践能力和水平，表现特色民俗、信仰、仪式等内容。

1）统筹规划，建设文化园区。高起点、高规格规划和建设马街书会等文化园区，并把文化宝丰建设纳入了全县经济社会发展规划，全县上下达成了文化项目大建设的共识，以建成永不落幕的马街书会为目标，形成"由活态化达到常态化、由常态化达到精品化、由精品化达到市场化"的发展模式。

2）加大说唱赛事活动力度，促进文化繁荣发展。2006年以来，中国曲协与宝丰县利用马街书会每年举办综合说唱赛事活动、国家级非物质文化遗产曲艺展演、马街书会研讨会，在北京上演"马街书会"河南曲艺专场等高层次、高规格的曲艺活动，吸引了全国曲艺精英和曲艺大师的参与，展示了说唱艺术，检阅了说唱队伍，推动了对马街书会的保护，使曲艺事业得以繁荣和发展。

3）积极开展多种帮扶艺人活动，恢复民间书状元评选机制。亮书、写书、帮扶民间曲艺艺人活动，不仅提高了马街书会艺人的参会率，而且让广大群众在书会之后也能欣赏到艺人的精彩表演。尤其是民间书状元评选及马街书会民间对

戏等活动，得到了广大民间艺人的赞同，使马街书会重现了生机和活力。

4）建设非物质文化遗产展览馆。积极建设马街书会景观工程，建成了我国第一座中华曲艺发展历史文化展览馆和交易平台——中华曲艺展览馆、中华曲艺交易中心。展馆从不同角度、立体化、多层次利用声光电及电子技术，展示中华曲艺史和书会全貌，还采用活态传承的方式，让代表曲种和艺人在展览馆进行演出，实现马街书会的常态化。到 2019 年 1 月，已有宝丰县清凉寺君子汝瓷展示馆、宝丰酒传统酿制技艺展示馆、马街书会展示馆 3 个省级展览馆。

5）积极推动文旅融合。设立非遗展馆，为旅游业注入更富有吸引力的文化内容。支持乡村展示馆、传习所提高品质，丰富乡村旅游内容。把非遗保护与乡村振兴战略、特色小镇建设相结合，让游客获得多方面体验。组织非遗传承人和非遗项目进景区展演，支持特色非遗衍生品进景点、进宾馆，满足游客购物需求。

6）摸清家底，科学保护。开展全面深度的调查，完善四级非物质文化遗产代表性项目名录和传承人名录，为保护工作提供科学决策和实施依据。在此基础上，已将全县非物质文化遗产线索整理为普查成果汇编一套九本。录制、整理、拍摄近百个说唱艺人图片、视频、音频资料，并出版故事、传说、唱本集及研究性著作等。

7）以人为本，活态传承。以代表性传承人为核心主体，创造良好的生活和传承条件，保持和修复非物质文化遗产传承链，提高传承人地位。同时，设立相关课题，组织专家深入挖掘和弘扬宝丰说唱文化的精神价值、文学艺术价值、审美价值及历史价值，鼓励高校及科研院所等研究力量对说唱文化（宝丰）生态保护实验区建设进行专题研究。

8）开展对外交流活动。魔术艺人、曲艺艺人、汝瓷烧制艺人等多次参加对外交流活动（如 2014 年法国巴黎中国艺术节、2017 年斐济非物质文化遗产交流活动等），展示了实验区非遗保护成果，也学习其他地区非遗保护经验。

9）开展非遗进校园活动，以多种形式组织开展丰富多彩的非遗进校园活动。一是宝丰文化进校园，启动以非物质文化遗产为素材的乡土教学读本的编纂工作，整理出版《宝丰方言》《宝丰传统手工技艺》《宝丰民俗》《宝丰名胜古迹》

《宝丰民间音乐与舞蹈》等教材，直观系统地了解乡土知识；二是曲艺艺人应聘到平顶山学院，给大学生教授曲艺课程，传播马街书会相关知识和曲艺艺术。与此同时，还有传统戏剧进校园、汝瓷文化进校园等活动。

## 二十、藏族文化（玉树）生态保护实验区

藏族文化（玉树）生态保护实验区成立于2017年1月，以四川省玉树市为核心区，辐射称多、治多、囊谦、杂多及曲麻莱等县域。玉树地区的藏族非物质文化遗产呈现出如下特点：①非物质文化遗产涵盖的内容涉及当地人民生活的方方面面，包括吃穿住行、宗教、娱乐等；②在地理环境的作用下，长期以来玉树地区受到外来文化的冲击较小，较好、较完整地保留了当地原生文化的本土特色；③作为高原通衢，该地区非物质文化遗产在发展的过程开放性特征明显。实验区围绕藏族群众创造和传承物质和非物质文化遗产，不断加快推进保护区建设，努力把藏族文化生态保护实验区建设成为具有高度文化代表性和鲜明特色的实验区。

1）深入开展非物质文化遗产普查调查。全州国家级、省级、州级、县级四级非物质文化遗产名录项目300余项，涵盖非物质文化遗产各个类别，涉及玉树藏族自治州藏族传统文化的多个方面，其中经过认证的非物质文化遗产项目代表性传承人160余位。此外，还有近10个经国家部委、协会分别命名的"中国民间艺术之乡"。

2）逐步建立健全非物质文化遗产项目和传承人档案。加大财政投入，建设非物质文化遗产电子档案，为实验区建设规划提供科学基础。投资80万元建设非遗资源电子数据库，投资1500万元启动《格萨尔》史诗抢救保护规划工作，投资200万元启动藏族文化（玉树）生态保护实验区数字化保护工程、出版发行《藏娘唐卡度量集》《玉树原生态民歌》等，投资2000余万元实施了"玉树藏族自治州博物馆系列VR实景数字化建设项目""玉树藏族自治州非物质文化遗产保护展示中心改造项目"等。

3）积极打造民族演艺精品。编创非遗民俗音乐剧《音画玉树》，摄制《玉

树》等大型纪录片，非遗传承保护宣传实现广覆盖。鼓励优秀文创企业等融入玉树非遗传承保护，研发具有特色的玉树非遗文化产品，全面展示玉树州非物质文化遗产代表性项目保护、传承成果。同时推进非遗项目"进校园、进社区"活动，在全州10余所中小学设立特色非遗项目展示室，推出优秀非遗项目成果展，激发青少年对本土文化的兴趣。

4）加强文化生态保护实验区对外交流活动。一方面，做好"源头源尾"交流工作，促进玉树与上海、东营等长江、黄河沿线城市的文化交流，积极发展澜湄沿线的国际文化交流。另一方面，结合已有基础，大力发展与唐蕃古道沿线、藏羌彝走廊城市之间的文化交流。

5）加强文化生态保护区人才队伍及平台建设。人才队伍建设方面，既注重非物质文化遗产传承人才队伍建设，还大力完善各个领域的专业研究人才、相关专家队伍、对外宣传媒体队伍等全方位建设。与此同时，积极建设玉树藏族非物质文化遗产展示馆，加强传习中心、传习所、传承基地建设工作，设立和完善各县、市、镇的演出场所，搭建高标准、现代化、具有民族特色的文化展示场所，为文化遗产传承提供场所。

6）积极对接国家相关战略。《藏族文化（玉树）生态保护实验区总体规划》的编制、实验区的建设等各项工作，注重与三江源国家公园建设、三江源自然保护区建设、玉树多个国家级生态保护实验区建设、国家最新的藏区政策、国家部委针对文化生态保护区的指导意见、青海省的政策导向等多重政策相结合。

## 二十一、客家文化（闽西）生态保护实验区

客家文化（闽西）生态保护实验区成立于2017年1月，保护范围为"古汀州八县"，即福建省龙岩市的长汀县、上杭县、武平县、连城县、永定区和三明市的宁化、清流、明溪三县。闽西汉剧、十番音乐、客家山歌、客家戏曲、客家节庆民俗等是其典型代表。当地政府通过抢救性保护、生产性保护、活态传承、整体性保护等手段有效保护了区域非物质文化遗产并较好恢复了文化生态空间。

1）设置保护区工作机构。全市市本级及五个客家县均设立了文化生态保护

实验区建设工作领导小组及办事协调机构。同时，市本级和五个客家县均依托市艺术馆和县（区）文化馆设立了"非保中心"工作机构，配备了专门工作人员，实行"两块牌子、一套人马"，保证各项工作正常运转。其中，连城县为该县"非保中心"定编专人，并核拨专门工作经费，较好地解决"无专门工作机构、无工作经费"等问题。

2）建设完善的组织领导体系。当地政府坚持把实验区建设工作纳入全市国民经济和社会发展规划，主要领导亲自协调推动，注重发挥专门工作机构的作用，由市政府分管领导担任市申报和建设工作领导小组组长，市政府副秘书长、市文广新局局长为副组长，市直有关部门负责人及有关县（市、区）分管领导为成员，形成工作合力。领导小组下设办公室，配备专职人员负责该项工作，并拨付专项办公经费，具体承担保护区建设的日常工作，及时协调解决创建过程中的困难及问题，为实验区建设提供有力保障。

3）建立完善保护传承体系。多次组织开展市、县级"非遗"保护项目及传承人评选工作，逐步建立了极为完善的国家、省、市、县（区）四级非遗代表性项目和传承人保护体系，支持传承人开展传承、展示、传播和交流活动。市县各级投入大量人力、财力、物力，积极抢救濒危传统非遗项目及传承人，广泛收集整理民间老艺人的作品，把客家传统非遗项目及传承人资料用文字、录音、录像、数字化多媒体等手段进行记录整理和抢救保护。

4）积极推进以非遗为重点的整体性保护工作。一是抓示范带动。结合实际，注重镇、村在组织引导方面的作用，着重抓长汀汀州古城区客家山歌等整体性保护示范点建设，在全市起到了示范带动效应。二是建立展示区。在永定湖坑、连城培田和长汀古城区等文化遗产较为密集、保护基础较浓厚、自然环境较好的地方建立文化遗产展示区，与新农村建设规划有机结合，重点抓好区域非遗保护与当地经济社会发展结合。三是设立传习中心。结合各级各类"非遗"保护项目，设立传习中心，制定传承计划，通过各种方式大力开展非遗保护项目和传承人的培训工作，不断培养和壮大传承队伍。

5）传承人队伍建设与培养。市财政每年拨付20万元专款，用于市艺校定向培养汉剧人才。市汉剧传习中心选派年轻演员到北京、上海等戏剧学院进行定向培养，较好解决了闽西汉剧表演人才断层的问题。永定区组织对不少高龄的客家山歌手进行录音录像，抓好客家山歌人才的传承培养。从政策、人才、经费、平台、数据等方面着手，推进市、县各级重点抓好集实物展示、活态展演、传承传习于一体的"非遗"综合展示馆和传习所的建设。市、县各级积极组织开展闽西汉剧、土楼保护、傀儡戏、雕版印刷技艺等非遗进校园宣传普及活动，培养青少年非遗保护意识。整合高校及研究队伍力量，发挥高校及客家文化研究机构的作用，培养非遗保护与传承人才。

6）非遗文化交流与宣传。利用各种节庆、文化遗产日，在全市范围内开展讲座、演出、比赛，举办非遗保护论坛、成果展演等活动。利用电台、电视、报刊等，开设专栏、专题、专刊，进行非遗宣传。重视发挥市艺术馆、县文化馆、图书馆等单位的作用，举办有关活动，大力宣传非遗保护知识，营造全社会保护非遗的良好氛围。

7）与国家重大战略工程相结合。坚持将客家文化生态保护工作与国家"一带一路"倡议紧密结合。充分发挥闽西客家祖地的感召力和影响力，依托客家文化生态保护区，利用丰富的客家文化遗产资源，积极参与"海上丝绸之路"沿线国家和地区的文化交流活动，大力传播弘扬客家文化。

8）生产性保护与文化创意产业发展。以传统手工艺为切入点，鼓励民营企业融入非遗保护，使传统工艺项目朝着产业化、专业化方向发展，实现经济效益与社会效益有机结合。例如，大力支持国家级"非遗"永定万应茶进行生产性保护和传承，2017年，产值达2600万元。此外，在充分认识文化资源的基础上，结合时代特征和现实需要，对文化遗产进行创造性发展和创新性转化，促进非遗文化繁荣发展，客家桐花祭即是其中的典型代表。

## 第四节　结论与讨论

文化生态保护区是一类对具有重要价值和鲜明特色的文化形态进行整体性

保护的特定地域。文化生态保护区与传统村镇在空间上具有耦合性,建设文化生态保护区是实践中实施传统村镇文化景观保护性补偿的有效方式。我国在文化生态保护区建设实践中,取得了重要成效,设立了闽南文化生态保护实验区、徽州文化生态保护实验区、热贡文化生态保护实验区等一批国家级文化生态保护实验区,促进了非物质文化遗产资源的整体性保护,同时也为传统村镇文化景观保护性补偿实践工作提供了新视角、新途径。

国际上重视非物质文化遗产保护,为文化生态保护区建设营造了良好氛围;国内文化生态遭受破坏,急需对文化生态资源进行整体保护;设立文化生态保护区符合中国国情和非物质文化遗产保护特点。在此背景下,我国先后设立了一批国家级文化生态保护实验区,开创了中国运用文化生态保护实验区开展文化景观保护性补偿、保护非物质文化遗产的先河。

从我国 21 个国家级文化生态保护实验区建设情况来看,各自在非物质文化遗产保护与传承方面均取得了一定的成效,开展了不同程度的文化景观保护性补偿,逐渐探索出符合自身文化特色发展的保护路径。

# 第十章
# 传统村镇文化景观保护性补偿的湘西实践

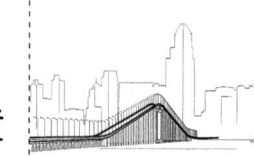

  本章聚焦湘西,从整体型保护性补偿试点村寨、非遗集中成片型保护性补偿村寨两个层面选取部分典型村寨,从村落概况、景观资源、文化景观保护性补偿措施及效果等层面,对传统村镇文化景观保护性补偿具体实践的相似性与差异性进行剖析;在此基础上,提炼出传统村镇文化景观保护性补偿的湘西模式,即全域生态文化公园建设补偿型、跨区域文化-生态-旅游融合发展补偿型、文化生态保护节庆促进补偿型、文化生态特色主题园区建设补偿型和文化生态村寨整体保护补偿型。

# 第一节 整体型保护性补偿试点村寨

自 2013 年以来,湘西在全州 8 个市县分别确立了 1 个文化资源丰富的村寨作为整体性保护试点村寨:吉首市寨阳乡坪朗村、泸溪县白沙镇红土溪村与屈望社区、凤凰县山江镇黄毛坪村、古丈县默戎镇龙鼻村、花垣县排碧乡大洞冲村、保靖县夯沙乡吕洞村、永顺县大坝乡双凤村和龙山县苗儿滩镇捞车村。在试点村寨,重点开展传习所、生产性保护基地等阵地建设和民族传统节庆活动,探索非遗整体性保护最具实效的范例。把非遗保护与物质文化遗产保护有机结合,与传统村落保护有机结合,与文化旅游产业发展有机结合,与群众受益有机结合,逐步探索具有湘西特色的文化生态整体性保护之路,探索出具有湘西特色传统村镇文化景观保护性补偿之路。

## 一、吉首市寨阳乡坪朗村

1. 村落概况

坪朗村境内,峒河、209 国道相依相偎自西向东穿村而过,是吉首通往德夯风景区的必经之地。民居依山而建,有着浓厚的苗族文化气息。2015 年,全村约户籍人口 1396 人、常住人口 1300 人,主要民族是苗族。

2016 年 11 月,坪朗村列入第四批"中国传统村落名录"公示名单。此外,坪朗村还享有"中国少数民族特色村寨""全国文明村镇""湖南省特色旅游名村""湘西美丽乡村精品村"等称号。

2. 文化景观资源

坪朗村为苗族聚居区,村庄建筑以砖与木结构为主,青墙黑瓦、风貌保存较好。但部分建筑老旧,有待修缮。

该村苗歌、苗拳、苗绣、"四月八"苗族歌会等民族文化丰富，设立了州级苗鼓文化传承基地和全市苗绣传习所，截至 2015 年，拥有苗歌苗狮队 3 支、专业绣娘约 15 人、苗绣人才 200 余人。"苗族鼓舞"作为中国苗族民间舞蹈，以击鼓而舞或击鼓伴舞为其主要特征，为苗家男女老少皆喜欢的一项民俗活动，是苗族文化的象征，和苗歌、芦笙被称为"苗族艺术三宝"。

3. 文化景观保护性补偿主要措施及效果

**数字化保护。**在坪朗村，国家级非遗项目传承人、第二代苗族鼓王石顺民的代表作《庆丰收》，整个作品被作为"湘西苗族鼓舞"进行了原生态环境下的数字化录像存档，这是湖南省的第一个数字化保护的国家级非遗项目，全国实施第一批数字化保护试点工程，也是全国仅有的 2 个地市级非遗项目数字化保护试点之一。

开展传习所、生产性保护基地等阵地建设。2015 年建立了州级苗鼓文化传承基地和全市苗绣传习所，有非遗传承人 3 人。以此为阵地，进一步发展了苗歌、苗拳、苗绣、"四月八"苗族歌会等民族文化体育活动，传承了民俗，凝聚了人气。先后举办了中国苗加拉青年艺术家交流年、"风情苗寨 2015 年坪朗春晚"、吉首市苗族"四月八"等系列活动，并多次受邀外出参加文化交流活动，"坪朗"影响力不断扩大。

**基础设施建设。**2015 年筹措资金 3500 余万元，完成了特色民居改造 200 户，新建了 500 平方米的民族特色鲜明的综合楼暨文化旅游接待中心，维修了一批古街巷、古渡口和过河跳岩。改善人居环境的同时，营造观光景点，对房屋进行原汁原味的青砖青瓦改造。对村庄 4000 余米村间青石板主道、入户道进行了改造翻修；对该村三组及 209 国道沿线的居民共 110 余户进行了特色古民居改造。跳跳岩、峒河水、古民居相映成趣，成为 209 国道边一道靓丽的风景线。

**给予产业发展支持。**湘西土家族苗族自治州委统战部、吉首市委统战部注重对该村个体工商户、家庭作坊业主进行关心和引导，抢抓相关政策措施落实，抓服务、建基地、创品牌，积极促进民族产业发展。建成了提子、草莓、桂花、荷花等六大产业示范园。2015 年，发展"坪朗豆腐"等民族传统工艺作坊 10 余家。

以谷韵绿道为支撑，发展"农家乐"和农家旅馆 20 余家，日接待能力达 400 人以上。

## 二、泸溪县白沙镇红土溪村

### 1. 村落概况

红土溪村是盘瓠神话发祥地，是盘瓠文化的生态保护区，也是泸溪唯一由国家农业部授牌的"生态家园示范村"。村庄依山傍水、风景秀丽。

2014 年，该村获得"湖南省特色旅游名村"称号。此外，该村凭借丰富多彩的民俗文化，被确定为武陵山区（湘西）土家族苗族文化生态保护实验区试点单位。

### 2. 景观资源

红土溪村的瓦乡话语言景观及盘瓠神话颇具特色。瓦乡话是一种特殊的语言，一直受到人们的关注。《泸溪县志》中描述："乡谈谜语、语曲聱牙、令人不可晓"。历代史官采用汉字记音的方法把这种"聱牙诘屈"的瓦乡话记录下来。"盘瓠神话"是一个流传于中国南方和东南亚地区十分有影响的神话。"盘瓠神话"不仅在《风俗通义》《搜神记》《后汉书·南蛮西南夷列传》等诸多古籍中有完整的记载，而且至今在中国南方的苗、瑶、畲等少数民族中广泛流传，且作为始祖或重要的图腾崇拜。这些文化遗产，既有反映心理方面的，又有反映行为方面的，既有反映精神的，又有反映物态的。特别是因"盘瓠神话"与"盘瓠崇拜"而产生的歌谣、舞蹈、绘画、雕刻、服饰、工艺等，在该村至今仍有遗存。

### 3. 文化景观保护性补偿措施及效果

传统文化保护补偿。政府主导，通过组织专家学者深入民间调研，收集整理盘瓠文化历史资料，相继出版了《沅水盘瓠文化游览》《盘瓠文化探源》《泸溪民俗拾贝》等与盘瓠文化相关的 10 多种书籍。开展盘瓠文化普查，建立档案，做到有文字、有图片、有录像片。"盘瓠传说"已成为国家级第三批非物质文化遗产项目保护名录。同时，对非物质文化遗产传承人按标准实施资金补偿：自 2017 年起，国家级传承人补助 4.8 万元/年、省级传承人 2.4 万元/年、州级传承人 1.2 万元/年。此外，还集资兴建了小型博物馆，助力传统文化的保护传承，促进农村人居环境治理和美丽宜居乡村建设的宣传教育。

村民自发保护补偿。例如，"盘瓠传说"县级传承人侯天宝，是一位民间收藏家，其多年来奔波于土家苗寨、辗转于沅水两岸，收藏了与盘瓠文化相关的物件 1000 余件，打造了文物展览馆。

### 三、凤凰县山江镇黄毛坪村

1. 村落概况

黄毛坪村位于湘西土家族苗族自治州凤凰县山江镇境内，为山江镇镇政府所在地，是全镇政治经济文化中心。该村是明清时期典型的苗族聚居区，是山、水、田、村一体共生的湘西清代生苗防御性典型聚落。村庄坐北朝南、依山而建，青砖灰瓦、层层叠叠，鳞次栉比、气势恢宏，布局整齐、结构严谨，村中道路纵横、四通八达，全用青石板铺成。村域面积 2.1 平方千米，共有 5 个自然寨 4 个村民小组，约 273 户 1264 人。

2014 年，黄毛坪村入选第三批"中国传统村落名录"。此外，该村还被确定为武陵山区（湘西）土家族苗族文化生态保护实验区试点单位。

2. 景观资源

黄毛坪村现存大量清代和民国时期民居，其平面布局与苗族生活习惯密切关联，是典型的湘西苗族民居模式。民居多选择环境宜人的向阳坡地，以适应其生产、生活、互助及安全防卫的需要。房屋依山就势，多单栋布置，以适应其分居较早的小家庭生活。

黄毛坪村苗族特色鲜明，保存着苗族婚礼词、鼓舞、苗族跳花等民间习俗。传统服饰、刺绣、花带等苗族手工艺也丰富多彩。其他工艺如织布、烤烟、碾米等都有保存。苗王府（苗族博物馆）已经成为苗族非物质文化遗产保护和传承的重要载体。

同时，能体现黄毛坪村传统风貌特征的井泉沟渠、壕沟寨墙、堤坝涵洞、石阶铺地、码头驳岸、碑幢刻石、庭院园林、古棚名木及历史上建造的用于生产、消防、防盗、防御的特殊设施等都得到较好的保存。

3. 文化景观保护性补偿措施及效果

传统建筑保护补偿。实施了黄毛坪村改造保护建设工程，对传统建筑实施保护。此外，也对现有博物馆进行了改造建设。

非物质文化保护补偿。苗族银饰锻造技艺入选湖南省第三批"国家级非物质文化遗产传承项目"，其银器做工精细、款式多样，吸收和结合了苗族传统银饰制作技艺与苗族物质精神文化。同时，对其苗族银饰实施了生产性保护，实现了"解决就业、促进保护、加强传承"的"三位一体"发展。该村仍保持着原生态的赶边边场、拦门酒等风俗，并存续有苗族银饰锻制、苗绣和苗族花带编织等非遗和民间技艺。

旅游基础设施补偿。作为第二批国家乡村旅游扶贫重点村，政府着重加强基础设施建设，改善村庄旅游接待条件，加强旅游宣传推广，加强人才培训，为旅游发展提供智力支持，提高旅游市场竞争力。

群众自发保护补偿。村民致力于黄毛坪景区建设，收集当地故事、传说，编写一套引人入胜的导游词，聘请村里有文化、会讲普通话的年轻人当景区导游，让游客感知村寨的历史沿革和风俗习惯。同时，能歌善舞的村民自发组织起来，给游客唱苗歌、打苗鼓、跳苗舞，还请苗乡能人表演"上刀山、下火海"等苗族绝技。有部分带头人在当地政府和村民支持下，修建了村道石板路、山洞、寨门、演艺场等，并聘请周边村寨 80 多名群众当演员。

## 四、古丈县默戎镇龙鼻村

1. 村落概况

龙鼻村是一个典型的苗族聚居村，截至 2018 年，村内有 8 个自然寨约 718

户 3568 人，分为 12 个村民小组，占地面积 130 亩。村庄沿龙鼻河两岸而建，三面环山、依山就势，具有"形局完整、山环水绕、负阴抱阳"之传统山水格局。村落街巷狭长通幽、院落规整有序、村野相互交融，形成有机生长、和谐共生的村落布局形态。小道与主要道路相连，形成迷宫般的巷道网格。

2009 年，龙鼻村被认定为首批"中国少数民族特色村寨"。2012 年，龙鼻村被列入第一批"中国传统村落名录"。此外，还荣获"中国苗族花鼓之乡""湖南省群众文化艺术之乡"等美誉。

2. 文化景观资源

建筑类型多种多样，如苗寨传统古民居、杨家老宅、卧龙关、四合院、苗家吊脚楼等，都极具民族特色。传统建筑飞檐翘角、层楼叠院、错落有致，尤显磅礴气势，屋顶清一色的小青瓦，一派古雅苍朴之美。青砖砌就清水山墙，山墙与木柱梁架共同承重。石雕、木刻、泥塑、彩绘等各类装饰艺术精美，内容丰富，立意深邃，技艺精湛。

历史环境要素主要有塔桥亭阁、井泉沟渠、壕沟寨墙、堤坝涵洞、碑幢刻石、庭院园林、古树名木和传统产业遗存，以及历史上建造的用于生产、消防、防盗、防御的特殊设施等。人工要素方面，白龙泉保存完好，水流常年不干，清凉甘甜，古石板路与古街基本保存完好。自然环境要素方面，齐天坡山、大坡山、蜈蚣山三山围绕龙鼻村，山体形态基本完好，龙鼻河由北向南蜿蜒，水质优良，环绕古村悠然流淌。

龙鼻村名列首批国家非物质文化保护名录的"苗族鼓舞"已成为默戎镇的一张名片。每年立秋是龙鼻村传统节日——赶秋节，七村八寨苗家人银饰盛装聚会秋场，"黛雄黛帕"（阿哥阿妹）秋千赛歌，跳鼓场竞鼓，"巴代"（巫傩师）在秋场上设坛过法祈福，"上刀梯""蹈火海""椎牛""还傩愿"等表演扣人心弦。赶秋节成了默戎地区的"狂欢节"，也是苗族民间文化艺术"博览会"。每逢春节，龙鼻村还有龙灯、蚌壳灯、板凳龙、狮子灯、花灯等活动。除此之外，还有"二月二"土地节、"三月三"挑葱会、谷雨祭、丰收（茹酒）节等。这些节日中文化活动和习俗一直沿袭至今。由于苗族保存许多完好的历史遗风，其服饰文化也很有特色，绚丽多彩的绣花衣及银饰等都是历代苗族妇女的杰作，被称为"穿在身上的史书"，具有重要的民族学、民俗学、原始宗教等研究价值和观赏价值。

3. 文化景观保护性补偿主要措施及效果

积极开展传习所、生产性保护基地等基地建设。创办了龙鼻村苗族银饰锻造技艺传习所，传习所将保护和传承苗族银饰锻制技艺作为首要职责，致力于对苗族传统文化、工艺的挖掘、保护。已挖掘、复原、整理苗族银饰锻制技艺的工艺有：溶化、锻造、浮雕、透雕、圆雕、冷拉丝、搓丝、多层掐花、编丝、吹焊、镶嵌等。由国家级、省级、州级传承人牵头，还建办了古丈县龙鼻村苗族鼓舞传习所，通过鼓舞表演、课堂讲授等方式，将其与旅游观光等结合起来，传承、传播优秀民间文化，实现文化经济价值。与此同时，这些传习所积极实施非物质文化遗产的传习授课功能，充实传承人数量，扩大传承人队伍。

积极挖掘地方传统文化，满足群众需求。2005 年，在宣传、文化等部门的支持下，投资 50 万元、面积 540 平方米的龙鼻村民族文化站竣工，为该村群众文化活动迈上新台阶创造了良好的环境。2018 年以来，该村共培训业余文艺骨干 300 多人次，挖掘整理具有地方特色的苗家拦门、迎宾礼等濒临失传的民间文化 4 类，开展文化活动 80 场次，丰富和提升了群众精神文化生活品位。

抓好民族文化宣传，提升知名度。经宣传、文化等部门牵线搭桥，充分发挥龙鼻村文艺团队的主力军作用，龙鼻村四方鼓舞队相继参加了"2005 年中国上海民谣、民舞、民乐艺术节""CCTV2006 年飘柔中国北京民族民间歌舞盛典""2006 年中国杭州大众电影百花奖颁奖盛典开幕式""2006 年中国郑州农博会开幕式""2006 年中国长沙国际文化遗产日开幕式"等大型文化交流活动。开展文化交流活动，丰富了群众精神文化生活，传承弘扬了民族民间文化，提升了龙鼻村的知名度，促进了经济社会发展。

旅游基础设施建设方面，龙鼻村 2014 年启动实施了丹青河流域默戎段治理工程项目，2015 年完成苗寨石板路铺设、特色民居改造、风雨桥架设和亮化等基础设施建设，2016 年修建停车场和苗族鼓舞传习所，2017 年新扩游步道 4 条并新建了餐饮接待中心。

旅游开发商经济补偿方面，湘西墨戎苗寨乡村游有限责任公司实施核心景区内新修木质结构房屋政策，按照 600 元/米$^2$ 的标准进行奖补，扭转了村民大规模拆木房子建砖房子的趋势。同时，该公司还推出代缴全体村民新农合/新农保、景区百姓按房屋栋数参与分红等富民惠民政策。此外，公司还安排了一些特定的岗位给一部分年老体迈或是身体残障的村民。

群众自发保护补偿方面，在早期，村组干部和其他党员干部、热心文化活动的群众自发进行捐款，以挖掘弘扬苗族鼓文化。随着群众文化市场的不断繁荣和群众文化活动的不断活跃，开始有组织有计划地培训文化骨干，开展群众文化活动。

## 五、花垣县排碧乡大洞冲村

1. 村落概况

大洞冲村为典型的苗族聚居地，苗族人口达 96.7%。全村 7 个村民小组 2018 年约 180 余户 800 余人，主要姓氏为吴、石、杨等。

2. 景观资源

大洞冲村苗族文化保存完好，如赶秋节、椎牛、上刀梯、八人秋千、苗族鼓舞、苗族武术等。尤其是苗族巴代（古）文化底蕴深厚。巴代文化，属于苗族主流文化，以祭祀为主要文化特质。"巴代"就是苗族祭祀仪式、习俗仪式及各种社会活动仪式这三大仪式的主持者，更是苗族文化的传承者，是苗民族的上层文化人。自古以来，"巴代"一直普遍受到苗族人民的尊重和崇拜，被人们敬称为"苗族历史活化石"。

3. 文化景观保护性补偿措施及效果

政府主导型补偿。一方面，对非物质文化遗产传承人按标准实施补偿：自 2017 年起，国家级传承人补助 4.8 万元/年、省级传承人 2.4 万元/年、州级传承人 1.2 万元/年。另一方面，投入专项资金，购置了苗鼓、铜锣、罗汉头等设备，组建了村文艺队，丰富了群众的精神文化生活。

传承人自发式参与。石寿贵等一些非遗传承人和他们的家属们在本家祖传苗师"巴代雄"、客师"巴代札"、苗道"巴代研"等"巴代"文化资料基础上，花了近 30 年的时间，耗资 30 余万元，先后走访了四川、贵州、湖南、湖北、重庆等周边苗区内的数十个有名望的巴代坛班，行程 10 多万千米，广泛深入地挖掘、搜集资料，编辑整理"苗族巴代文化系列丛书"《苗族巴代内坛秘籍》和《苗族道场科仪本汇编》等苗族巴代文化资料，在世界苗学界产生了强烈反响。

创建"巴代"文化保护基地。2013 年，以大洞冲村原"石寿贵巴代文化研究基地"为基础，以 9 个巴代坛班、19 名巴代传人所传承的巴代文化为内容的非行政性质的民间文化传承保护组织"苗族巴代文化保护基地"正式挂牌。2014 年，10 余个"坛堂"陆续修复修缮，当地的"巴代"文化得到有效保护。

## 六、保靖县夯沙乡吕洞村

### 1. 村落概况

吕洞村位于神奇美丽的吕洞山麓，由新田、格重、雀儿三村合并而成，截至 2018 年全村共 3 组约 320 余户。该村依山傍水，依地势展布，是典型的苗族聚居区，苗族风情浓郁。

吕洞山风景区 2009 年被湖南省政府确定为省级风景名胜区，当年 7 月列为乾州古城核心景点圈；2010 年被湘西土家族苗族自治州委、州政府列入酉水·吕洞山重点旅游开发项目，2012 年入选湘西 18 处"我心目中的湘西美景"之一。2013 年，吕洞村被确定为武陵山区（湘西）土家族苗族文化生态保护实验区试点单位。同时，该村还被纳入湘西文化生态核心保护区。

### 2. 景观资源

该村傍水而居、依山而建，高低错落有致，清一色的木质结构，还夹杂着不少吊脚楼，构成赏心悦目的半山风情。特色民居年代久远，承载苗家历史信息和文化内涵。

鲜明的苗族服饰、苗鼓、苗画、祭祀、建筑等苗族文化，赶边边场等民风民俗，以及独具特色的苗族饮食、苗药、苗家接龙、祈雨与拿龙、巫傩绝技等独具特色的民族文化依然保存完好。

3. 文化景观保护性补偿措施及效果

传统建筑保护补偿。从百年民居中寻找元素，对苗寨环境进行保护和改造，2018年全村投入800万元，对村间道路、民居庭院进行了修缮；投入400万元，对村内民居进行了一户一策的改造。同时，还规划建设了圣山祭祀台、苗族生活民俗陈列室、生产民俗陈列室、苗族非物质文化遗产体验区等。

传统文化保护补偿。一方面，积极进行文化宣传，通过举办"传承苗族文化、倡导文明新风"讲堂，传承苗族文化，弘扬苗族美德，激发村民的文化自信，投身传统文化景观保护。另一方面，实施了资金及项目补偿，自2017年起，国家级传承人补助4.8万元/年、省级传承人2.4万元/年、州级传承人1.2万元/年。同时，近年来，政府连续投入资金200余万元，建立了苗族文化传习所、苗族文化展示厅，为文化传承提供了基地。

## 七、永顺县大坝乡双凤村

1. 村落概况

双凤村坐落于海拔800多米的深山处，四周山峦环抱、古木参天。村庄布局根据地势变化形成簇状，散落在山体间。村寨建筑分布集中、保存完好，依山势而建，建筑朝向并不严格地坐北朝南，而是高低错落有致。2018年，全村约户籍人口325人、常住人口90人，村域面积4.3平方千米，是一个土家民族村。

在20世纪50年代的民族识别中，国务院特派民族学、语言学专家潘光旦教授来到永顺，将双凤村作为样本村，搜集整理了大量土家族作为单一民族特质的资料，并以此为据于1956年正式确定土家族为单一民族，双凤村也被众多民族学、民俗学专家公认为"中国土家第一村"。2006年，永顺县正式为双凤村成立了民族文化保护小组,开始对其进行规划性的保护。2009 年,双凤村先后被认定为首批"中国少数民族特色村寨""湖南省少数民族特色村寨"。2012 年,双凤村被列入第一批"中国传统村落名录"。2013 年 10 月,双凤村成为湖南省级历史文化名村。2014 年 6 月,双凤村被列入"中国传统村落整体保护利用项目"首批实施名单。2019 年,双凤村被列入第七批中国历史文化名村名单。

2. 文化景观资源

双凤村的建筑形式都是木结构的穿斗式、干栏式建筑,民居多为吊脚楼,皆沿小溪两旁依山而建。清至现代建筑,均为木质结构小青瓦形式,临溪有吊脚楼和凉廊,古朴实用,不尚奢侈华丽,是土家文化保存最完好的村寨。建筑制式均为"五柱四棋"和"三柱四棋",三开间、穿梁、歇山式,部分带厢房和吊脚楼。建筑雕花构件较多,图案为"双凤朝阳""野鹿含花"等土家传统图案。摆手堂等代表性建筑翘角较高,做工比较讲究。村寨建筑体现了典型的土家文化,对土家族的民族认定、文化传承、民族发展具有极大贡献。

双凤村最主要的历史建筑包括双凤寨门、摆手堂、吊脚楼群等,这里曾有九街八巷,现仅存五条街道正街和左街道路状况较好。除此之外,还完好地保留着明清时代的古桥三座,古岩洞一处,古树若干棵。双凤寨门为传统木建筑,大门楼檐翘角上翻如展翼欲飞,正上方是雕花构造,图案为土家图案"双凤朝阳""野鹿含花"。摆手堂是土家族用于祭祀祖先和跳摆手舞的"廊场",设有大门,门内为一环形坪坝,坪坝中央是火坑,供村民跳摆手舞时燃烧篝火,火坑正前方为"土王祠",祠内供奉着土家族的祖先。每到春节过后,双凤村居民不分男女老幼,身穿节日盛装,聚集摆手堂前,在"梯玛"或"掌坛师"的引导下,唱起欢快的摆手歌,表演各种艺术节目。吊脚楼都依山而建,在平地上用木柱撑起,分上下两层,节约土地。上层通风、干燥、防潮,是居室;下层关牲口或用来堆放杂物。吊脚楼上有绕楼的曲廊,曲廊还配有栏杆。

双凤村境内无河流,而水又是村民生产、生活不可或缺的要素,所以井便成了双凤村一道特别的风景。村里完好地保留着祖先们流传下来的 9 口古井,井水甘醇清冽、冬暖夏凉、清澈见底。石磨是用于把米、麦、豆等粮食加工成粉、浆的一种装置。油坊是用传统方法加工食用油的地方，一般规模不大，用石器、木材、金属物等器具把油料里的油压榨出来，也叫物理压榨，是既安全、又营养的压榨方式。

双凤村的民俗文化多姿多彩，岁时节俗就有春节、二月二、社巴节等，更有许多民间演艺文化，还有许多特色的饮食风俗和民间艺术。毛古斯舞、摆手舞、土家族过赶年等具有土家族民族标识的民族文化，在这里仍然完美地保留着。土家族摆手舞集歌、舞、乐、剧于一体，表现开天辟地、人类繁衍、民族迁徙、狩猎捕鱼、桑蚕绩织、刀耕火种、古代战事、神话传说、饮食起居等广泛而丰富的历史和社会生活内容。摆手堂内的活动内容有闯驾进堂、扫邪安神、祭祀祖先、唱"梯玛"歌、跳摆手舞、演毛古斯舞等，是土家族文化的大盛会。

3. 文化景观保护性补偿主要措施及效果

按照保持传统村落完整性、真实性和延续性的总体要求，坚持因地制宜、规划先行、保护优先、民生为本的原则，多措并举，开展传统村镇文化景观保护性补偿，促进文化景观有效保护。

财政补贴。双凤村作为重点保护村落（国家首批传统村落整体保护利用项目入选村落、湖南省少数民族特色村寨、湖南省级历史文化名村等），获得的各类专项保护资金较多。例如，中央财政支持、重点文物保护专项补助资金、中央农村环境整治资金、非物质文化遗产项目代表性传承人补助资金等，有效支撑了传统村镇的建筑保护修缮、生态境修复、文化传承等保护性补偿内容。

技术指导补偿。永顺县多次组织技术专家在双凤村进行茶叶、养蜂等种养技术培训，开展传统生产技术指导补偿。双凤村气候温和、湿润，土壤含有丰富的有机质，适宜茶叶生长，村内生产活动以务农、种植茶叶、养蜂等为主。目前，茶叶种植已形成小规模，当地村民每家每户均种植一定规模的茶叶（绿茶），结合永顺县官亭云雾茶叶专业合作社等农民专业合作经济组织进行加工销售。此外，还引进了茶叶新品种（紫茶），茶叶生产前景较好。蜜蜂养殖方面，有小部分村民从事蜜蜂养殖，收入状况较好。

非物质文化保护补偿。开展了传习所、生产性保护基地等阵地建设工作。双凤村土家族毛古斯舞（摆手舞）传习所的传承人长期开展各类非遗培训活动，吸引了远近爱好者前来学习，到2018年已累计培训2000多人次。此外，传习所建立后，有了场地、音响设施和组织带动，村内老年人、年轻人和孩子都加入了土家族毛古斯舞和摆手舞的队伍中，几乎人人都会跳。

旅游基础设施建设补偿。根据《关于2018年大湘西地区文化生态旅游精品线路建设拟支持项目的公示》等文件，湖南省支持的永顺县"土家探源"双凤村旅游精品景区建设项目地址位于老司城景区、双凤村，主要建设内容包括：游客服务中心、旅游厕所、游步道、观景平台、主题雕塑、门楼、民宿客栈、标识标牌、智慧旅游系统等。

总体而言，双凤村针对传统建筑景观、自然山水环境景观、传统文化景观等进行了补偿，在服饰、饮食、建筑、人类社会等各方面都保留着土家族原始的民族文化特点，是目前中国保存最完整的土家族民俗文化村之一。建筑保护方面，政府修缮工作到位，村民积极参与，村内摆手堂、八字门、九蓉庵、官厅、土家祠堂、五谷祠、接龙桥、转角楼群等传统土家特色建筑一应俱全，保存完好。文化遗产方面，毛古斯舞、摆手舞、土家年等传承较好。每逢过年过节或农闲时节，附近"七寨半"的男女老幼聚集在双凤村摆手堂前，升起龙凤旗，打起土家镏子，唱起土家山歌，跳起毛古斯舞、摆手舞，祭祀祖先，自娱自乐、悠闲度日。文化传承方面，村内有两位州级非物质文化遗产传承人和两位省级传承人。

## 八、龙山县苗儿滩镇捞车村

### 1. 村落概况

捞车村位于龙山县苗儿滩镇境内靛房河与洗车河交汇处，是一个自然古村寨，一侧连山、三面环水，主要民族为土家族。整个古村呈"八卦"形状。"三山套三河、三河绕三寨、一桥通三域"是捞车村的总体格局。村中民居坐北面南、依山而建，整齐有序，景象壮观。200余栋古民居以摆手堂为中心，按照中国传统模式布局，充分体现古人"天人"的建筑理念和人与自然和谐统一的生存理念。捞车村的历史悠久灿烂，早在明代，捞车河两岸就出现了"男耕女织、户多机声"

的繁荣景象。后为抵抗外患，土家族在此地集居而成村落。

2009 年，捞车村被认定为首批"中国少数民族特色村寨"；2014 年，列入第六批中国历史文化名村名单；2015 年，列入第三批"中国传统村落名录"。捞车村因古朴厚重的土家原生态文化，俊美的山形水系及生态环境受到了公众的青睐，被誉为"原生态民族民间文化遗产博物馆""土家原生态民居博物馆"。此外，还获得了"中国民间文化艺术之乡""中国土家织锦之乡""湖南省级生态村""湖南省民族特色村寨""湖南省文物保护单位"等荣誉称号。同时被北京大学、清华大学、中南大学、湖北民族学院、西南大学、吉首大学等二十多所高等学府选为"田野科研实习基地"。

2. 文化景观资源

该村最具特色的建筑为明清古建筑群，为武陵山区内少见，有古式油房、摆手堂、风雨桥等特色建筑，按照中国传统模式，围绕摆手堂及主巷道有序排列。捞车村保存完整的古民居皆为硬山式，青砖青瓦，以青灰色为主调，色彩清淡而朴素，是"儒家布衣白屋"思想的体现，形制方方正正，有稳重、踏实、端正之感。历史建筑由块面与线条构成，既简洁又明朗。中心突出，规划严整，布局严谨。

村庄建筑高度以 1、2 层为主，3 层及以上建筑较少。当前，新老建筑混杂，呈现出不同年代建筑相互混杂的特点。截至 2018 年，全村 200 余栋民居中，有明代建筑 5 栋、清代建筑 58 栋、民国时期建筑 34 栋。绝大部分的历史建筑建造于清代至民国时期，此时建造的房屋基本集中成片，是湘西地方特色，为古村风貌的主导部分。还有少量的明代老宅，格局完整。这些建筑在经过一定的修缮后，是反映明清传统民居形式的典范。

除了古式油房、摆手堂、风雨桥等特色建筑，村庄北面还建冲天楼，南面建有榨油坊和接待中心，村庄中间有刘代娥的织锦手工艺展示区。从整体布局来看，巷道、河塘沟渠构成了村落的基本元素，摆手堂、冲天楼等公共建筑成为村落中最重要的公共活动中心，接待中心及沿捞车河风光带是人们日常交往的活动空间。

"捞车村惹巴土家风雨桥"意为"捞车河上美丽的土家风雨桥"。它连接捞车河上的捞车、梁家寨、惹巴拉三个土家古村寨,桥为三向构造,呈"Y"字形,全长288.8米,完整地保留了土家风雨桥的特色和建筑符号,成为世界上最长最具土家特色的土家风雨桥,创造了新纪录。

捞车村历史悠久,人杰地灵,保留着许多的传统风俗,有土家山歌、"梯玛"歌、打溜子等。土家山歌的历史渊源与土家族的起源及演变过程息息相关,其旋律、节奏、调式、歌唱、歌词、衬词等是由地理环境、社会生产、民风民俗、宗教信仰等因素所决定的,并体现出土家族独特的音乐风格。

巷道两边有高大的清水砖墙和木结构房子,幽静狭长的巷道与历史建筑有机融合,成为一道独特的景观。巷道采用青石板组合河卵石铺成,青石板磨得光可鉴人,见证了村庄的兴衰历史。青石板下面是排水沟,既美观又造价低廉,主要承担着排污泄洪的功能。

### 3. 文化景观保护性补偿主要措施及效果

龙山县文物管理局将捞车村文物整体保护利用工程列为重点项目之一,积极推进文物合理利用和保护性补偿工作,做好文化遗产保护、传承及发展,推动"文化龙山"建设。

基础设施建设方面,政府在旅游扶贫示范村建设、完善乡村旅游基础设施(如打造星级农家乐、建造特色土家客栈)等方面给予了大量资金、政策支撑。

建筑修缮方面,通过实施龙山县土家特色村寨捞车村民居改造项目,捞车村的50栋古民居已改建完成,土家冲天楼建设完成投资40万元,后续木工建设有序展开。

开展了传习所、生产性保护基地等阵地建设。2006年,刘代娥荣获第一批国家级非物质文化遗产项目(土家族织锦技艺)代表性传承人。2011年,捞车村刘代娥土家织锦技艺传习所被纳入首批国家级非物质文化遗产生产性保护示范基地。2018年传习所有织机90余台,从业人员120余人,每年举办免费传习培训活动30期,培训人数达600余人次,越来越多土家姑娘开始尝试着用牛骨挑起彩线开始织锦。同时,通过现场演绎土家织锦制作精湛技艺,精美的土家织锦吸引了许多观众前来观看，有效促进了捞车村文化景观保护与旅游业的发展。

## 第二节 非遗集中成片型保护性补偿村寨

为做好传统村镇保护工作，湖南省印发了《湖南省全国重点文物保护单位和省级文物保护单位集中成片传统村落整体保护利用实施方案》，计划重点实施28个传统村落保护利用项目，配套开展保护性补偿工作，形成示范效应。其中，湘西共计9个，包括凤凰县阿拉营镇舒家塘村、凤凰县都里乡拉毫村、古丈县高峰乡岩排溪村、古丈县红石林镇老司岩村、花垣县边城镇磨老村、吉首市矮寨镇中黄村、龙山县苗儿滩镇惹巴拉村、永顺县大坝乡双凤村①、泸溪县达岚镇岩门村。

根据方案要求，湖南省将以省级及以上文物保护单位为重点，通过实施传统村镇文化景观保护性补偿工作，重要文物古迹、乡土建筑、传统民居基本消除险情，得到全面维修、维护和合理利用；非物质文化遗产得到科学发掘和合理利用，乡土文化活态传承的机制基本建立；传统风貌、格局得到保持和改善，自然生态环境得到维护和优化，消防、防灾避险等必要的安全设施及水、电、路、通信等基础设施基本齐全，符合历史文化价值的特色产业得到培育壮大，原住居民相对稳定，民生状况进一步改善。通过资金、实物、政策等多种补偿方法，传统村镇文化景观保护工作得到可持续发展。

### 一、凤凰县阿拉营镇舒家塘村

**1. 村落概况**

舒家塘村是边城最主要的一座营盘，地处湘黔要冲，"西托云贵、东控辰沅"，

---

① 第一节中已进行过相关介绍，本节不再详述。

历来是兵家必争之地。舒家塘村是凤凰县少数民族古堡建筑群保护较完好的村寨，村中有舒家塘古城堡，是凤凰古军事城堡群的重要组成部分，最初为北宋杨家将后裔修建，明清时修筑为湘西边墙军事防御体系，改革开放后形成村落。全村面积3.7平方千米，分聚两个自然寨（舒家塘、毛坪），2016年约277户1226人，主要民族为土家族。整个村庄大致呈三边形，三边环山，呈半月状环抱城堡，形成天然防线，村内以种植水稻、烤烟等作为主要农作物。

2006年，舒家塘村被确立为全国重点文物保护单位。2012年，被列入第一批"中国传统村落名录"。此外，舒家塘村还入选了"全国重点文物保护单位和省级文物保护单位集中成片传统村落文化遗产整体保护利用示范村"。

2. 景观资源

舒家塘村内有大量明清时期建筑，为穿斗式木结构，墙体用板石垒砌，小青瓦坡屋顶，带有浓郁的地方色彩，窗、撑栱、雕花等的特色鲜明。中华人民共和国成立后建设的新民居，同样就地取材，木结构、板石、青瓦屋顶，与村寨的古堡风格较为协调统一。建筑布局紧凑，集中成片，通常做成场院形式，场地也成为晒谷和室外活动的场所。舒家塘村内保留较好的传统建筑为舒家塘城堡，古城堡周围由构筑恢宏的古城墙环绕，略呈圆形，是明清时期的古堡建筑。舒家塘古城堡是舒家塘村最具标志性的景观。

舒家塘村的文化习俗包括民歌、舞蹈和各种当地的节日。民歌丰富多彩，在流传过程中自然形成了山歌、小调、风俗歌、儿歌、劳动号子等多种类别。摆手舞是古老的传统舞蹈，它集舞蹈艺术与体育健身于一体，有"东方迪斯科"之称，反映了土家人的生产生活，如狩猎舞表现狩猎活动和模拟禽兽活动姿态。此外，还有舍巴日（俗称摆手节）、跳马节、四月八、六月六、七月半等极具特色土家节日、活动。

3. 文化景观保护性补偿主要措施及效果

财政补贴。舒家塘村作为国家传统村落整体保护利用项目入选村落、国家重点文物保护单位等，获得中央财政支持、重点文物保护专项补助资金等各类专项保护资金，有效支撑了传统村镇的建筑保护修缮、生态环境修复、文化传承等内容,促进了传统村镇文化景观保护性补偿工作。

整体搬迁,集中保护。2014年7月,为保护舒家塘古城堡和挖掘城堡文化旅游价值,凤凰县结合国家传统村落保护、文保单位修复及危房改造工程,组织实施了舒家塘传统村落暨危房改造示范工程,投资1500万元实施城堡内54户住户整体搬迁,在古城堡附近重新建设苗族特色的风情村落,用于村民生活居住并发展旅游产业。2016年6月底,实施了搬迁入住仪式,首批已全面搬迁入住。与此同时,还配套建设了生产空间,用于传统家畜圈养等。

旅游基础设施建设补偿。2017年凤凰县共完成投资1095万元,对菖蒲塘村、老洞村、拉毫村、老家寨村、舒家塘村、长潭岗等23个重点乡村旅游区(点)实施游客服务中心、旅游厕所、停车场、旅游标识标牌、景区安全防护栏、游步道等旅游基础设施、配套设施建设。此外,舒家塘村还投入上千万元实施了污水管网及收集处理工程、10余亩绕村荷塘修复工程等多项工程建设。

## 二、凤凰县都里乡拉毫村

1. 村落概况

拉毫村是一个苗族聚集村寨,包括埔上、营盘、店上、卡上4个自然寨。2018年全村约415户1968人,土地总面积7812亩。拉毫村高居山坡之上,与周边的山体、山下的梯田,共同构成一个典型的山地聚落空间。拉毫村俗称拉毫营盘,原是"苗疆边墙"(经专家认定为南方长城)的一个讯堡。全村有完整的防御体系,共设3个城门,有总爷衙门和总司衙门,2座保家楼,承载了大量的历史文化信息,体现了苗族村落选址与建造水准。

2006年5月,拉毫村被列为全国重点文物保护单位。2012年,被列为第一批"中国传统村落名录"。此外,还入选"全国重点文物保护单位和省级文物保护单位集中成片传统村落文化遗产整体保护利用示范村"。

2. 景观资源

拉毫村内约80%的传统建筑建造于清代和民国时期,且集中成片。传统民居通常做成场院形式，宽敞的场地用于晒谷物和室外活动，用低矮的围墙围合。村内保留较好的传统建筑为城墙石板建筑群，带有典型的苗寨建筑风格。总体而言，村内传统建筑保护得较完好，村内巷道以青石板为主，街巷平整，沿地势起伏蜿蜒。大部分居民在山坡居住，只有少数散户分散在周边其他地方。现存建筑分为1~3层不等。位于村寨南侧的水井，井口及周边环境保存较完好，外围建筑因年久失修，局部已损坏。井上刻有一对联："忆昔日玉泉潺潺山石流，看今朝琼浆滚滚池边飞"，横批："万众幸福"。

拉毫村的民族服饰、苗族民歌和歌舞、民间演艺和民间习俗等，至今仍以活态方式传承。拉毫村定期组织赛民歌、斗苗舞等村民活动，为游客提供展示型演出，打造村寨特色文化。民间演艺有苗族椎牛、苗族打猪、苗族巫术等。

3. 文化景观保护性补偿主要措施及效果

财政综合补贴。拉毫村作为国家传统村落整体保护利用项目入选村落、国家重点文物保护单位等，获得中央财政支持、重点文物保护专项补助资金等各类专项保护资金，有效支撑了传统村镇的建筑保护修缮、生态环境修复、文化传承等补偿内容。

传统建筑保护补偿。拉毫村制定了保护传统民居的村规民约。政府出资对破损房屋进行修复、改造，以使村寨保持整体风格。

基础设施建设补偿。作为重点乡村旅游区（点），政府出资实施了游客服务中心、旅游厕所、停车场、旅游标识标牌、景区安全防护栏、游步道等旅游基础设施、配套设施建设，为村庄基础设施建设与保护提供了必要的补偿。

## 三、古丈县高峰乡岩排溪村

1. 村落概况

自明清以来，黄氏族人迁徙于此，造田耕土、繁衍生息，形成现岩排溪村规模。2018年全村共辖6个自然寨，全村约248户1116人，村域面积12平方千米，是一个多民族共融的村落。

2005 年以来，该村先后获得县级文物保护单位、县级民俗文化村、第一批中国传统村落、省民俗摄协"摄影创作基地"等荣誉称号。2011 年，岩排溪古建筑群被列为第九批省级文物保护单位。此外，该村还入选"全国重点文物保护单位和省级文物保护单位集中成片传统村落文化遗产整体保护利用示范村"。

2. 人文景观资源

岩排溪村依山而建，坐北朝南，村落林茂竹翠，水利条件优越，素有九龙之水（九条溪渠）灌溉千亩之田之称。全寨分大村、小村和向家村三组，集中分布在号称"千亩古田盛汗水、万丘稻浪叠家园"的梯田中心。古民居、古梯田、古渠道、古金洞等构成了原始的村落格局。

村内建筑多为明清古民居，多为转角楼、吊脚楼、三合院（俗称手推车式）式，房屋的保坎均由石头干砌而成，建筑别具一格。为防匪盗偷袭，还筑有护宅土围墙，壁有枪眼和瞭望窗、瞭望孔。村寨街道为石头铺就，梯田田坎均由石头干砌而成。古水渠则是在悬崖峭壁上开凿而成，曾有"一升岩粉一升钱（铜钱）"之说。

岩排溪村最显著的景观就是层层的梯田，从山脚到山腰、从此山到彼山、连绵不断、阡陌纵横，"佤乡岩排人画间，九座观音九龙泉；春水如镜映天象，夏绿微风动波澜；秋金甸甸庆辉耀，冬雪丘丘是盐田；千亩古田盛汗水，万丘稻浪叠家园"是对岩排溪村梯田景观特点的形象描绘。

村内的古老景观要素还包括：古石板路、古井、古排水口、古河道、古水渠和古树等。此外，岩排溪周邻尚留有采金矿业遗存，还有古金矿洞存在，为研究少数民族地区古代水利工程和工矿业的兴起，提供了不可多得的实物资料。

岩排溪村传统文化内涵丰富，傩言山歌、对歌、送夫哉、高腔、打镏子、刺绣、雕花、跳香、哭嫁、拦门、节庆、打糍粑、民族医药、木匠、铁匠、篾匠、榨油等多种少数民族文化在岩排溪集于一身，堪称非物质文化的"活化石"。

3. 文化景观保护性补偿主要措施及效果

财政补贴。岩排溪村作为县级文物保护单位等，获得中央财政支持、重点文物保护专项补助资金等各类专项保护资金，有效支撑了传统村镇的建筑保护修缮、生态环境修复、文化传承等补偿内容。

传统建筑保护补偿。实施了岩排溪村传统村落环境整治项目、传统村落文物保护——古民居修缮工程项目等多个项目，对传统建筑、文物等进行保护。

## 四、古丈县红石林镇老司岩村

### 1. 村落概况

老司岩村地处湘渝二省交界，处于猛洞河、王村、坐龙峡、红石林的中心区域，是土家、苗、汉杂居的千年古村落，2018年全村约173户723人，土地总面积6300亩。村东、北、西三面环绕酉水河，交通便利，自古以来就是"西至巴蜀、北通湖湘"的必经之地。明朝时期，因其地理位置优越，各方商贾云集，逐渐兴盛。鼎盛时因其繁华而得"小南京"之名。

2002年5月，老司岩村民居被列为湖南省省级文物保护单位。2012年，被列入第一批"中国传统村落名录"。2018年，入选第五批湖南省历史文化名村。此外，该村还入选"全国重点文物保护单位和省级文物保护单位集中成片传统村落文化遗产整体保护利用示范村"。

### 2. 人文景观资源

该村为湘西较为完整的土家族民居群落，村内存在大量明清及民国时期的建筑。其传统村落格局和整体景观风貌可以概括为"三街一墙连节点、一河三山映岸田"的"山-水-村"有机统一协调的格局。村庄遗存有三华里长的石板路古街道、清代古井、店铺、3座四合院、花园、私塾及清咸丰年间修建的伏波宫、石碑等。另有许多古代民俗文物，如纺车、米升、碓磨、桐油灯、三滴水床、箱柜等。其建筑中的石雕、窗棂、门楣等，图案精美、工艺精湛、保存完好，堪称古代土家族艺术之精品。除文物古迹、历史建筑以外，还有古桥、古井、铺地、水塘、树木、古街道、古城墙、古井、古树、古墓、古码头原址及古碑等。

老司岩村的土家人能歌善舞，土家山歌、挖土锣鼓歌别有一番土家风情，至今仍保留着摆手舞、打镏子、哭嫁等非物质文化遗产。

3. 文化景观保护性补偿主要措施及效果

传统建筑保护补偿。政府投资近百万元进行传统村落环境整治工程，包括饮用水源环境保护工程、生活污水处理工程、生活垃圾处理工程、村内户外公益事业建设及绿化美化等工程内容。

民间组织保护补偿。2006年，老司岩民族民间文化遗产保护协会成立。该协会由村民自发组织，经县民间组织管理局依法批准成立，县文化局指导其业务活动。协会有会员近200人，组建了土家族溜子表演队、土家族摆手舞表演队、阳戏剧团等民族文艺表演团体，成立了老司岩民居文物保护小组。协会成立后，通过表演一些群众喜闻乐见的文娱节目，开展文物保护法律法规宣传活动，推动民族民间文化遗产的保护。与此同时，一些志愿者还组织了腰鼓队、秧歌队、打溜子队、山歌队、舞龙队等，跳起了摆手舞，重建了阳戏和汉剧团，组织了义务导游队，为本村的旅游事业发展起到了积极的推动作用，助推了该村文化景观保护性补偿工作。

## 五、花垣县边城镇磨老村

1. 村落概况

磨老村为典型的苗族聚居村寨，村域面积4.2平方千米，2018年户籍人口约538人，常住人口约300人。在此，清水江河道中心线为湘、黔两省分界线，过清水江即为贵州省松桃苗族自治县迓驾镇碗森村猴儿跳寨，这使该村成为名副其实的"一脚踏两省"之地。

2012年，磨老村列入第一批"中国传统村落名录"。2014年，列入第一批中央财政支持范围的中国传统村落名单。2018年，入选第五批湖南省历史文化名村。此外，该村还入选"全国重点文物保护单位和省级文物保护单位集中成片传统村落文化遗产整体保护利用示范村"。

2. 文化景观资源

根据近年来的考古调查，磨老村的历史最早可追溯到商周时期，且在村落周边分布有商周、战国、汉代，直到宋元明清时期的遗址、窑址、古墓葬，崖墓群等,种类丰富,历史延续性强。村庄选址呈"四面环山、负阴抱阳"的围合之势,形成天然屏障,整体布局呈 V 字形,依地形呈"干支式"结构,体现了强烈的儒家"合中"意识和浓郁的世俗伦理观念。

该村传统建筑为木结构,砖墙围护,木雕、石雕、砖雕丰富多彩。龙家大院等传统建筑历史感厚重,花窗雕刻精美、内部结构独特。尤其是龙家大院,建筑风格之奇、建筑艺术之美,堪称"古建第一房"。

磨老村民俗文化丰富多样,民族风俗保存较好,苗族技艺传承性强,如猴儿鼓、苗医苗药、苗绣、上刀梯、踩铧口、苗族武术、巴代非物质文化遗产等,都是苗族人民勇于拼搏、追求美好生活的写照。

### 3. 文化景观保护性补偿措施及效果

传统建筑保护补偿。政府出资,开展了文物修缮工程,主要涉及省保单位龙家大院、龙家二院等的文物本体修缮、复原及其他相关保护性补偿内容。

旅游基础设施建设补偿。投资 160 多万元,开展了磨老村游客服务中心附属配套设施公厕及厨房建设项目,新建了一座苗族传统典型木制建筑风格的村游客服务中心。此外,整合资金约 564 万元,开展了道路硬化、石板路改造、太阳能路灯安装、小型垃圾焚烧炉建设、寨内水井整修、建仿古凉亭、修建人工湿地、饮用水源整改保护、建标准水池和铺设饮用水管道、配备垃圾转运车和保洁车、建污水处理站等传统村落保护项目建设。

苗医非物质文化补偿。开展苗医非物质文化补偿工作,如开设传习所、建设生产性保护基地等。2018 年该村有约苗医药师 6 人,尤以传承 200 多年龙姓村民的独门苗方接骨疗法疗效突出。边城镇磨老村苗医药接骨疗法传习所被列入第一批县级非物质文化遗产传习所,有效促进了苗医药接骨疗法的传承。

## 六、吉首市矮寨镇中黄村

### 1. 村落概况

中黄村又名重午古苗寨,2018 年辖 3 个自然寨,共计约 202 户 1018 人,村域面积1.15平方千米，是吉首市目前少数民族民居建筑保持最完好的村寨之一。中黄村始建于清末，依山而建，至今已有100多年历史，曾有"五岭七寨八百家、三个岩门打不开"之说。2017年有古民居约68栋200余间，有古老的造纸作坊、水车、水碾、古井、古树、古石板路、风雨桥、古驿站等，以及民国中黄乡公所旧址，是吉首、保靖、花垣三县市交界处罕见的、保留完好的苗族木质结构"籽蹬屋"为代表性民居建筑。

2009年，中黄村被认定为第二批"中国少数民族特色村寨"。2012年，被列为中国第一批传统村落名录。此外，该村还被授予"全国重点文物保护单位和省级文物保护单位集中成片传统村落文化遗产整体保护利用示范村""湖南省历史文化名村""湖南省美丽村寨""湖南省旅游特色名村""湖南省经典文化村寨"等荣誉。

2. 文化景观资源

中黄村作为一个典型的苗族聚居村，村内建筑布局较为紧凑，约50%的传统建筑建造于清代和民国时期，村内古建筑群多为罕见、保留完好的苗族木质结构"籽蹬屋"，比较典型的如黄乡公所、杨氏书院、绣花楼等。房屋多为悬山顶穿斗抬梁式结构、青瓦屋面、翘角飞扬，其木雕石刻、柱础、窗花、彩绘等多姿多彩、特色鲜明。同时，村前村后古木参天，与古道、古井、古桥一起印证了中黄传统村落悠远的历史。

中黄村保留有傩戏、上刀梯、下火海、狮子舞、打花鼓、赛歌、吹唢呐、吹木叶、打秋千、武术、茶灯等优秀的民间文艺表演。

3. 文化景观保护性补偿措施及效果

传统建筑保护补偿。该村为省级文物保护单位，村内传统建筑已经划分责任人。村规民约规定："不得滥建滥搭房屋、历史建筑不得拆卸、建筑雕花件不得卖出"。

传统文化保护补偿。中黄村全村使用苗语，被业界认定为最具典型性的纯苗寨，是湘西苗族文化研究的"活化石"。该村致力于发展苗族传统民间工艺，尤其是银饰、织布、刺绣等工艺品，因做工精细而名声远扬。同时，该村十分注重传承"四月八""赶秋"等苗族大型节日活动，积极创作和保留了《田里翠鱼》

《打尸桶》等原生态节目，曾多次在文艺会演中获优秀创作奖、金奖等。还较好地保存有苗族古老的原生态祭祀娱神节目（如猴儿鼓、舞狮、法术等），以及传统的民间工艺文化（如打花带、织布、传统手工造纸等）。该村已成为有名的文化艺术村（据统计，该村从事文化艺术工作的人员占全村总人口的50%以上）。

基础设施建设补偿。政府出资，已对村庄排污管道、亲水码头、停车场、绕村道路等进行系统修建或规划。与此同时，注重对地方特色建筑的保护与修缮，村内有保寨楼及岗哨，设垛口、枪眼，地方建筑特色明显。

## 七、龙山县苗儿滩镇惹巴拉村

### 1. 村落概况

惹巴拉是捞车村三大自然古村寨之一，处于洗车河和靛房河的交汇区，交通较为便利，自然生态环境较优美。古村落街巷因地势或曲或折，梯坎是街巷的重要元素。

2012年，惹巴拉村被列入第一批"中国传统村落名录"。此外，该村还被列入"全国重点文物保护单位和省级文物保护单位集中成片传统村落文化遗产整体保护利用示范村"。

### 2. 文化景观资源

全村空间布局以摆手堂为中心，围绕摆手堂及主巷道有机排列，街巷格局保存完整，村庄北面建有冲天楼、南面建有榨油坊和接待中心、中间有织锦手工艺展示馆。巷道宽度均约为1.5米，用青石板、河卵石砌排水沟，走向、平面布局保持一致。

全村古民居坐北朝南、外形均以"面阔五开间、青砖'金包银'硬山顶一重封火墙"为主。古民居大门门仪上方有讲究的门罩，用青砖叠涩外挑几层线脚做成门罩，加以垂柱，雕刻梁枋，饰以鳌鱼花脊；书香门第则在门梁上的墙面嵌上镶边的字牌或书写字牌，衬以彩画、砖雕花板，显得非常华丽。古民居细部构造简洁明快，窗格充分利用棂条间相互榫接拼联组织各种取材广泛的精美图案，除常见的平纹、斜纹或"井"字形图案之外，还有动物纹样、吉祥文字和年轮图案等，点缀一些木雕画花心、结子等小饰件。楹阁之间有花草、飞禽等精巧的镂空花饰与之相连，精巧活泼，富有生机和灵动。在墙的转角处一般有石勒角，勒角上多刻花纹、人物图案，既加固了房子，又装饰了建筑。

3. 文化景观保护性补偿措施及效果

传统建筑修缮。该村实施了土家特色村寨民居改造项目，先后投资 40 万元完成土家冲天楼建设，后续木工建设有序展开。

旅游基础设施建设。惹巴拉景区已成为湘西乡村旅游龙头与示范点，政府在旅游扶贫示范村建设、完善乡村旅游基础设施（如打造星级农家乐、建造特色土家客栈）等方面给予了大量资金和政策支持。

开展传习所、生产性保护基地等阵地建设。该村土家织锦技艺传习所纳入了首批国家级非物质文化遗产生产性保护示范基地。传习所现约有织机 90 余台，从业人员 120 余人，每年举办免费传习培训活动 30 余期，培训人数达 600 余人次，越来越多村民尝试着用牛骨挑起彩线开始织锦。同时，通过现场演绎土家织锦制作精湛技艺，吸引了许多观众，有效促进了文化生态旅游业的发展。

## 八、泸溪县达岚镇岩门村

1. 村落概况

岩门村始建于明朝末年，为少数民族特色村寨示范试点，苗、汉混居，2018 年底常住人口约 62 户 248 人。该村整体表现出"双龙夺宝护古堡、神龟纳福定乾坤"的村落传统格局。

2011 年，该村列入湖南省第九批省级文物保护单位。2013 年，被列入第二批"中国传统村落名录"。此外，该村还被纳入"全国重点文物保护单位和省级文物保护单位集中成片传统村落文化遗产整体保护利用示范村"。

2. 人文景观资源

岩门村现存传统建筑以古堡寨为主，属于古建筑群，有不可移动文物 50 余处。古堡群具有军事防卫系统功能，对研究湘西的明清史、战争史和民族史具有极大的学术价值，被誉为湘西地区，甚至是西南地区田园建筑的典范。古堡内主要建筑为封火山墙、硬山顶、砖木结构，康家大院保存较好，规模较大。

村庄自然环境优越，有屋底溪、北龙山、南龙山、康家陇、求雨包、农田、湿地、古树等，同时，还保留有古驿道、古巷道、古井、战壕旧址等传统人文元素。

该村特有的民俗文化遗产众多，至今传承较好的主要包括：苗族刺绣、苗族舞龙、民间故事"茂文的故事"、古高腔、汉戏、坐堂戏、花灯戏等。古堡寨以其独特的魅力吸引着全国各地游客和专业人士到访、考察。2014年，CCTV4"走遍中国 记住乡愁"栏目组在来到岩门村古堡寨，以"孝"为主题，取景拍摄了当地"辰河高腔——目连救母"传统表演及过"六月年"活动。

3. 文化景观保护性补偿措施及效果

传统建筑保护补偿。《泸溪县特色民居保护整治工程三年行动实施方案》中将岩门村古寨堡列入整治范围，重点对寨内22栋具有一定历史价值的古建筑为重点进行保护和修缮工作，具体包括传统民居建筑改造、传统民居建筑恢复修缮、配套设施及景点建设等。同时，古堡寨文物保护工程等保护工程也陆续开展。

文化基础设施建设补偿。在岩门村，建造了富有特色的公共文化设施，文化墙长20多米，墙体牢固安全，排水设施齐全，两侧手绘踏虎凿花、苗族数纱图案。在文化活动室、图书室、阅览室、广播室等功能室，架子鼓、电子琴、唢呐等器材一应俱全。

## 第三节 传统村镇文化景观保护性补偿的湘西模式剖析

基于湘西传统村镇文化景观保护性补偿的实践，结合传统村镇文化景观保护性补偿的内涵，将湘西传统村镇文化景观保护性补偿的模式归纳为：全域生态文化公园建设补偿型、跨区域文化-生态-旅游融合发展补偿型、文化生态保护节庆促进补偿型、文化生态特色主题园区建设补偿型、文化生态村寨整体保护补偿型五种典型模式。

## 一、全域生态文化公园建设补偿型

全域生态文化公园建设补偿型，是湘西借鉴国内外生态文化公园建设经验（刘宁，2014），结合湘西传统村镇文化景观保护与发展的实际需要（符晓鸣，2015），提出的"以规划为引领、多部门联动、全区域统筹"，促进湘西传统村镇文化景观保护的重要战略举措，也是传统村镇文化景观保护性补偿的典型模式（图10-1）。

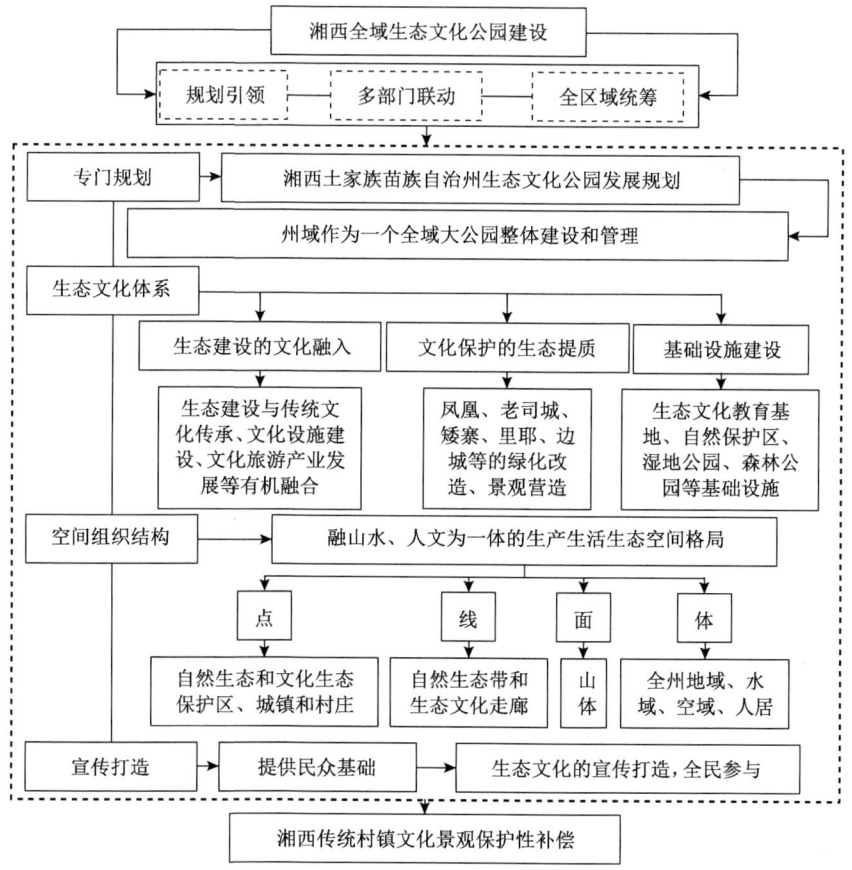

图10-1　湘西全域生态文化公园建设补偿型模式框架

2013 年，湘西就提出建设全国知名的生态文化公园（符晓鸣，2013），推动实现全域传统村镇文化景观保护与发展，力争到 2020 年"民族文化彰显、人与自然和谐、社会文明进步"的国内外知名生态文化公园基本成型。围绕这一总体框架，开展了一系列工作（彭伟和田林林，2016；周名猛和张金贵，2017）。例如，制定了《湘西土家族苗族自治州生态文化公园发展规划》，立足湘西生态文化优势，以规划统领，把州域作为一个全域大公园整体建设和管理，促进湘西全域传统村镇文化景观资源保护与可持续发展；以国家森林城市创建为引擎促进湘西世界知名生态文化公园建设，以城市森林网络、城市森林健康、城市林业经济、城市生态文化和城市森林管理等为主体，加强生态教育基地、自然保护区、湿地公园、森林公园等森林文化基础设施建设，构建生态文化体系；对凤凰、老司城、矮寨、里耶、边城等文化景区（点）实施生态提质，把生态建设与传统文化传承、文化设施建设、文化旅游产业发展有机融合；加大对生态文化的宣传打造，提高群众生态文化保护与发展意识，动员全民参与生态文化建设；在空间上，形成以"点（自然生态和文化生态保护区、城镇和村庄）、线（自然生态带和生态文化走廊）、面（山地）、体（全州地域、水域、空域、人居）"为基本构架，融山水、人文于一体的生产生活生态空间格局。

## 二、跨区域文化-生态-旅游融合发展补偿型

跨区域文化-生态-旅游融合发展补偿型，是指着重依托旅游，结合区域自身优势及所在大区域的跨行政区在资源共用、利益共分、政策共享等方面的协同发展基础，促进传统村镇文化景观保护与可持续发展。湘西跨区域文化-生态-旅游融合发展，主要是通过建设大湘西文化生态旅游精品线路、打造大湘西生态文化旅游圈等抓手具体体现（图 10-2）。

"大湘西"在行政区划上，除湘西土家族苗族自治州外，还包括其周边湖南省西部的张家界市、怀化市、常德市及邵阳市和永州市部分区域，它们具有地域上的邻近性、文化上的相似性、资源上的互补性（朱鹏，2014；朱昱遇，2013；杨光荣，2011；雷宜逊，2014），具备传统村镇跨区域文化景观保护性补偿协同

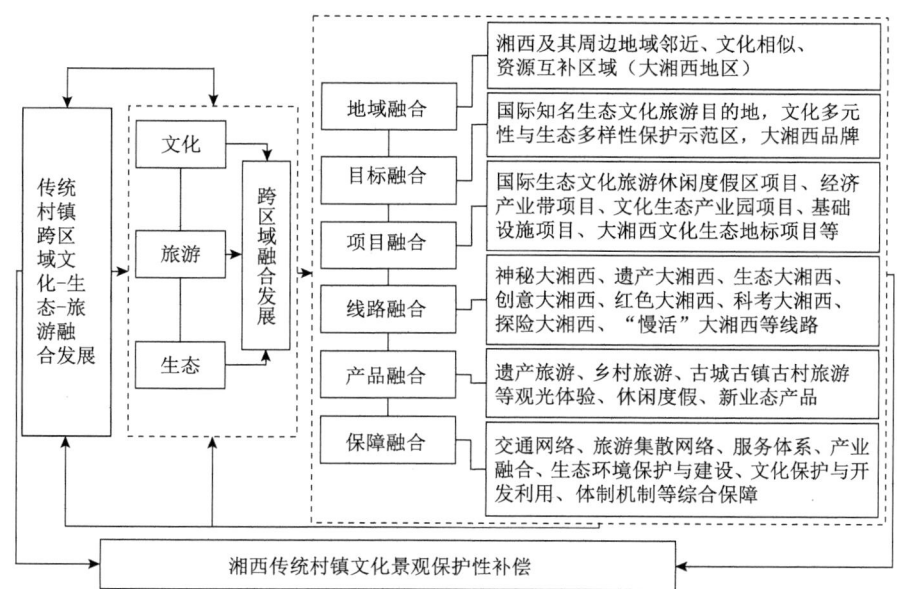

图 10-2 湘西跨区域文化-生态-旅游融合发展补偿型模式框架

发展的基础。大湘西生态文化旅游圈建设方面（沈丽娜，2015），强化对大湘西生态山水、历史文化、宗教文化、红色文化、民俗文化等的保护与开发，以凤凰古城、芙蓉镇、里耶、乾州等为重要依托，以湘西民俗文化为主要特征，大力发展遗产旅游、乡村旅游、古城古镇古村旅游，建设成为集土苗侗瑶民俗文化、山水文化、宗教文化等于一体的特色文化圈、生态文明圈和生态环境优美、文化魅力独特的文化多元性保护示范区。与此同时，为配合大湘西生态文化旅游圈建设，还支持打造一批大湘西地区文化旅游融合发展精品线路，重点建设"土家探源、神秘苗乡、古城商道、侗苗风情、生态丹霞、沅澧山水、湘军寻古、神韵梅山、世外桃源、峰林峡谷、武陵民俗、瑶家古风"等多条文化生态旅游精品线路[①]。

---

① 湖南"真金白银"支持大湘西文化生态旅游精品线路建设. http://www.ce.cn/culture/gd/201803/28/t20180328_28639361.shtml[2019-06-10].

## 三、文化生态保护节庆促进补偿型

文化生态保护节庆促进补偿型，是指由政府、媒体、企业、学者、公众等共同参与，围绕文化、生态保护与发展主题，通过文艺表演、产品展示、交流研讨等方式，推动交流合作，促进传统村镇文化景观保护与可持续发展，助推文化生态产业发展和文化生态事业繁荣（图10-3）。武陵山区（湘西）土家族苗族文化生态保护节就是这一模式的典型范例。

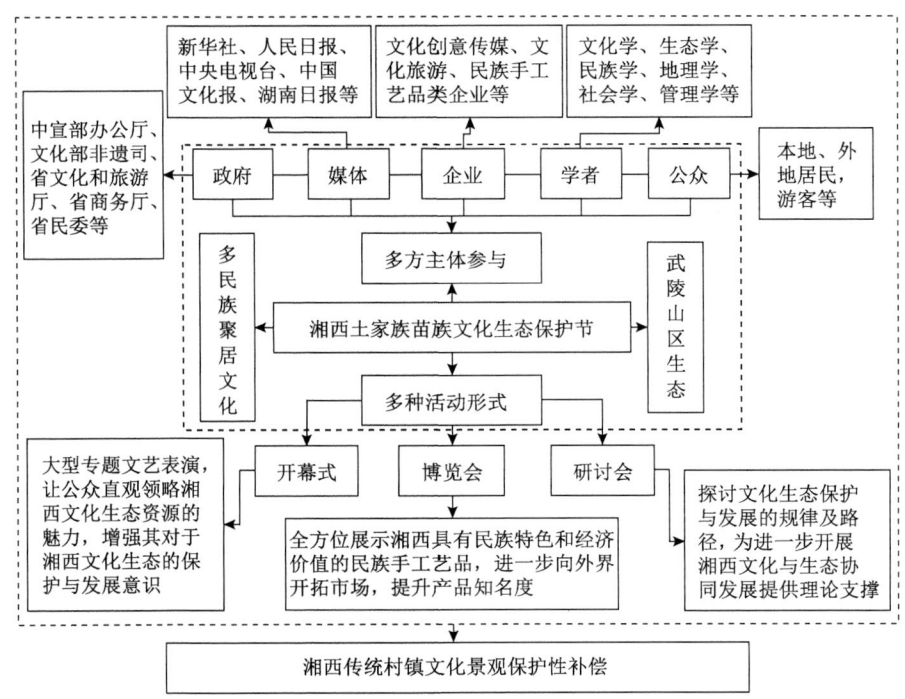

图 10-3　湘西文化生态保护节庆促进补偿型模式框架

举办武陵山区（湘西）土家族苗族文化生态保护节，旨在促进武陵山区（湘西）土家族苗族文化生态保护实验区建设。通过武陵山区（湘西）土家族苗族文化生态保护节开幕式、武陵山区（湘西）首届文化旅游产品博览会、武陵山区（湘西）土家族苗族文化生态保护实验区建设研讨会等主体活动，把文化生态保护节办成艺术的大典、旅游的盛会、百姓的节日。开幕式上，融湘西原生态民族文化艺术和现代表现手法于一体的大型文艺表演《神秘湘西》让公众直观领略了湘西文化生态资源的魅力,增强了湘西文化生态保护与发展意识;产品博览会上,全方位展示了具有湘西特色和经济价值的民族手工艺品,进一步向外界开拓了市场;研讨会上,国内知名专家学者激烈探讨了文化生态保护与发展的规律及路径,为进一步促进湘西文化与生态协同发展提供了理论支撑。举办文化生态保护节,进一步彰显了土家族苗族文化生态魅力,推动交流合作,促进传统村镇文化景观保护性补偿。

### 四、文化生态特色主题园区建设补偿型

文化生态特色主题园区建设补偿型,是指结合地域文化与生态资源禀赋、社会经济发展基础等,因地制宜地开展文化与生态特色主题园区建设,以此推动地方文化与生态的协同发展,促进传统村镇文化景观保护性补偿和地方经济社会可持续发展(图10-4)。湘西农耕文化生态旅游体验园项目、"湘西坊"创业园等即是这一模式的典型案例。

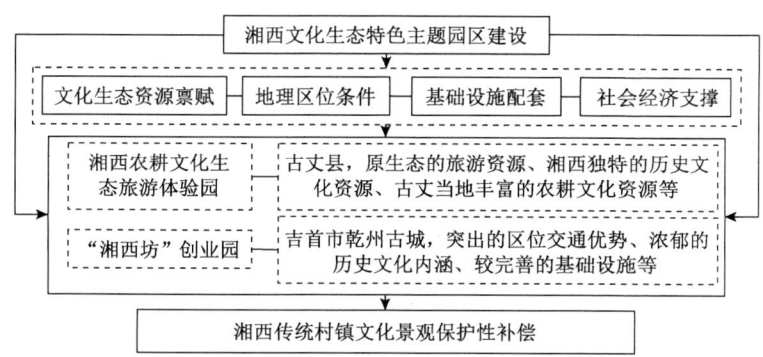

图10-4 湘西文化生态特色主题园区建设补偿型模式框架

湘西农耕文化生态旅游体验园项目,位于湘西古丈县,将原生态的旅游资源与湘西独特的历史文化资源和古丈当地丰富的农耕文化资源有机整合,以茶园为主题,以农耕文化为主线,以农业观光、休闲养生、土特产品、农耕节事、民俗文化、生态环境为经济链条,主要内容包括农耕文化展示与体验、乡土游乐休闲、

现代农业展示、特色饮食品尝及旅游服务基础设施和休闲景观等（古丈县经济和信息化局）。以文化生态和旅游产业共谋双赢为目的的"湘西坊"创业园，位于吉首市乾州古城，重点发展民族文化产业、特色商品产业、地方饮食产业、休闲娱乐产业，聚集湘西经典文化、民族特色商品和艺人工匠大师，支持湘西地域民族生态经济建设、传承非物质文化遗产、促进文化生态和旅游产业共谋双赢（郭建群，2010）。

### 五、文化生态村寨整体保护补偿型

文化生态村寨整体保护补偿型，是指立足那些具有特色文化生态资源、但规模相对较小的村寨，通过政府支持、民众参与等形式，对整个村寨进行文化生态的整体保护及文化景观保护性补偿（图 10-5）。在湘西，文化生态特色村寨较多，选择典型村寨作为整体性保护试点村寨，也是其建设文化生态保护实验区的重要抓手。

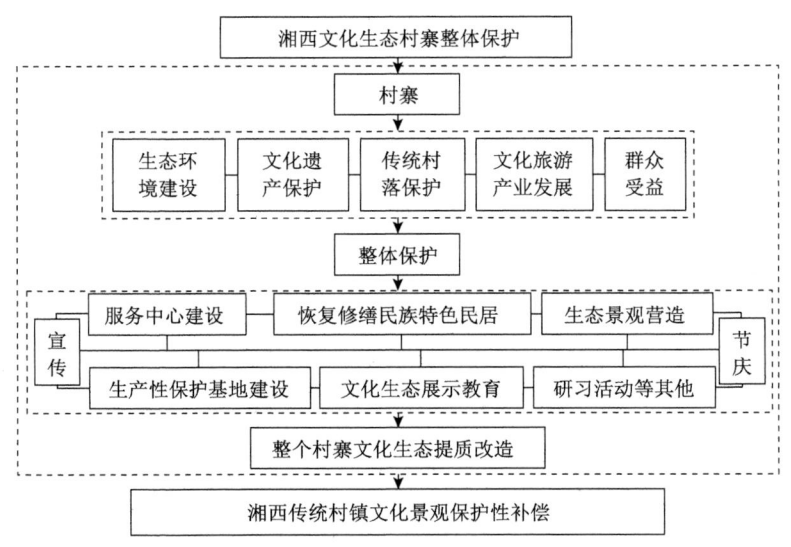

图 10-5　湘西文化生态村寨整体保护补偿型模式框架

2013 年以来，湘西在全州 8 个市县均结合当地实际情况确立了文化生态资源丰富的村寨作为整体性保护试点村寨。在传统村镇整体型保护性补偿过程中，生态环境建设、文化遗产保护、传统村落保护、文化旅游产业发展、群众受益等的有机结合是湘西的主要做法，逐步探索出具有湘西特色的文化生态特色村寨整体性保护之路。在试点村寨，重点开展传习所、生产性保护基地等阵地建设和民族传统节庆活动，探索文化生态整体保护的范例，捞车村等便是其中的试点村寨（田凤鬵等，2015）。在龙山县捞车村，依托丰富的文化生态资源，每年都举行非遗展演和民俗节庆活动，吸引周边数千群众参与文化与生态发展与保护活动；在德夯苗寨，结合当地文化生态资源特色，编写了校本教材，奠定了文化与生态协同发展的教育基础；吉首市寨阳乡坪朗村在村寨核心位置设置大型LED（发光二极管）宣传屏幕用于非遗展示，建设坪朗苗族文化旅游客服中心、村非遗文化休闲广场，合理布局碾坊等河道生态景观，恢复修缮民族特色民居，完成整个村寨文化生态的提质改造。

## 六、不同模式的对比

全域生态文化公园建设补偿模式。该模式的实施要求有统一的组织领导及广泛的民众基础等作为保障，是全区域层面传统村镇文化景观保护性补偿的整体设计。该模式涉及传统村镇文化景观保护的规划体系、空间组织、文化系统、宣传推介等方方面面，是一个系统长期的工程，也是一个能全面支撑传统村镇文化景观保护性补偿的高级模式。

跨区域文化-生态-旅游融合发展补偿模式。该模式是基于跨行政区大尺度的视角，立足于区域间的地域邻近性、资源互补性等优势而提出的。跨区域文化-生态-旅游融合发展补偿模式的实施，需要依托资源共用、利益共分、政策共享等内在机制，传统村镇文化景观资源是保护性补偿协同发展的内核、旅游是纽带。

文化生态保护节庆促进补偿模式。该模式主要是基于传统村镇文化与生态软实力的提升，通过文艺表演、产品展示、交流研讨等方式，引起政府、媒体、企业、学者、公众等的共同关注和共同参与，可以在短期内进一步彰显地域文化生态魅力，推动交流合作，促进文化与生态深度协同发展，保障传统村镇文化景观保护性补偿。

文化生态特色主题园区建设补偿模式。该模式是在中观尺度上结合地域特色文化与生态资源禀赋及其社会经济发展基础等，因地制宜开展的特色主题园区建设。该模式可服务于本地居民的休闲娱乐需求，进而有效推动地方文化与生态的协同发展及传统村镇文化景观保护性补偿。

文化生态村寨整体保护补偿模式。该模式主要立足当地居民的生产、生活空间与实际需求，在村寨小尺度上推进区域文化景观保护的整体型补偿。该模式通过政府支持、民众参与等形式，对整个村寨进行文化生态景观资源的整体保护。

## 第四节　结论与讨论

湘西传统村镇数量众多、文化景观资源丰富、地域类型多样，加之各村镇所处区域经济社会发展条件的差异性，其传统村镇文化景观保护性补偿的具体实践既存在相似性，也存在一定的差异性。除了第七至第九章已阐述的典型传统村镇外，本章从整体型保护性补偿试点村寨、非遗集中成片型保护性补偿村寨两个层面选取部分典型村寨进行剖析，增强实践案例的多元性和代表性。

湘西在全州8个市县分别确立了1个文化资源丰富的村寨作为整体性保护试点村寨。在试点村寨，重点开展传习所、生产性保护基地等基地建设和民族传统节庆活动，探索非遗整体性保护最具实效的范例，逐步摸索具有湘西特色的文化生态整体性保护之路，创新出具有湘西特色传统村镇文化景观保护性补偿之路。同时，为做好传统村镇保护工作，湖南省计划重点实施28个传统村落保护利用项目（湘西共9个），配套开展保护性补偿工作，形成示范效应。通过资金、实物、政策等多种补偿方法，传统村镇文化景观保护工作得到可持续发展。

对于湘西传统村镇文化景观保护性补偿的典型模式，需要运用因地制宜的思想辩证看待，每种模式都各具特色、具有各自的适应性。

# 第十一章
# 进一步推进传统村镇文化景观保护性补偿的思路与对策

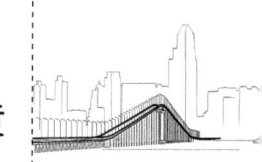

  本章从甄别保护性补偿对象、核算传统村镇文化景观价值、界定利益相关者、识别补偿主体和受偿客体并测算补偿标准等方面,归纳总结了进一步推进传统村镇文化景观保护性补偿的基本思路;在此基础上,基于不同视角,提出了几种典型的传统村镇文化景观保护性补偿对策与模式,即基于补偿对象的分类补偿、基于补偿主体的分类补偿、基于补偿方式的分类补偿、基于补偿机制的分类补偿和基于补偿地域的分类补偿。

## 第一节 基本思路

为开展传统村镇文化景观保护性补偿工作,首先需要识别出传统村镇文化景观中需要实施保护性补偿的对象,即提取传统村镇文化景观核心因子。参考景观基因理论(刘沛林等,2010;刘沛林,2003),可以依据"内在唯一性、外在唯一性、局部唯一性、总体优势性"等原则,从文化特征、环境特征、聚落布局特征、建筑特征等方面着手,构建传统村镇文化景观核心因子(基因)识别指标体系,运用"含义提取法、要素提取法、结构提取法、图案分析法"等方法,建立传统村镇文化景观核心因子鉴定流程,进行文化景观核心因子(保护什么?)的鉴定与提取。在此基础上,依据景观因子相对重要性的大小及资源属性,进行类型划分。

在提取传统村镇文化景观核心因子的基础上,需要进一步核算传统村镇文化景观价值。基于不同的文化景观类型,借鉴国际上关于文化景观价值的衡量标准,结合民族文化的特点,采用专家打分、CVM等方法,从美学、文化学、社会学、经济学等不同角度,对传统村镇地区有代表性的文化景观资源,通过打分评价,进行价值评估。在借鉴国内外学者关于民族文化价值评价方面的相关经验的基础上,通过对传统村镇地区的实地调查和专家评价,利用数理分析中的层次分析法(analytic hierarchy process,AHP)等方法,结合民族文化经济学关于文化景观资源的价值评估方法,从自然、经济、人文、附加等方面,建构传统村镇文化景观资源价值评价的多层次体系,对传统村镇文化景观进行全面的定量化评价,并可考虑建立传统村镇文化景观资源综合价值模拟图组。

推进传统村镇文化景观保护性补偿的核心工作是合理界定利益相关者,识别补偿主体和受偿客体。一般而言,传统村镇文化景观资源的生成体(包括文化景观资源保护者、当地居民及文化景观依存的环境)为被补偿者,应该得到补偿。文化景观资源的受益体(包括文化景观资源的经营者、使用者)为补偿付出者,应该承担文化景观保护性补偿的责任。而文化景观资源保护的协调体，扮演管理者身份，可以作为第三方协调生成体与受益体的利益关系。①识别传统村镇文化景观保护主体。综合运用问卷调查、深度访谈等方法，根据对传统村镇文化景观保护的贡献度大小，对本地村民、地方政府、公益组织等不同保护主体进行分类识别。为后续受偿客体的识别提供依据。②识别传统村镇文化景观保护性补偿主体。补偿主体的界定（谁来补？）是后续补偿标准、补偿方式、途径构建等的一个重要支撑，是整个传统村镇文化景观保护性补偿的基础。可以以"破坏者付费原则、使用者付费原则、受益者付费原则"为基本依据，根据利益相关者在传统村镇文化景观保护中的责任来界定补偿主体。③识别传统村镇文化景观保护性受偿客体。受偿客体的科学界定（补给谁？）是后续补偿途径构建等的另一重要支撑，是实现传统村镇文化景观可持续发展的基础。可以以"保护者得到补偿原则、受损者得到补偿原则"为基本依据，根据利益相关者在传统村镇文化景观保护中的地位来界定受偿客体（被补偿者）。力求规避"不补偿、不保护"，实现补偿者、被补偿者的充分参与。

最后，是核算传统村镇文化景观保护性补偿标准。补偿标准的合理核算（补多少？），是保护性补偿途径构建及措施实施的关键。可以考虑运用机会成本法、资源价值当量法（刘春腊等，2014；谢高地等，2008）、问卷调查法、专家综合打分法等方法，立足某一传统村镇，对其文化景观保护补偿标准进行核算。

## 第二节 对策建议

基于不同识别标准，在推进传统村镇文化景观保护性补偿具体措施制定上，有不同的对策与模式。参考已有相关研究成果（朱丹，2016），结合传统村镇文化景观保护性补偿的特色，本章从补偿对象、补偿主体、补偿方式、补偿机制、补偿地域等方面，提出几种典型的补偿对策与模式（图11-1）。

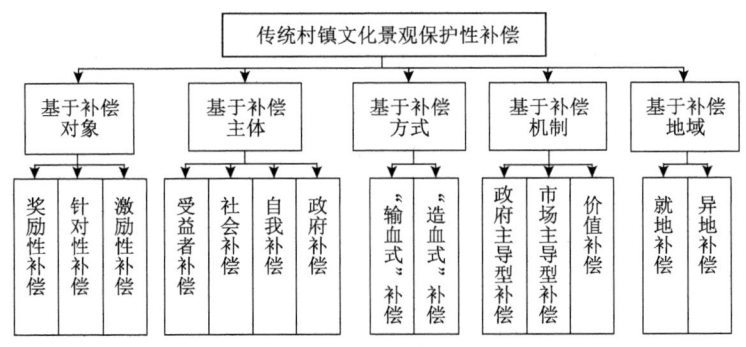

图 11-1 传统村镇文化景观保护性补偿对策及模式框架

## 一、基于补偿对象的分类补偿

一是奖励性补偿。主要是对传统村镇文化景观保护做出贡献者的补偿。确立"保护者受益、权责统一"的补偿原则，依照一定程序确立专项补偿基金，对为积极保护文化景观资源的农户给予专项补助，并用于农、林、水等各环节。补偿对象主要集中于传统村镇文化景观核心区，并辐射至周边相关地区与农户。通过对保护者的积极补偿，有利于实现传统村镇产业结构调整与环境的共同改善。

二是针对性补偿。主要对利益受损者的补偿。在传统村镇地区，部分主体因相关政策及法律规定而使自身利益受损，或通过减少自身利益提高或恢复传统文化景观服务功能，该群体的利益损失相对应地由政府或文化景观利益享受者进行支付（补偿）。补偿机制的实施，在一定程度上化解（或缓和）了贡献者损失与享受者受益之间的矛盾。

三是激励性补偿。主要对减少破坏者的补偿。在一些传统村镇地区，区域发展长期依赖资源的过度使用和消耗，从而缺失环境与资源良性发展，必将陷入资源枯竭型地区经济贫穷与环境破坏的恶性循环。在恢复和保护资源的前提下，对减少资源破坏的当事人给予补贴，成为当地改变资源使用模式的有效机制。

## 二、基于补偿主体的分类补偿

一是受益者补偿。受益者补偿指以传统村镇文化景观资源经营者、使用者为主体,实施的文化景观资源保护性补偿。受益者补偿既可部分解决保护资金的问题,也可提高受益者对传统村镇文化景观资源的保护意识。

二是社会补偿。形式上可以设立社会补偿基金。传统村镇文化景观资源开发(如古镇古村旅游等),不仅给资源所在地带来了客源,也推动了当地经济社会的发展。但其在一定程度上破坏了传统村镇文化景观资源这一公共产品。当前,应加强宣传和引导,使社会公众认识到社会补偿的伦理依据及现实意义。

三是自我补偿。传统村镇文化景观资源经营者、管理者,利用其对文化景观资源的所有权、经营权或管理权,通过适度开发文化景观资源而获得经济收益,进而实施的补偿。在现阶段传统村镇文化景观保护性补偿体系尚未完善的前提下,自我补偿是一种有效的补偿办法。

四是政府补偿。传统村镇文化景观资源是典型的公共资源,对其保护需要大量的资金。政府作为公共资源管理者,有责任也有义务组织和实施传统村镇文化景观资源保护性补偿。政府除财政补偿外,还可出台相关政策法规为传统村镇文化景观保护性补偿提供保障。政府补偿是传统村镇文化景观保护性补偿的核心,能够有效带动其他补偿方式与途径的顺利实施,并提供综合保障。

## 三、基于补偿方式的分类补偿

一是"输血式"补偿。包括资金、实物补偿等具体形式。此补偿模式能在短期内获得传统村镇文化景观保护性补偿成效。在严格考察被补偿对象的前提下,对传统村镇文化景观资源保护与改善的程度进行细致考核,由有关部门结合被补偿对象所属区域的社会经济情况,统筹安排补偿金、补偿物。

二是"造血式"补偿。包含项目、政策、智力补偿等多种形式,呈现出多元化特色。要求由受益区结合自身发展实际,制定补偿项目、设计补偿需求。着重于传统村镇自身"造血机能"的形成,注重各补偿方式的科学组合与有效优化,强调文化景观保护性补偿的长效性。随着补偿的深入推进,伴随着当地的专业化发展,受偿区劳动技能得到增强、生产水平得到提高。

## 四、基于补偿机制的分类补偿

一是政府主导型补偿。传统村镇所在地区的政府可以依托财政转移支付，通过上级组织和机构将资金输入传统村镇保护区（或重建区），实现政府的"强干预"。此项公共支付多以"纵向"转移支付的方式实现，补偿资金多以专项补偿基金构成。政府除依靠资金的输入补偿外，还可引入税费政策，创新税收制度，支持和鼓励文化资源友好型的经济行为。

二是市场主导型补偿。受益者与受损者间以自愿为前提，通过对接与协商等方式，充分表达传统村镇文化景观保护性补偿利益相关主体的利益诉求，达成权利和义务相对统一，优化资源配置。市场主导型补偿，能以最低成本、最短时间完成补偿双方的对接，实现传统村镇文化景观保护性补偿效果。

三是价值补偿。当受损传统村镇文化景观资源无法恢复，也没有适宜环境可给予替代时，则根据受损传统村镇文化景观资源的文化服务价值，给予价值补偿，根据文化景观资源服务价值法、机会成本法和投入费用评价法等，构建价值补偿模式。

## 五、基于补偿地域的分类补偿

一是就地补偿。对于旅游开发等引起的传统村镇文化景观面积减少、资源价值受损或功能衰退等，可以根据受损文化景观资源的类型及受损程度，采取不同的恢复方法，对其就地恢复。根据传统村镇文化景观资源受损程度与其恢复后收益状况，计算就地补偿的工程量，并评估修复的补偿支付。

二是异地补偿。当受损传统村镇文化景观资源无法恢复时，则寻求替代或调整，构建异地补偿模式。选择适宜的地区，进行功能对比、计算补偿率。选择的异地区域通常也为受损的传统村镇文化景观资源区，对其进行修复，来达到补偿的目的；或者进行工程重建，对无法恢复的文化景观资源进行补偿。

## 第三节　结论与讨论

科学合理推进传统村镇文化景观保护性补偿,是留住乡愁、保护文化的创新视角,有助于将文化保护与可持续发展有机结合起来,有助于进一步完善文化保护制度。

为开展传统村镇文化景观保护性补偿工作,首先需要识别出传统村镇文化景观中需要实施保护性补偿的对象,并核算传统村镇文化景观价值。在此基础上,需要合理界定利益相关者,识别补偿主体和受偿客体。最后,是科学合理核算传统村镇文化景观保护性补偿标准。

基于不同识别标准,在推进传统村镇文化景观保护性补偿具体措施上,有不同的对策与模式。一是基于补偿对象的分类补偿,包括对传统村镇文化景观保护做出贡献的"奖励性补偿"、对利益受损者的"针对性补偿",以及对减少破坏者的"激励性补偿"等。二是基于补偿主体的分类补偿,包括受益者补偿、社会补偿、自我补偿、政府补偿等。三是基于补偿方式的分类补偿,包括"输血式"补偿和"造血式"补偿。四是基于补偿机制的分类补偿,包括政府主导型补偿、市场主导型补偿及价值补偿。五是基于补偿地域的分类补偿,包括就地补偿、异地补偿等形式。

实际上,关于如何推进传统村镇文化景观保护性补偿,是一项系统工程,涉及文化、经济、社会、管理、建筑、地理等多个领域。本章仅从人文与经济地理学的视角,提出了一些探索性的想法。在实际工作中,为有效推进传统村镇文化景观保护性补偿工作,需要政府、公众等多方力量及多学科共同参与,携手留住美丽乡愁。

# 参考文献

白凯,周尚意,吕洋洋. 2014. 社会文化地理学在中国近10年的进展[J]. 地理学报,69(8):1190-1206.

包泉万. 2001. 建立民族文化生态保护区势在必行[J]. 理论与创作,(1):31-33.

毕雪婷,韩锋. 2017. 文化景观价值的解读方式研究[J]. 风景园林,(7):100-107.

庇古. 1963. 社会主义与资本主义的比较[M]. 北京:商务印书馆.

庇古. 1971. 福利经济学(上册)[M]. 台北:台湾银行经济研究室.

卞利. 2010. 文化生态保护区建设中存在的问题及其解决对策——以徽州文化生态保护实验区为例[J]. 文化遗产,(4):24-30,66,158.

卞利. 2011-01-11. 探索建设文化生态补偿机制[N]. 中国文化报,第6版.

蔡运龙. 2004. 土地整理要重视文化景观和农民参与[J]. 中国土地,(8):21.

曹华,陈征,周安伟. 2005. 生态.经济与文化共融——张家界生态农业观光园可持续发展规划研究[J]. 中外建筑,(4):20-22.

曹务坤,卢丽娟. 2012. 民族文化公益林补偿法律机制的建构[J]. 贵州民族研究,33(6):32-35.

曹晓鲜. 2010. 基于协同的湖南西部民族文化生态旅游品牌资产研究[J]. 湖南师范大学社会科学学报,39(1):99-103.

陈劲松. 2006-03-20. 区域文化的资产负债表[N]. 中国房地产报,第2版.

陈珏,谢恒生,郑文武,等. 2014. 湘西古村镇文化景观相似性评价与聚类分析[J]. 衡阳师范学院学报,35(6):172-176.

陈立旭. 1994. 市场对文化艺术作用的局限及其补偿[J]. 中共福建省委党校学报(理论学习月刊),(6):27-29.

陈明光,田伟珂,查兰建,等. 2013. 黔西南生态文化旅游的生态补偿研究[J]. 改革与战略,29(9):66-69.

陈鹏. 2016. 大理沙溪古镇传统村落群价值特色研究[C]//中国城市规划学会, 沈阳市人民政府. 规划60年：成就与挑战——2016中国城市规划年会论文集(08城市文化). 北京：中国建筑工业出版社.

陈彦罂. 2016. 湘西芙蓉镇传统节日土家年旅游可持续利用研究[D]. 福州：福建师范大学.

陈永昶, 徐虹, 郭净. 2011. 导游与游客交互质量对游客感知的影响——以游客感知风险作为中介变量的模型[J]. 旅游学刊, 26(8)：37-44.

陈宇飞. 2011. 文化景观遗产：城市化时代的价值重构[J]. 江苏行政学院学报, (5)：45-51.

陈玉涛. 2018. 民族地区区域旅游合作发展创新路径研究——以"大湘西文化生态旅游圈"为例[J]. 武汉商学院学报, 32(6)：5-8.

崔榕, 崔蕤. 2014. 旅游与民族地区的社会文化变迁——以湘西芙蓉镇为例[J]. 湖北民族学院学报(哲学社会科学版), 32(6)：13-17.

邓湖. 2016. 地域文化背景下古镇景观保护规划设计研究[D]. 株洲：湖南工业大学.

邓辉. 2003. 卡尔·苏尔的文化生态学理论与实践[J]. 地理研究, 22(5)：625-634.

邓运员, 杨柳, 刘沛林. 2011. 景观基因视角的湖南省古村镇文化特质及其保护价值[J]. 经济地理, 31(9)：1552-1557, 1584.

蒂滕伯格. 2011. 环境与自然资源经济学[M]. 北京：中国人民大学出版社.

丁四保, 王昱. 2010. 区域生态补偿的基础理论与实践问题研究[M]. 北京：科学出版社.

董新. 1990. 乡村景观类型划分的意义、原则及指标体系[J]. 人文地理, (26)：49-52, 78.

樊杰. 2015. 中国主体功能区划方案[J]. 地理学报, 70(2)：186-201.

方文彬, 芮文燕. 2017. 文物资源资产负债表编制的相关问题探讨——基于国家资产负债表的编制[J]. 河北地质大学学报, 40(4)：20-24.

封志明. 2011. 资源科学导论[M]. 北京：科学出版社.

封志明, 杨艳昭, 李鹏. 2014. 从自然资源核算到自然资源资产负债表编制[J]. 中国科学院院刊, 29(4)：449-456.

封志明, 杨艳昭, 陈玥. 2015. 国家资产负债表研究进展及其对自然资源资产负债表编制的启示[J]. 资源科学, 37(9)：1685-1691.

封志明, 杨艳昭, 闫慧敏, 等. 2017a. 百年来的资源环境承载力研究：从理论到实践[J]. 资源科学, 39(3)：379-395.

封志明, 杨艳昭, 闫慧敏, 等. 2017b. 自然资源资产负债表编制的若干基本问题[J]. 资源科学, 39(9)：1615-1627.

冯骥才. 2013. 传统村落的困境与出路——兼谈传统村落是另一类文化遗产[J]. 民间文化论坛, (1)：7-12.

冯骥才. 2014. 中国传统村落立档调查田野手册[M]. 北京：文化艺术出版社.

符晓鸣. 2013-12-14. 加快生态修复 保护青山绿水 把湘西州打造成全国知名的生态文化公园[N]. 团结报, 第1版.

符晓鸣. 2015-06-23. 叶红专主持召开会议研究全州生态文化公园建设发展规划[N]. 团结报, 第1版.

符志华. 2012. 湘西芙蓉镇景观意象研究[D]. 雅安: 四川农业大学.

付丹. 2016. 湖南省传统村落保护与发展专家研讨会在湘西州召开[DB/OL]. http://www.sohu.com/a/122409146_119717[2016-12-23].

龚恺. 2004. 关于传统村落群布局的思考[J]. 小城镇建设, (3): 53-55.

古丈县经济和信息化局. 2017. 146、湘西农耕文化生态旅游体验园项目[DB/OL]. http://swj.xxz.gov.cn/zsyz/zsxm/201706/t20170605_702209.html[2017-06-05].

郭建群. 2010. "湘西坊"创业园: 文化生态和旅游产业共谋双赢——专访中共湘西州委副书记、州委统战部部长郭建群[J]. 民族论坛, (4): 18-20.

郭文炯, 吕敏娟. 2016. 山西传统村落区位特征研究[J]. 中国名城, (11): 51-59.

哈迪斯蒂. 2002. 生态人类学[M]. 北京: 文物出版社.

何承耕. 2007. 多时空尺度视野下的生态补偿理论与应用研究[D]. 福州: 福建师范大学.

何小东. 2010. 民族经济发展中的民族文化分析——以湘西自治州为例[J]. 全国商情(理论研究), (20): 17-18.

贺业钜. 1985. 考工记营国制度研究[M]. 北京: 中国建筑工业出版社.

洪尚群, 马丕京, 郭慧光. 2001a. 生态补偿制度的探索[J]. 环境科学与技术, (5): 40-43.

洪尚群, 吴晓青, 段昌群, 等. 2001b. 补偿途径和方式多样化是生态补偿基础和保障[J]. 环境科学与技术, (S2): 40-42.

胡邦建, 张玲. 2017. 湘西州: 用文化生态保护撑起民族文化传承空间[OL]. https://hn.rednet.cn/c/2017/07/28/4374688.htm[2017-07-28].

胡春艳. 2017-12-08. 为濒危村落"打120"的年轻人[N]. 中国青年报, 第3版.

胡海胜, 唐代剑. 2006. 文化景观研究回顾与展望[J]. 地理与地理信息科学, (5): 95-100.

胡随. 2019. 互联网思维下的非物质文化遗产保护与开发新路径——以湖南湘西龙山县为例[J]. 科技风, (19): 243.

胡文龙, 史丹. 2015. 中国自然资源资产负债表框架体系研究——以SEEA2012、SNA2008和国家资产负债表为基础的一种思路[J]. 中国人口·资源与环境, 25(8): 1-9.

胡晓苒, 吴必虎, 余青, 等. 2006. "中途岛"型旅游目的地开发研究——以湖南省永顺县王村古镇为例[J]. 经济地理, (S2): 10-13.

胡孝平, 马勇, 史万震. 2011. 鄂西生态文化旅游圈生态补偿机制构建[J]. 华中师范大学学报(自然科学版), 45(3): 480-484.

胡燕, 陈晟, 曹玮, 等. 2014. 传统村落的概念和文化内涵[J]. 城市发展研究, 21(1): 10-12.

胡志丁, 骆华松, 侯钰. 2009. 边界效应的测定方法新探[J]. 世界地理研究, 18(1): 19-26.

胡最, 刘沛林, 曹帅强. 2013. 湖南省传统聚落景观基因的空间特征[J]. 地理学报, 68(2): 219-231.

胡最，郑文武，刘沛林，等. 2018. 湖南省传统聚落景观基因组图谱的空间形态与结构特征[J]. 地理学报，73(2)：317-332.

湖南省住房和城乡建设厅. 2017. 湖南传统村落(第一卷)[M]. 北京：中国建筑工业出版社.

黄成林. 2000. 徽州文化景观初步研究[J]. 地理研究，19(3)：257-263.

黄峥嵘，肖冰. 2008. 民族民间文化：推动地域旅游经济繁荣——浅论湘西民族民间文化对湘西旅游经济的影响[J]. 学习与实践，(6)：155-157.

江金波. 2005. 论文化生态学的理论发展与新构架[J]. 人文地理，20(4)：119-124.

江秀娟. 2010. 生态补偿类型与方式研究[D]. 青岛：中国海洋大学.

金其铭. 1982. 农村聚落与土地利用[J]. 南京师大学报(自然科学版)，(2)：73-78.

金艳. 2009. 多时空尺度的生态补偿量化研究[D]. 杭州：浙江大学.

角媛梅，程国栋，肖笃宁. 2002. 哈尼梯田文化景观及其保护研究[J]. 地理研究，21(6)：733-741.

科斯，阿尔钦，诺斯，等. 1994. 财产权利与制度变迁[M]. 上海：上海三联书店.

雷宜逊. 2014. 大湘西文化生态旅游区发展新探[J]. 国土资源导刊，11(10)：146-150.

黎铁桥. 2014-03-02. 将武陵山片区纳入国家生态文明先行示范区[N]. 长沙晚报，第4版.

李伯华，尹莎，刘沛林，等. 2015. 湖南省传统村落空间分布特征及影响因素分析[J]. 经济地理，35(2)：189-194.

李东红，杨利美. 2004. 文化资源的价值评估、成本核算与经济补偿[J]. 思想战线，30(3)：97-101.

李凡，司徒尚纪. 2007. 近二十年来中国文化地理学文献分析[J]. 人文地理，(1)：105-111.

李凡，司徒尚纪. 2009. 民间信仰文化景观的时空演变及对社会文化空间的整合[J]. 地理研究，28(6)：1550-1561.

李国平，李潇，萧代基. 2013. 生态补偿的理论标准与测算方法探讨[J]. 经济学家，(2)：42-49.

李佳霖. 2013-03-28. 传统村落应避免空心化与过度商业化[N]. 中国文化报，第7版.

李琳，刘莹. 2014. 中国区域经济协同发展的驱动因素——基于哈肯模型的分阶段实证研究[J]. 地理研究，33(9)：1603-1616.

李民，谢炳庚，刘春腊，等. 2017. 生态与文化协同发展助推长江经济带集中连片贫困地区精准扶贫的思路与对策——以湘西州为例[J]. 经济地理，37(10)：167-172.

李倩菁，蔡晓梅. 2017. 新文化地理学视角下景观研究综述与展望[J]. 人文地理，32(1)：23-28，98.

李文华，刘某承. 2010. 关于中国生态补偿机制建设的几点思考[J]. 资源科学，32(5)：791-796.

李晓光，苗鸿，郑华，等. 2009. 生态补偿标准确定的主要方法及其应用[J]. 生态学报，29(8)：4431-4440.

李晓黎，韩锋. 2015. 文化景观之理论与价值转向及其对中国的启示[J]. 风景园林，(8)：44-49.

李孝聪. 1997. 传统文化与地域空间[J]. 读书，(5)：8-12.

李星明，曾菊新，Liu J C. 2014. 旅游规划的文化生态理论研究[J]. 人文地理，29(1)：129-133.

李旭旦. 1985. 人文地理学概论[M]. 北京：科学出版社.

李游. 2016. 城镇化背景下国家文物保护的补偿机制研究[J]. 学习与实践，(8)：122-128.

梁林. 2007. 传统村落公共空间秩序研究[D]. 西安：西安建筑科技大学.

梁先荣. 2015. 推动湘西州旅游业新一轮大发展的思考[DB/OL]. https：//mp. weixin. qq. com/s?__biz=MzA4NzA5MTI5Ng%3D%3D&idx=2&mid=209822797&sn=3ed27b7e2e8f4ec5d1ccf35f6ab9ae20[2015-08-31].

林忠华. 2014. 国家和政府资产负债表初探[J]. 上海对外经贸大学学报，21(3)：48-57.

刘春腊，刘卫东. 2014. 中国生态补偿的省域差异及影响因素分析[J]. 自然资源学报，29(7)：1091-1104.

刘春腊，徐美，刘沛林. 2009. 新农村建设中湖南乡村文化景观资源的开发利用[J]. 经济地理，29(2)：320-326.

刘春腊，刘卫东，陆大道. 2014. 生态补偿的地理学特征及内涵研究[J]. 地理研究，33(5)：803-816.

刘春腊，徐美，刘沛林. 2016. 湘西传统文化的现代转型及资源个性化开发[J]. 经济地理，36(11)：177-183.

刘大均，胡静，陈君子，等. 2014. 中国传统村落的空间分布格局研究[J]. 中国人口·资源与环境，24(4)：157-162.

刘继来，刘彦随，李裕瑞. 2017. 中国"三生空间"分类评价与时空格局分析[J]. 地理学报，72(7)：1290-1304.

刘建，王瑶，王淑军，等. 2007. 论生态补偿对生态文化建设的促进作用[J]. 中国软科学，(9)：56-60.

刘敏，刘春凤，胡中州. 2013. 旅游生态补偿：内涵探讨与科学问题[J]. 旅游学刊，28(2)：52-59.

刘某承，闵庆文. 2013-09-20. 农业文化遗产保护的生态补偿机制[N]. 农民日报，第4版.

刘宁. 2014-10-15. 把湘西打造成国内外知名生态文化公园[N]. 中国绿色时报，第1版.

刘沛林. 1994. 中国传统村落意象的构成标志[J]. 衡阳师专学报(社会科学)，(5)：62-67.

刘沛林. 1995. 传统村落选址的意象研究[J]. 中国历史地理论丛，(1)：119-128.

刘沛林. 1998. 论"中国历史文化名村"保护制度的建立[J]. 北京大学学报(哲学社会科学版)，(1)：80-87，158.

刘沛林. 2003. 古村落文化景观的基因表达与景观识别[J]. 衡阳师范学院学报(社会科学)，(4)：1-8.

刘沛林. 2008. "景观信息链"理论及其在文化旅游地规划中的运用[J]. 经济地理，28(6)：1035-1039.

刘沛林. 2011. 中国传统聚落景观基因图谱的构建与应用研究[D]. 北京：北京大学.

刘沛林. 2012. 正在消失的中国古文明：古村落[M]. 北京：国家行政学院出版社.

刘沛林. 2014. 家园的景观与基因：传统聚落景观基因图谱的深层解读[M]. 北京：商务印书馆.

刘沛林. 2015. 新型城镇化建设中"留住乡愁"的理论与实践探索[J]. 地理研究, 34(7): 1205-1212.

刘沛林, 董双双. 1998. 中国古村落景观的空间意象研究[J]. 地理研究, 17(1): 32-39

刘沛林, 刘春腊, 邓运员, 等. 2009. 基于景观基因完整性理念的传统聚落保护与开发[J]. 经济地理, 29(10): 1731-1736.

刘沛林, 刘春腊, 邓运员, 等. 2010. 中国传统聚落景观区划及景观基因识别要素研究[J]. 地理学报, 65(12): 1496-1506.

刘沛林, 刘春腊, 邓运员, 等. 2011. 我国古城镇景观基因"胞—链—形"的图示表达与区域差异研究[J]. 人文地理, 26(1): 94-99.

刘卫东, 等. 2013. 经济地理学思维[M]. 北京: 科学出版社.

刘文涛. 2014. 文化生态保护补偿机制法律对策研究[D]. 兰州: 西北师范大学.

刘瑛. 2017. 论后申遗时代湘西历史民族文化的传承与保护[J]. 中国民族博览, (12): 17-19.

刘之浩, 金其铭. 1999. 试论乡村文化景观的类型及其演化[J]. 南京师范大学学报(自然科学版), 22(4): 120-123.

刘忠伟, 王仰麟, 彭建, 等. 2002. 区域文化景观旅游持续开发的景观生态视角——以绍兴市为例[J]. 北京大学学报(自然科学版), 38(6): 801-808.

刘自强, 周爱兰, 鲁奇. 2012. 乡村地域主导功能的转型与乡村发展阶段的划分[J]. 干旱区资源与环境, 26(4): 49-54.

龙丽萍. 2013. 银行业支持民族文化生态保护的思考——来自湖南湘西州的调查[J]. 时代金融, (20): 107-109.

陆林, 焦华富. 1995. 徽派建筑的文化含量[J]. 南京大学学报(哲学社会科学版), (2): 163-171.

罗明金. 2016. 新农建设中以乡土文化传承来保护湘西民族传统村落研究[J]. 西南民族大学学报(人文社科版), 37(12): 66-69.

罗婉红. 2015. 文化生态视域下湘西苗族鼓舞的变迁与调适[J]. 贵州大学学报(艺术版), 29(2): 114-119.

罗一墩, 肖洒, 胡最, 等. 2016. 文化景观基因理论对耒阳"江头贡茶文化园"的规划探索[J]. 经济地理, 36(8): 202-208.

马骏, 张晓蓉, 李治国, 等. 2012. 中国国家资产负债表研究[M]. 北京: 社会科学文献出版社.

马勇, 胡孝平. 2010. 鄂西生态文化旅游圈生态补偿模式创新对策研究[J]. 湖北社会科学, (10): 73-76.

毛毛. 2016. "一村一品"视域下的乡村文化经济发展阶段[J]. 广播电视大学学报(哲学社会科学版), (2): 127.

毛显强, 钟瑜, 张胜. 2002. 生态补偿的理论探讨[J]. 中国人口·资源与环境, 12(4): 40-43.

孟春绒, 罗寿冈. 2016. 老司城村获评"全国生态文化村" [OL]. http://www.sohu.com/a/113249853_362085 [2016-09-02].

欧阳仕君，田晓兰，李孟河. 2014-10-19. 武陵山区(湘西)土家族苗族文化生态保护节开幕[N]. 团结报，第 A01 版.

潘淑满. 2003. 质性研究：理论与应用[M]. 台北：心理出版社.

彭伟，田林林. 2016-08-02. 《中国·湘西生态文化公园发展规划》通过评审[N]. 团结报，第 1 版.

彭一刚. 1997. 传统建筑文化与当代建筑创新[J]. 中国科学院院刊，(2)：85-87.

祁剑青，刘沛林，邓运员，等. 2017. 基于景观基因视角的陕南传统民居对自然地理环境的适应性[J]. 经济地理，37(3)：201-209.

任海军，曹盘龙，王国富. 2012. 生态经济与文化产业协同发展机理探究——以甘肃省为例[J]. 甘肃社会科学，(3)：183-186.

任越. 2018. 论我国传统村落文化建档的实践诉求与现实困境[J]. 档案学研究，(2)：79-84.

阮仪三，林林. 2003. 文化遗产保护的原真性原则[J]. 同济大学学报：社会科学版，14(2)：46-52.

申秀英，刘沛林，邓运员，等. 2006. 景观基因图谱：聚落文化景观区系研究的一种新视角[J]. 辽宁大学学报(哲学社会科学版)，(3)：143-148.

沈丽娜. 2015-01-28. 打造大湘西生态文化旅游圈 推进文化旅游产业融合发展[N]. 张家界日报，第 1 版.

盛学峰. 2009. 关于文化生态保护区建设的思考——以徽州文化生态保护实验区建设为例[J]. 生态经济，(7)：146-149.

石群勇. 2011. 文化生态视域下民族特色村寨建设与保护研究——以湘西苗族特色民居为例[J]. 原生态民族文化学刊，3(2)：120-124.

石群勇，龙晓飞. 2009. 民族文化生态保护区建设的安全隐患及对策研究——以湖南凤凰山江苗族文化生态保护为例[J]. 吉首大学学报(社会科学版)，30(1)：79-83.

石薇，徐蒿婷，李金昌，等. 2018. 自然资源资产负债表编制研究——以林木资源为例[J]. 自然资源学报，33(4)：541-551.

舒达. 2014. 文化生态视野下的"非遗"保护与发展研究——以湘西文化生态保护实验区为例[J]. 民族音乐，(4)：24-26.

司马慧. 2008. 湘西土家族舞蹈特征的文化生态分析[J]. 云梦学刊，(S1)：24-25.

司徒尚纪. 1990. 穗港走廊地带的形成和演变梗概[J]. 中山大学学报(自然科学版)，(4)：114-120.

隋丽娜，程圩. 2014. 三类不同开放程度景区游客感知差异研究[J]. 人文地理，29(4)：126-133.

孙沁，李云. 2014. 对文化生态保护区整体性保护的思考——以武陵山区(湘西)土家族苗族文化生态保护区为例[J]. 文史博览(理论)，(12)：59-61.

孙艺惠，陈田，王云才. 2008. 传统乡村地域文化景观研究进展[J]. 地理科学进展，27(6)：90-96.

谭波，钟洋. 2016. 少数民族地区非物质文化遗产景观基因的居民认知特征——以浦市古镇辰河高腔为例[J]. 吉首大学学报(社会科学版)，37(S2)：84-91.

汤茂林. 2000. 文化景观的内涵及其研究进展[J]. 地理科学进展, 19(1): 70-79.

汤茂林, 汪涛, 金其铭. 2000. 文化景观的研究内容[J]. 南京师范大学学报(自然科学版), 23(1): 111-115.

唐晓峰, 李平. 2001. 人文地理学理论的多元性[J]. 人文地理, 16(2): 42-44.

唐晓峰, 周尚意, 李蕾蕾. 2008. "超级机制"与文化地理学研究[J]. 地理研究, 27(2): 431-438.

唐一. 2014-02-14. 走在保护与开发的双刃剑上[N]. 中国社会科学报, 第A05版.

唐云, 龙军. 2018. 湘西地区非物质文化遗产生产性保护现状调查[J]. 文教资料, (30): 70-71.

陶伟, 王绍续, 朱竑. 2017. 广州拾荒者的身体实践与空间建构[J]. 地理学报, 72(12): 2199-2213.

田凤鸾, 向朝阳, 向靖, 等. 2015-06-11. 从"实验"到"经验"——解读文化生态保护区建设之"湘西做法"[N]. 中国文化报, 第5版.

田茂军, 吴晓玲. 2009. 发掘与重构: 一种文化生态学的阐释——湘西土家族苗族文化生态保护区建设的几点思考[J]. 吉首大学学报(社会科学版), 30(1): 73-78.

田特平. 2015. 对武陵山区(湘西)文化生态保护实验区整体保护的战略思考[J]. 艺海, (3): 138-143.

佟玉权, 韩福文, 邓光玉. 2010. 景观——文化遗产整体性保护的新视角[J]. 经济地理, 30(11): 1932-1936.

王恩涌. 1989. 文化地理学导论: 人、地、文化[M]. 北京: 高等教育出版社.

王恩涌. 1995a. 文化地理学[M]. 南京: 江苏教育出版社.

王恩涌. 1995b. 文明起源的地理分析[J]. 北京大学学报(哲学社会科学版), (2): 88-92, 128.

王恩涌. 2000. 人文地理学[M]. 北京: 高等教育出版社.

王金南. 2011. 生态补偿机制与政策设计[M]. 北京: 中国环境科学出版社.

王蕾, 苏杨. 2012-12-28. 生态补偿政策不能"没文化"[N]. 中国文物报, 第5版.

王莉, 张宏梅, 陆林, 等. 2014. 湿地公园游客感知价值研究——以西溪/溱湖为例[J]. 旅游学刊, 29(6): 87-96.

王宁. 2002. 代表性还是典型性——个案的属性与个案研究方法的逻辑基础[J]. 社会学研究, 26(5): 123-125.

王守春. 1995. 地理环境在经济和社会发展中的作用的再认识——关于对"地理环境决定论"批判的反思[J]. 地理研究, 14(1): 94-103.

王维艳. 2017. 农业文化遗产旅游利用与保护补偿机制研究——基于《物权法》之地役权制度视角[J]. 旅游学刊, 32(12): 101-110.

王雁, 黄媛华, 何俊锋, 等. 2018. 新城镇体系下传统村落群经济发展探究——以宏村镇传统村落群为例[J]. 城市建设理论研究, (6): 19-20, 7.

王昱, 丁四保, 王荣成. 2010. 区域生态补偿的理论与实践需求及其制度障碍[J]. 中国人口·资源与环境, 20(7): 74-80.

王云才，郭焕成，杨丽. 2006. 北京市郊区传统村落价值评价及可持续利用模式探讨——以北京市门头沟区传统村落的调查研究为例[J]. 地理科学，26(6)：735-742.

王云才，石忆邵，陈田. 2009. 传统地域文化景观研究进展与展望[J]. 同济大学学报(社会科学版)，20(1)：18-24，51.

王云霞，胡姗辰. 2015. 公私利益平衡：比较法视野下的文物所有权限制与补偿[J]. 武汉大学学报(哲学社会科学版)，68(6)：101-110.

魏美仙. 2002. 文化生态：民族文化传承研究的一个视角[J]. 学术探索，(4)：106-109.

吴必虎，黄琢玮，马小萌. 2004. 中国城市周边乡村旅游地空间结构[J]. 地理科学，24(6)：757-763.

吴承照，肖建莉. 2003. 古村落可持续发展的文化生态策略——以高迁古村落为例[J]. 城市规划汇刊，(4)：56-60，96.

吴俊. 2015-03-09. 建设湘西国家生态文化旅游示范区[N]. 中国旅游报，第3版.

吴小根，杜莹莹. 2011. 旅游目的地游客感知形象形成机理与实证——以江苏省南通市为例[J]. 地理研究，30(9)：1554-1565.

吴羽，余莉. 2007. 传统村落社区的内部博弈与文化传承——以"屯堡第一村寨"九溪村为例[J]. 贵州民族学院学报(哲学社会科学版)，(2)：43-46.

吴正旺，王富平，栗德祥. 2008. 建筑设计的景观生态补偿[J]. 建筑学报，(9)：84-88.

武弘麟. 1989. 浙闽沿海文化环境演变对比研究——以温州、漳州为例[J]. 干旱区资源与环境，(3)：139-141.

湘西土家族苗族自治州人民政府. 2018. 湘西概况[DB/OL]. http://aimianliu.com/html/.zjxx.html[2018-05-06].

向轼. 2013. "文化生态保护区"视野下的"湘西苗疆"历史与现实研究述评[J]. 贵州民族研究，(2)：70-73.

向依依，郑军. 2019. 湘西地区土司体育文化起源与价值功能研究[J]. 体育科技文献通报，(8)：30-32.

谢高地，甄霖，鲁春霞，等. 2008. 一个基于专家知识的生态系统服务价值化方法[J]. 自然资源学报，23(5)：911-919.

谢凝高. 1985. 试论因山就势[J]. 中国园林，(1)：47-52.

徐海燕. 2008. 社会学视野下一个传统村落文化的现代性变迁[J]. 辽东学院学报(社会科学版)，(1)：22-30.

徐克勤. 2008. 文化旅游：湘西经济腾飞之翼[J]. 民族论坛，(8)：22-23.

徐美，刘春腊，陈建设，等. 2012. 旅游意象图：基于游客感知的旅游景区规划新设想[J]. 旅游学刊，27(4)：21-27.

许抄军. 2004. 历史文化古城游憩利用及非利用价值评估方法与案例研究[D]. 长沙：湖南大学.

许然，朱竑，司徒尚纪. 2006. 文化锋面的地理学诠释[J]. 人文地理，21(6)：27-30.

许晓峰, 等. 1999. 资源资产化管理与可持续发展[M]. 北京: 社会科学文献出版社.

薛滨夏. 2016. 历史文化保护地区社会利益协调及补偿模式研究[C]//中国城市规划学会, 沈阳市人民政府. 规划60年: 成就与挑战——2016中国城市规划年会论文集(08 城市文化). 北京: 中国建筑工业出版社.

杨枫. 2014. 论连片特困地区文化生态补偿机制建立的意义[J]. 学理论, (8): 136-138.

杨凤祥. 2013. 文化贸易的外部性及其补偿机理[J]. 江苏科技信息, (4): 21-23.

杨光梅, 闵庆文, 李文华, 等. 2007. 我国生态补偿研究中的科学问题[J]. 生态学报, 27(10): 4291-4300.

杨光荣. 2011-11-25. 关于打造大湘西生态文化旅游圈的思考[N]. 中国旅游报, 第11版.

杨过. 2004. 探索传统村落更新的有效途径[D]. 昆明: 昆明理工大学.

杨军辉. 2017. 居民与游客民族文化补偿认知特征与形成机理研究——以贵州西江千户苗寨为例[J]. 技术经济与管理研究, (2): 110-114.

杨军辉, 李同昇, 徐冬平. 2015. 民族旅游村寨居民文化补偿认知的空间分异及机理——以贵州西江千户苗寨为例[J]. 地理科学进展, 34(9): 1167-1178.

杨立国, 刘沛林. 2017. 传统村落文化传承度评价体系及实证研究——以湖南省首批中国传统村落为例[J]. 经济地理, 37(12): 203-210.

杨立国, 刘沛林, 林琳. 2015. 传统村落景观基因在地方认同建构中的作用效应——以侗族村寨为例[J]. 地理科学, 35(5): 593-598.

杨林. 2008. 景宁旅游开发中"文化生态补偿特区"构建[J]. 金华职业技术学院学报, 8(3): 18-22.

于希贤. 1998. 地理环境变迁与文学思潮更迭——西周至魏晋南北朝文风演变与地理环境关系[J]. 中国历史地理论丛, (4): 227-240, 254.

余洁, 李树民, 张祖群. 2007. 自然文化遗产地控制旅游建设用地的补偿机制[J]. 中国人口·资源与环境, 17(4): 128-133.

俞海, 任勇. 2008. 中国生态补偿: 概念、问题类型与政策路径选择[J]. 中国软科学, (6): 7-15.

翟文燕, 张侃侃, 常芳. 2010. 基于地域"景观基因"理念下的古城文化空间认知结构——以西安城市建筑风格为例[J]. 人文地理, 25(2): 78-80, 60.

翟洲燕, 李同昇, 常芳, 等. 2017. 陕西传统村落文化遗产景观基因识别[J]. 地理科学进展, 36(9): 1067-1080.

曾芸. 2013. 文化生态与非物质文化遗产保护研究[J]. 中央民族大学学报(哲学社会科学版), (3): 92-96.

张鸽娟, 徐娅, 韩怡. 2014. 过渡性地理环境下的陕南古镇景观基因分析与表达研究[J]. 西北大学学报(自然科学版), 44(4): 661-666.

张建华, 林飞. 2002. SNA与SEEA的环境资产比较分析[J]. 统计与信息论坛, 17(1): 58-63.

张湘河. 2016-11-09. 创建国内外知名生态文化公园[N]. 湖南日报, 第4版.

张小林. 1998. 乡村概念辨析[J]. 地理学报, (4): 79-85.

张小林，金其铭，陆华. 1996. 中国社会地理学发展综述[J]. 人文地理，(S1)：118-122.

张雪娇. 2017. 提升中国文化软实力的会计学路径——文化资产负债表[J]. 财会学习，(9)：118-119.

张正兴. 2006. 湘西土家族苗族自治州文化经济的发展[J]. 湖南城市学院学报，(3)：55-57.

张建肖，安树伟. 2009. 国内外生态补偿研究综述[J]. 西安石油大学学报(社会科学版)，18(1)：23-28.

章墨. 2018. 海商文化影响下即墨金口古港传统村落群体系研究[D]. 青岛：青岛理工大学.

赵朝洪，武弘麟. 1995. 河南济源市王屋山地区石器时代地点调查[J]. 考古，(10)：865-867.

赵翠薇，王世杰. 2010. 生态补偿效益、标准——国际经验及对我国的启示[J]. 地理研究，29(4)：597-606.

赵荣. 1995. 论文化景观的判识及其研究[J]. 西北大学学报(自然科学版)，25(6)：723-726.

赵瑞. 2009. 基于少数民族旅游循环经济理念的民族文化补偿问题研究[D]. 重庆：重庆师范大学.

赵小龙，林冬庞. 2017. 基于乡村聚落意象的传统村落保护与更新策略——以浙江黄岩富山乡半山村为例[J]. 浙江工业大学学报(社会科学版)，16(3)：272-276.

赵勇，张捷，李娜，等. 2006. 历史文化村镇保护评价体系及方法研究——以中国首批历史文化名镇(村)为例[J]. 地理科学，26(4)：4497-4505.

郑桂章. 2007. 培植旅游产业 发展旅游经济[J]. 新湘评论，(12)：39.

郑四渭，贝勇斌. 2007. 非物质文化旅游资源价值补偿运行机制初探[J]. 桂林旅游高等专科学校学报，18(6)：795-797，802.

郑英杰. 2001. 湘西文化生态及其影响[J]. 吉首大学学报(社会科学版)，22(2)：65-69.

中国生态补偿机制与政策研究课题组. 2007. 中国生态补偿机制与政策研究[M]. 北京：科学出版社.

钟水映，简新华. 2007. 人口资源与环境经济学[M]. 北京：科学出版社.

周名猛，张金贵. 2017. 以创建国家森林城市为引擎 把湘西打造成世界知名生态文化公园[DB/OL]. http://www.xiangshengbao.com/nd.jsp?id=3202 [2017-12-29].

周年兴，俞孔坚，黄震方. 2006. 关注遗产保护的新动向：文化景观[J]. 人文地理，21(5)：61-65.

周乾松. 2015. 中国历史村镇文化遗产保护利用研究[M]. 北京：中国建筑工业出版社.

周尚意. 2011. 文化地理学研究方法及学科影响[J]. 中国科学院院刊，26(4)：415-422.

周尚意，戴俊骋. 2014. 文化地理学概念、理论的逻辑关系之分析——以"学科树"分析近年中国大陆文化地理学进展[J]. 地理学报，69(10)：1521-1532.

周真刚. 2013. 少数民族非物质文化遗产开发的补偿机制研究[J]. 广西民族大学学报(哲学社会科学版)，35(3)：66-69.

朱丹. 2016. 我国生态补偿机制构建：模式、逻辑与建议[J]. 广西社会科学，(9)：108-112.

朱竑，钱俊希，陈晓亮. 2010. 地方与认同：欧美人文地理学对地方的再认识[J]. 人文地理，25(6)：1-6.

朱鹏. 2014. 基于循环经济理论框架的生态文化旅游发展机制研究——以大湘西区域为例[J]. 管理世界, (6): 180-181.

朱强, 李伟. 2007. 遗产区域: 一种大尺度文化景观保护的新方法[J]. 中国人口·资源与环境, 17(1): 50-55.

朱昱遇. 2013. 基于比较优势的大湘西生态文化旅游产品开发研究[D]. 长沙: 湖南大学.

邹珺. 2013. 文化遗产保护研究——以武陵山(湘西)土家族苗族文化生态保护区为例[J]. 大舞台, (4): 234-235.

邹沁园. 2016. "一村一品"视域下的乡村文化经济发展研究[J]. 云南开放大学学报, 18(1): 30-34.

Alix-Garcia J, de Janvry A, Sadoulet E. 2008. The role of deforestation risk and calibrated compensation in designing payments for environmental services[J]. Environment and Development Economics, 13(3): 375-394.

Arriaza M, Cañas-Ortega J F, Cañas-Madueño J A, et al. 2004. Assessing the visual quality of rural landscapes[J]. Landscape and Urban Planning, 69(1): 115-125.

Börner J, Wunder S, Wertz-Kanounnikoff S, et al. 2010. Direct conservation payments in the Brazilian Amazon: Scope and equity implications[J]. Ecological Economics, 69(6): 1272-1282.

Chen R J C. 2006 Islands in Europe: Development of an island tourism multidimensional model (ITMDM) [J]. Sustainable Development, 14(2): 104-114.

Cullotta S, Barbera G. 2011. Mapping traditional cultural landscapes in the Mediterranean area using a combined multidisciplinary approach: Method and application to Mount Etna (Sicily; Italy) [J]. Landscape and Urban Planning, 100(1-2): 98-108.

Engel S, Pagiola S, Wunder S. 2008. Designing payments for environmental services in theory and practice: An overview of the issues[J]. Ecological Economics, 65(4): 663-674.

Gottmann J. 1962. A Geography of Europe[M]. New York: Holt, Rinehart and Winston.

Goldsmith W R. 1966. The uses of national balance sheet[J]. Review of Income and Wealth, 12(2): 95-133.

Hoffman P T. 2000. Growth in a Traditional Society: the French Countryside, 1450-1815[M]. Princeton: Princeton University Press.

Howat G A, Murray D, Crilley G. 1999. The relationships between service problems and perceptions of service quality, satisfaction, and behavioral intentions of Australian public sports and leisure center customers[J]. Journal of Park&Recreation Administration, 17(2): 42-64.

Jacobsen C. 1973. Modernity in traditional villages[J]. Rural Sociology, 38(3): 283.

Juenger T, Bergelson J. 1997. Pollen and resource limitation of compensation to herbivory in scarlet gilia, Ipomopsis aggregata[J]. Ecology, 78(6): 1684-1695.

Johansen P G. 2010. Site maintenance practices and settlement social organization in Iron Age Karnataka, India: Inferring settlement places and landscape from surface distributions of ceramic assemblage attributes[J]. Journal of Anthropological Archaeology, 29(4): 432-454.

Kelly R, Macinnes L, Thackray D. 2000. The Culture Landscape Planning for a Sustainable Partnership between People and Place[M]. London: ICOMOS-UK.

Kim S J, Park J L, Sim W K. 2010. Interpretation of cultural landscape based on community spaces of Korean traditional villages[J]. Journal of Korean Institute of Traditional Landscape Architecture, 28(4): 14-27.

Kosoy N, Corbera E. 2010. Payments for ecosystem services as commodity fetishism[J]. Ecological Economics, 69(6): 1228-1236.

Lausch A, Herzog F. 2002. Applicability of landscape metrics for the monitoring of landscape change: issues of scale, resolution and interpretability[J]. Ecological Indicators, 2(1-2): 3-15.

Li YR, Wang J, Liu YS, et al. 2014. Problem regions and regional problems of socio-economic development in China: A perspective from the coordinated development of industrialization, informatization, urbanization and agricultural modernization [J]. Journal of Geographical Sciences, 24(6): 1115-1130.

Likert R. 1932. A technique for measurement of attitudes [J]. Archives of Psychology, 22(140): 1-55.

McAfee K, Shapiro E N. 2010. Payments for ecosystem services in Mexico: Nature, neoliberalism, social movements, and the state[J]. Annals of the Association of American Geographers, 100(3): 579-599.

Medelete D M. 2016. Rice balance sheet in Romania[J]. Scientific Papers Series: Management, Economic Engineering in Agriculture and Rural Development, 16(1): 285-290.

Mohammed Abdullah Eben Saleh, 鲁春霞. 2000. 沙特阿拉伯西南部Alkas聚居区文化景观的价值评估[J]. AMBIO-人类环境杂志, 29(2): 60-66, 124.

Murray B C, Abt R C. 2001. Estimating price compensation requirements for eco-certified forestry[J]. Ecological Economics, 36(1): 149-163.

Oyama S. 2017. Hunger, poverty and economic differentiation generated by traditional custom in villages in the Sahel, West Africa[J]. Japanese Journal of Human Geography, 69(1): 27-42.

Pagiola S. 2008. Payments for environmental services in Costa Rica[J]. Ecological Economics, 65(4): 712-724.

Pagiola S, Platais G. 2007. Payments for Environmental Services: From Theory to Practice[R]. Washington D C: World Bank.

Pagiola S, Areenas A, Platais G. 2005. Can payments for environmental services help reduce poverty? An exploration of the issues and the evidence to date from Latin America[J]. World Development, 33(2): 237-253.

Palang H, Helmfrid S, Antrop M, et al. 2005. Rural landscapes: Past processes and future strategies[J]. Landscape and Urban Planning, 70(1-2): 3-8.

Rescia A J, Willaarts B A, Schmitz M F, et al. 2010. Changes in land uses and management in two Nature Reserves in Spain: Evaluating the social-ecological resilience of cultural landscapes[J]. Landscape and Urban Planning, 98(1): 26-35.

Sauer C O. 1925. The Morphology of Landscape[M]. London: University of California.

Schmitz M F, Sánchez I A, de Aranzabal I. 2007. Influence of management regimes of adjacent land uses on the woody plant richness of hedgerows in Spanish cultural landscapes[J]. Biological Conservation, 135(4): 542-554.

Seamon D. 2013. Lived bodies, place, and phenomenology: Implications for human rights and environmental justice[J]. Journal of Human Rights and the Environment, 4(2): 143-166.

Sidik S M. 2010. The prevalence of urinary incontinence among the elderly in a rural community in Selangor[J]. The Malaysian Journal of Medical Sciences, 17(2): 18.

Simpson I A, Vésteinsson O, Adderley W P, et al. 2003. Fuel resource utilisation in landscapes of settlement[J]. Journal of Archaeological Science, 30(11): 1401-1420.

Steward J H. 1990. Theory of Culture Change: The Methodology of Multilinear Evolution[M]. Illinois: University of Illinois Press.

Strauss S Y, Agrawal A A. 1999. The ecology and evolution of plant tolerance to herbivory[J]. Trends in Ecology & Evolution, 14(5): 179-185.

Thompson K, Schofield P. 2007. An investigation of the relationship between public transport performance and destination satisfaction[J]. Journal of Transport Geography, 15(2): 136-144.

Whittlesey D. 1929. Sequent occupance[J]. Annals of the Association of American Geographers, 19(3): 162-165.

William M D, Kent M. 2009. Carl Sauer on Culture and Landscape: Reading and Conmentaries[M]. Baton Rouge: Louisiana State University Press.

Wunder S. 2005. Payments for environmental services: Some nuts and bolts[J]. CIFOR Occasional Paper, (42): 3-8.

Yalan E. 1972. The Modernization of Traditional Agricultural Villages: Minority Villages in Israel[M]. Rehovot: Settlement Study Center.

Youngs Y L, White D D, Wodrich J A. 2008. Transportation systems as cultural landscapes in national parks: The case of Yosemite[J]. Society&Natural Resources, 21(9): 797-811.

Zhang G Y. 2011. "The Research on Wooden Arched Bridges and Traditional Villages' Environmental Image in East Fujian Province of China —A Case Study of Youxi Ancient Village in Shouning County of East Fujian" [J]. Journal of Landscape Research, 3(10): 85-88.

# 后　记

在本书稿即将交付出版之际,到了该"回头看看"的时候了。此时,我既满怀兴奋之情,又有几分感慨!

2003~2007年的大学求学期间,笔者学习了王恩涌、吴传钧、李旭旦、C.O.Sauer等先生关于人文地理学的基本理论,并在刘沛林教授、杨载田教授等的指引下,开展了"传统村镇文化景观"方面的研究性学习,参与了大学生科技创新项目等。自此,对"传统村镇文化景观"问题产生了浓厚兴趣。

2012年9月,进入中国科学院地理科学与资源研究所开始博士研究生求学时,导师陆大道院士、刘卫东研究员就鼓励我从地理学的视角思考"生态补偿"问题。博士3年期间,我就在两位恩师的指导下,基于地理学的视角围绕"生态补偿"开展了一些探索。2015年7月,博士毕业来到湖南师范大学工作后,仍一直在围绕"生态补偿""传统村镇文化景观保护"开展相关研究,并致力于将二者结合开展"传统村镇文化景观保护性补偿"研究探索,得到了毛汉英研究员、李宝田研究员、赵令勋研究员、周尚意研究员、刘沛林教授、龙花楼研究员、何书金研究员、陈明星研究员、魏晓研究员、苏昌贵研究员、谢炳庚教授、周国华教授、李景保教授等的鼓励和支持。本书的出版,是我多年来对"传统村镇文化景观保护性补偿"探索成果的归纳与总结,也凝聚了多位恩师、前辈和同行一直以来对我的指导与关爱。这是本书成稿的源泉!

课堂上以及在野外实践调查中，在给硕士研究生及本科生讲解"生态补偿""传统村镇文化景观保护"专题内容时，发现他们对地理学视角下的"传统村镇文化景观保护性补偿"研究表现出极大的兴趣。在他们的研究性自主学习中，也有大量选题涉及此方面。他们也多次与我交流关于"传统村镇文化景观保护性补偿"的种种疑惑。学生们的兴趣，也进一步增强了我完成本书的信心！

科研实践中，从浩繁的理论成果阅读到传统村镇文化景观保护性补偿的地方实践调研，认识到"补偿标准、受偿客体、补偿主体、补偿地域、补偿方式及途径等"是传统村镇文化景观保护性补偿理论研究与实践发展的重点内容。理论的探讨、实践的积累，使笔者下定决心尝试对传统村镇文化景观保护性补偿的相关理论、方法与案例进行总结。

在本书即将出版之际，笔者想特别感谢我的诸位良师益友，他（她）们对笔者的鼓励、支持、帮助和指点，是笔者不忘初心、奋力前行的动力源泉。感谢湖南师范大学资源与环境科学学院领导与同事们的大力支持。感谢刘沛林教授、徐美副教授等在本书一些研究内容上提出的诸多宝贵建议及所做的贡献。感谢研究生龚娟、曾凡超、吴丽平、焦丽鹏等在野外考察、资料收集和整理方面付出的劳动。感谢为笔者提供参考文献和引用资料的各位专家和朋友，他们扎实的研究，为笔者提供许多有价值的图表、数据和观点支撑。感谢科学出版社杨婵娟女士、杨红女士、朱海燕女士等为本书出版所付出的辛勤工作。

在本书的框架上，力求从理论与实践相结合的角度，阐述清楚传统村镇文化景观保护性补偿内涵及基本框架、剖析补偿机理、构建补偿模型、选择典型案例对其具体行动进行个案分析，并提炼典型模式和优化途径等。但受水平所限，尽管笔者努力了，本书难免存在疏漏之处。在此，笔者恳请读者们原谅，并不吝赐教，让笔者以后有机会时更正。

刘春腊

2019 年 7 月于长沙·麓山